HENNING MANKELL

TREIBSAND

Was es heißt, ein Mensch zu sein

Aus dem Schwedischen
von Wolfgang Butt

Paul Zsolnay Verlag

Die Originalausgabe erschien erstmals 2014 unter dem Titel
Kvicksand beim Leopard Förlag, Stockholm.

3 4 5 19 18 17 16 15

ISBN 978-3-552-05736-4

Published by agreement with Leopard Förlag, Stockholm, and
Leonhardt & Høier Literary Agency A/S, Copenhagen

Satz: Eva Kaltenbrunner-Dorfinger, Wien
Druck und Bindung: CPI books GmbH, Leck
Printed in Germany

FÜR EVA BERGMAN

Dieses Buch ist auch dem Gedenken an den Bäcker Terentius Neo und seine Ehefrau gewidmet, deren Namen wir nicht kennen. Ihre Gesichter sind auf einem Fresko in ihrem Haus in Pompeji zu sehen. Zwei Menschen mitten im Leben. Sie wirken ernst, aber zugleich träumerisch. Sie ist sehr schön, aber schüchtern. Er scheint ebenfalls schüchtern zu sein. Sie machen den Eindruck von zwei Menschen, die ihr Leben sehr ernst nehmen.
Als im Jahr 79 nach Christus der Vulkan ausbrach, kann ihnen nicht viel Zeit geblieben sein, um zu verstehen, was geschah. Sie starben mitten im Leben, begraben von der Asche und der glühenden Lava.

Inhalt

Teil I – DER GEKRÜMMTE FINGER

Teil II – DER WEG NACH SALAMANCA

Teil III – DIE MARIONETTE

Schäm dich nicht, Mensch zu sein, sei stolz!
In dir öffnet sich Gewölbe um Gewölbe, endlos.
Du wirst nie fertig, und es ist, wie es sein soll.

Tomas Tranströmer, *Romanische Bögen*
Aus dem Schwedischen von Hanns Grössel

Teil I

DER GEKRÜMMTE FINGER

1.

Der Unfall

Früh am Morgen des 16. Dezember fuhr Eva mich zur Statoil-Tankstelle in Kungsbacka, wo ich einen Wagen mietete. Ich wollte nach Vallåkra in der Nähe von Landskrona und am Abend zurückkommen und den Wagen wieder abgeben. Am Tag darauf sollte ich im Weihnachtsgeschäft in verschiedenen Buchläden in Göteborg und Kungsbacka meinen jüngsten Roman signieren.

Es war ein nasskalter Wintermorgen, aber ohne Niederschlag. Ich würde drei Stunden brauchen für die Fahrt, wenn ich wie gewohnt vor Varberg anhielt und frühstückte.

Meine Theaterchefin Manuela Soeiro aus Maputo, mit der ich seit nunmehr dreißig Jahren zusammenarbeite, war zu Besuch in Schweden. Es war das erste konkrete Arbeitstreffen über die für den Herbst des folgenden Jahres geplante Produktion. Manuela hielt sich bei Eyvind auf, der bei der Hamlet-Version, die mir bereits all die Jahre während meiner Tätigkeit am Teatro Avenida vorgeschwebt hatte, Regie führen sollte.

Schon früh war mir gerade Hamlet nahezu selbstverständlich als ein afrikanisches Königsmärchen erschienen. Es gibt etwas »Schwarzes« bei Shakespeare, das man zum Vorschein bringen kann. Tatsächlich existiert in Afrika sogar eine beinahe identische Geschichte, die im 19. Jahrhundert im südlichen Teil des Kontinents spielte. Ich hatte mir vorgestellt, dass am Ende, wenn alle tot sind und Fortinbras die Bühne betritt, er der weiße Mann sein sollte, der gekommen ist, um Afrika ernsthaft zu kolonisieren. Deshalb war es für mich auch folgerichtig,

Fortinbras das Stück mit dem »Sein oder nicht sein«-Monolog abschließen zu lassen.
Wenn man Hamlet inszenieren möchte, braucht man einen Schauspieler, der die Rolle so gestalten kann, wie man sie haben will. Den hatten wir jetzt. Jorginho würde es können. Er war in den letzten Jahren gereift. Außerdem verfügte er über eine Sprachbeherrschung wie kaum ein anderer am Theater. Das Gefühl sagte uns: Jetzt oder nie.

Als ich durch Halland fahre, freue ich mich auf den Tag. Ich bin voller Erwartung.
Die Straßen nach Süden sind trocken, trotz tief hängender Wolkendecke. Ich fahre nicht besonders schnell, wie ich es sonst tue, denn ich habe eine Ankunftszeit angegeben und will nicht zu früh kommen.
Dann geht alles blitzschnell. Nördlich von Laholm schere ich nach links aus, um einen langsam fahrenden Lastwagen zu überholen. Irgendwo auf der Fahrbahn ist ein Fleck, vielleicht Öl. Ich gerate plötzlich ins Schleudern und kann den Wagen nicht mehr kontrollieren. Er kracht frontal gegen die Leitplanke. Der Airbag füllt sich. Mir wird schwarz vor Augen, und ich verliere für ein paar Sekunden das Bewusstsein.
Danach sitze ich reglos da. Was ist passiert? Ich fühle nach, ob alles in Ordnung ist. Ich bin nicht verletzt, ich blute nicht. Also steige ich aus. Autos haben angehalten, Menschen kommen gelaufen. Ich sage ihnen, dass ich nicht verletzt bin.
Ich stelle mich an den Straßenrand und rufe Eva an. Als sie abnimmt, bemühe ich mich, ganz ruhig zu bleiben.
»Du hörst, dass ich es bin«, sage ich. »Und du hörst, dass alles in Ordnung ist.«
»Was ist passiert?«, fragt sie sofort.
Ich erzähle ihr von dem Unfall. Den Aufprall auf die Leit-

planke spiele ich ein wenig herunter. Keine Sorge. Ich habe keine Ahnung, wie es weitergeht. Aber ich bin wohlauf. Ob sie mir glaubt, weiß ich nicht.

Danach rufe ich in Vallåkra an.

»Ich komme nicht«, sage ich. »Ich bin bei Laholm in eine Leitplanke gefahren. Ich bin unverletzt. Aber ich fahre nach Hause zurück. Der Wagen hat einen Totalschaden.«

Die Polizei kommt. Ich muss in den Alkomat blasen und werde für nüchtern befunden. Dann beschreibe ich den Unfallhergang. Währenddessen zieht die Feuerwehr den Wagen, der wohl schrottreif ist, von der Straße. Ein Sanitäter fragt mich, ob ich nicht sicherheitshalber zu einer Untersuchung ins Krankenhaus gebracht werden wolle. Ich lehne es ab. Mir tut ja nichts weh.

Die Polizei fährt mich zum Bahnhof in Laholm. Eine halbe Stunde später sitze ich in einem Zug zurück nach Göteborg. Aus der Reise nach Vallåkra ist nichts geworden.

Es ist bis heute nichts daraus geworden. Ebenso wenig wie aus den Signierstunden am Tag darauf.

Ohne genau sagen zu können, warum, datiere ich den Beginn meiner Krebserkrankung auf eben diesen Tag, den 16. Dezember 2013. Das ist natürlich nicht logisch. Meine Tumoren und Metastasen müssen über einen längeren Zeitraum gewachsen sein. Und ich hatte an eben diesem Tag auch keine Symptome oder andere Indikationen.

Es war mehr eine Warnung. Es bahnte sich etwas an.

Eine Woche später, genau zu Weihnachten, reisten Eva und ich in unsere kleine Wohnung in Antibes. Am Morgen des Heiligabends erwachte ich mit einem schmerzenden, steifen Nacken. Ich dachte, ich hätte dumm gelegen und mir dabei eine Genickstarre geholt.

Doch der Schmerz ließ nicht nach. Außerdem griff er auf den

rechten Arm über. Ich verlor das Gefühl im rechten Daumen. Und es schmerzte weiterhin. Schließlich erreichte ich einen Orthopäden in Stockholm, obwohl es die Zeit zwischen den Feiertagen war. Ich reiste nach Schweden und ließ mich am 28. Dezember von ihm untersuchen. Er meinte, es könne sich um einen beginnenden Bandscheibenvorfall im Nacken handeln, dass aber ohne eine gründliche Röntgenuntersuchung keine sichere Diagnose möglich sei. Wir machten einen Termin für nach Neujahr aus.

Dann kam der 8. Januar. Es war ein kalter Morgen mit leichtem Schneefall. Ich nahm an, dass es jetzt darum ging, die Diagnose Bandscheibenvorfall zu bestätigen. Die Nackenschmerzen waren unverändert. Starke Schmerzmittel halfen nur notdürftig. Jetzt würde der Nacken behandelt werden.

Früh am Morgen unterzog ich mich zwei Röntgenuntersuchungen. Zwei Stunden später wurde aus der Nackenstarre und dem vermuteten Bandscheibenvorfall eine ernste Krebsdiagnose. Auf einem Bildschirm konnte ich einen drei Zentimeter großen Krebstumor in meiner linken Lunge sehen. Im Nacken hatte ich eine Metastase. Sie war die Ursache für meine Schmerzen.

Die Diagnose war sehr deutlich: Es war ernst. Der Krebs vielleicht unheilbar. Ich fragte lahm, ob das nun bedeutete, dass ich nur noch nach Hause gehen und auf das Ende warten konnte.

»Früher ja«, sagte der Arzt. »Aber heutzutage haben wir Behandlungsmöglichkeiten.«

Eva hatte mich ins Sophiahemmet begleitet, wo mir die Diagnose mitgeteilt wurde. Als wir hinterher draußen in der Winterkälte auf ein Taxi warteten, sprachen wir nicht viel. Wir sagten wohl überhaupt nichts.

Aber ich sah ein kleines Mädchen, das voller Energie und Freude in einer Schneewehe auf und ab hüpfte.

Ich sah mich selbst als Kind im Schnee hüpfen. Jetzt war ich fünfundsechzig Jahre alt und an Krebs erkrankt. Ich hüpfte nicht.
Als hätte Eva meine Gedanken gelesen, fasste sie meinen Arm mit einem festen Griff. Als wir im Taxi davonfuhren, hüpfte das Mädchen immer noch in seiner Schneewehe.
Heute, da ich dies schreibe, am 18. Juni, kann man die Zeit, die seitdem vergangen ist, als lang und kurz zugleich beschreiben. Ich kann keinen Punkt setzen, weder durch einen tödlichen Ausgang, noch durch eine vollständige Genesung. Ich befinde mich mitten im Prozess. Ein endgültiges Fazit gibt es nicht. Aber das habe ich durchgemacht und erlebt. Die Erzählung hat kein Ende. Sie findet statt.
Hiervon handelt dieses Buch. Von meinem Leben. Dem, das war, und dem, das ist.

2.

Menschen widerwillig auf dem Weg ins Schattenreich

Zwei Tage nach dem Autounfall besuchte ich die Kirche von Släp in der Nähe meines Wohnorts, am Meer nördlich von Kungsbacka. Ich spürte plötzlich ein Bedürfnis, ein Bild anzusehen, das ich schon viele Male betrachtet hatte. Ein Bild, das keinem anderen gleicht.

Es ist ein Familienporträt. Einhundert Jahre vor dem Aufkommen der Fotokunst gaben Menschen, die es sich leisten konnten, ein Ölgemälde in Auftrag. Das Bild stellt den Pastor Gustaf Fredrik Hjortberg und seine Ehefrau Anna Helena und ihre insgesamt fünfzehn Kinder dar. Es wurde Anfang der siebziger Jahre des 17. Jahrhunderts gemalt, als Gustaf Hjortberg um die fünfzig war. Er starb einige Jahre später, 1776.

Möglicherweise war er derjenige, der die Kartoffel in Schweden einführte.

Das Ergreifende und Bemerkenswerte, vielleicht auch Erschreckende an dem Gemälde ist der Umstand, dass es nicht nur diejenigen Familienmitglieder abbildet, die lebten, als der Maler Jonas Dürchs sich an seine Arbeit machte. Er hat auch die bereits verstorbenen Kinder gemalt. Ihr kurzer Besuch auf Erden ist vorüber. Aber auf dem Familienporträt sollen sie ihren Platz haben.

Die Komposition des Gemäldes entspricht den zeitgenössischen Gepflogenheiten. Die Jungen, die toten wie die lebenden, sind auf der linken Seite um den Vater gruppiert, während die Mädchen auf der anderen Seite um die Mutter versammelt sind. Die Blicke der Lebenden sind dem Betrachter zugewandt. Die meisten von ihnen zeigen ein vorsichtiges, vielleicht schüchternes Lächeln. Aber die toten Kinder wurden halb abgewandt gemalt, oder ihre Gesichter sind teilweise hinter den Rücken der Lebenden verborgen. Von einem der toten Jungen sieht man nur den Haaransatz und ein Auge. Es sieht so aus, als würde er sich verzweifelt anstrengen, dabei sein zu können. In einer Wiege neben der Mutter liegt halb verdeckt ein Säugling. Im Hintergrund zeichnen sich Mädchen ab. Insgesamt kann man sechs tote Kinder zählen.

Es scheint, als wäre die Zeit auf dem Bild angehalten. Genau wie auf einem Foto.

Gustaf Hjortberg war einer der Schüler Linnés, auch wenn er nie zu den wirklich tonangebenden zählte. Als Schiffspastor unternahm er mindestens drei Reisen mit der Ostindien-Kompanie nach China. Auf dem Bild sind ein Globus und ein Lemur sichtbar. In seiner Hand hält Hjortberg ein beschriebenes Blatt Papier. Wir befinden uns in einer gelehrten Familie. Gustaf Hjortberg lebte und starb mit den Idealen der Aufklärungszeit. Außerdem war er weithin bekannt für seine Heilkunst. Die Menschen machten Wallfahrten nach Släp, um sich Rat und Heilung zu holen.

Ungefähr zweihundertfünfzig Jahre sind vergangen, seit diese Menschen lebten und starben. Acht oder neun Generationen, nicht mehr. Auf mancherlei Art und Weise sind sie unsere Zeitgenossen. Und vor allem gehören sie der gleichen Zivilisation an wie wir, die wir das Bild ansehen.

Alle auf dem Bild lächeln. Einige ein wenig steif, andere in sich gekehrt, wieder andere vollkommen offen und mir, dem Betrachter des Gemäldes, nahe.

Aber was in Erinnerung bleibt, sind natürlich die abgewandten oder halb verdeckten Kinder. Die Toten. Es scheint, als be-

fänden sie sich in einer Bewegung fort vom Betrachter, hinein ins Reich der Schatten.
Das wirklich Ergreifende ist der Unwille der toten Kinder zu verschwinden.
Ich kenne kein anderes, stärkeres Bild von der wunderbaren Hartnäckigkeit des Lebens.
Ich wünschte mir, dass genau dieses Bild als ein Gruß unserer Zivilisation überdauerte. Bis in eine Zukunft, die so entfernt ist, dass ich sie mir nicht vorstellen kann. Es vereint den Glauben an die Vernunft mit den tragischen Lebensbedingungen, denen der Mensch unterworfen ist.
Alles ist darin enthalten.

3.

Die große Entdeckung

In dem Gefühlschaos, das mich überfiel, nachdem meine Nackenstarre sich in Krebs verwandelt hatte, stellte ich fest, dass mich meine Erinnerung oft in die Kindheit zurückführte. Es dauerte jedoch einige Zeit, bis ich erkannte, dass die Erinnerung mir helfen wollte zu verstehen, einen Ausgangspunkt schaffen wollte, der mir eine Möglichkeit eröffnete, mit der Lebenskatastrophe, die über mich hereingebrochen war, umzugehen.

Irgendwo musste ich ganz einfach anfangen. Ich musste eine Wahl treffen. Und ich sah immer klarer, dass der Ausgangspunkt in meiner Jugend lag.

Ich wähle schließlich einen kalten Wintertag im Jahr 1957. Als ich am Morgen die Augen aufschlage, weiß ich noch nicht, dass der Tag die Enthüllung eines großen Geheimnisses mit sich bringen wird.

Am frühen Morgen bin ich auf dem Weg durch die Dunkelheit zur Schule. Ich bin neun Jahre alt. Gerade an diesem Tag ist mein bester Freund Bosse krank. Ich hole ihn immer in dem Haus ab, das nur wenige Minuten vom Gerichtsgebäude entfernt ist, in dem ich wohne. Sein Bruder Göran öffnet die Tür und sagt, dass Bosse Halsweh hat und zu Hause bleibt. An diesem Morgen muss ich meinen Schulweg allein gehen.

Die Ortschaft Sveg ist klein. Es gibt keine langen Wege. Obwohl seit jenem Wintertag siebenundfünfzig Jahre vergangen sind, kann ich mich an jedes geringste Detail erinnern. Die spärlichen Straßenlaternen, die langsam im schwach böigen

Wind schaukeln. Bei einer Laterne vor der Farbenhandlung ist der Schirm zerbrochen. Gestern war er noch ganz. Also muss es in der Nacht passiert sein.

Es hat über Nacht geschneit. Vor dem Möbelgeschäft hat schon jemand Schnee geschaufelt. Vermutlich der Vater von Inga-Britt. Ihm gehört das Möbelgeschäft. Inga-Britt ist meine Klassenkameradin. Aber sie ist ein Mädchen, wir gehen nie zusammen zur Schule. Obwohl sie schnell laufen kann. Keiner kann sie einholen.

Ich erinnere mich sogar an das, was ich geträumt habe: Ich stehe auf einer Eisscholle im Fluss Ljusnan, der unterhalb des Hauses, in dem ich wohne, vorbeifließt. Die Eisscholle treibt nach Süden, es ist Frühling, und die Eisschmelze ist in vollem Gang. Sich allein auf einer Eisscholle zu befinden müsste erschreckend sein, weil es gefährlich ist. Nur einige Monate zuvor ist ein Junge, der ein paar Jahre älter war als ich, ertrunken, als sich plötzlich auf einem See in der Nähe ein tückisches Eisloch auftat. Er wurde hinabgezogen und ist noch nicht gefunden worden, obwohl die Feuerwehr mit Stangen und Haken nach ihm gesucht hat. Die Lehrerin ritzte ein Kreuz auf seine Bank in der Schule. Es ist immer noch da. Alle in der Klasse haben Angst vor Eislöchern und Unglücken und Gespenstern. Alle haben Angst vor dem Unbegreiflichen, das man Tod nennt. Das Kreuz auf der Schulbank jagt uns Entsetzen ein.

Aber in meinem Traum ist die Eisscholle sicher. Ich weiß, dass ich nicht ins Wasser falle.

Beim Möbelgeschäft gehe ich schräg über die Straße und bleibe am Bürgerhaus stehen. Da sind zwei Schaukästen. Ebenso oft in der Woche wechselt auch das Kino die Filme. Sie kommen in braunen Pappkisten von der Paketabfertigung am Bahnhof. Entweder treffen sie mit dem Zug aus Orsa ein, das im Süden liegt. Oder der Schienenbus aus Östersund bringt sie mit. Der

Transport vom Bahnhof wird noch von einem Pferdewagen besorgt. Engman, der Hausmeister des Bürgerhauses, hebt die Kartons herunter. Ich habe es einmal versucht, aber ohne Erfolg. Sie waren zu schwer für einen Neunjährigen. Die Pappschachteln enthalten einen schlechten Western, den ich später sehe. Einen von diesen B- oder C-Filmen, in denen die Leute reden und reden und dann am Ende ein kurzes Duell austragen. Kaum mehr. Und alles in komischen Farben. Die Menschen haben oft rosafarbene Gesichter, und der Himmel ist mehr grün als blau.

Jetzt sehe ich, dass Engman *Reif für den Galgen* zeigen wird, was nicht besonders verlockend erscheint, sowie einen schwedischen Film mit Nils Poppe. Das einzig Gute an diesem Film ist, dass er jugendfrei ist. Ich brauche nicht durch das Kellerfenster einzusteigen, an dem Bosse und ich heimlich eine Sperre angebracht haben, damit es nicht ganz schließt und wir hineinklettern können, wenn Filme laufen, für die wir zu jung sind.

Als ich an diesem kalten Morgen vor siebenundfünfzig Jahren hier stehe, erlebe ich einen der entscheidenden Augenblicke, der mein Leben für immer prägt. Die Situation steht mir in beinahe überdeutlicher Klarheit vor Augen. Als wäre das Bild in meine Erinnerung eingebrannt. Plötzlich überfällt mich eine unerwartete Einsicht. Als bekäme ich einen Stoß. Die Worte formen sich wie von selbst in meinem Kopf:

»Ich bin ich und kein anderer. Ich bin ich.«

In diesem Augenblick erhalte ich meine Identität. Vorher waren meine Gedanken so kindlich gewesen, wie sie sein sollten. Jetzt trat ein ganz neuer Zustand ein. Identität setzt Bewusstsein voraus.

Ich bin ich und kein anderer. Ich kann nicht gegen jemand anderen ausgetauscht werden. Das Leben wird plötzlich zu einer ernsten Frage.

Ich weiß nicht, wie lange ich mit dieser neuen und umwerfenden Einsicht in der Kälte und der Dunkelheit stand. Ich weiß nur, dass ich zu spät zur Schule kam. Rut Prestjan, meine Lehrerin, spielte schon auf der Tretorgel, als ich die Schulhaustür öffnete. Ich hängte meine Sachen auf und wartete. Es war streng verboten, einfach hereinzutrampeln, wenn die Morgenandacht und der Gesang bereits angefangen hatten.
Schließlich war die Melodie verklungen. Es rumpelte in den Bänken, und ich klopfte an und ging hinein. Weil ich fast nie zu spät kam, sah Frau Prestjan mich nur forschend an und nickte. Hätte sie Leichtfertigkeit oder Trägheit vermutet, hätte sie etwas gesagt.
»Bosse ist krank«, sagte ich. »Er hat Halsschmerzen und Fieber. Er kommt heute nicht.«
Dann setzte ich mich in meine Bank. Ich sah mich um. Keiner hatte etwas von dem großen Geheimnis bemerkt, das ich von diesem kalten Wintermorgen an mit mir herumtrug.

4.

Treibsand

Plötzlich kam es mir so vor, als ob sich das Leben verengte. An diesem frühen Morgen kurz nach Neujahr 2014, an dem ich meine Krebsdiagnose erhielt: Da war es, als schrumpfte das Leben. Die Gedanken setzten aus, eine Art öder Landschaft schien sich in meinem Kopf auszubreiten.

Vielleicht wagte ich es nicht, an die Zukunft zu denken. Sie war unsicher, vermintes Gelände. Stattdessen kehrte ich immer wieder zu meiner Kindheit zurück.

Im Alter von acht, neun Jahren dachte ich eine Zeitlang intensiv darüber nach, welcher Tod mir am meisten Angst machte. Das ist nichts Ungewöhnliches. Solche Gedanken hat man in dem Alter. Leben und Tod beginnen zu entscheidenden Fragen zu werden. Kinder sind zutiefst ernste Wesen. Dies gilt nicht zuletzt für das Alter, in dem man sich anschickt, den Schritt zum bewussten Menschen zu tun. Du wirst dir bewusst, dass du eine Identität hast, die nicht austauschbar ist. Wie du in einem Spiegel aussiehst, wird sich im Laufe des Lebens ändern. Aber dahinter verbirgt sich immer die Person, die du bist.

Die Identität wird dadurch geformt, dass man es wagt, sich schweren Fragen gegenüber eine Haltung anzueignen. Das weiß jeder, der seine Kindheit nicht ganz vergessen hat.

Meine größte Angst war, auf einem See oder einem Fluss einzubrechen und unter das Eis gezogen zu werden, ohne mich aus dem Eisloch befreien zu können. Unter der Eisdecke zu ertrinken, durch die das Sonnenlicht leuchtet. Das Ersticken im kalten Wasser. Die Panik, von der dich niemand befreien kann.

Der Schrei, den niemand hört. Der Schrei, der zu Eis und Tod gefriert.
Diese Angst war nicht erstaunlich. Ich bin in Härjedalen aufgewachsen, wo die Winter lang und hart waren.
In der Tat brach auch zu jener Zeit, als ich acht oder neun Jahre alt war, ein Mädchen in meinem Alter auf dem allzu dünnen Eis des Sandtjärn ein. Ich war dabei, als sie herausgezogen wurde. Es hatte sich sehr schnell in Sveg herumgesprochen. Alle kamen angelaufen. Es war ein Sonntag. Die Eltern des Mädchens standen an dem eisbedeckten See, auf dem das schwarze Eisloch gegen all das Weiße abstach. Als die Männer der Freiwilligen Feuerwehr mit ihren Hakenstangen das Mädchen erwischt hatten, verhielten die Eltern sich nicht so, wie man es im Film gesehen oder in Büchern gelesen hatte. Sie schrien nicht. Sie waren vollkommen stumm. Andere weinten. Die Lehrerin, wie ich mich erinnere. Der Pastor und die engsten Freunde des Mädchens.
Jemand erbrach sich in den Schnee. Es war sehr still. Weißer Dampf stieg aus allen Mündern auf wie unerklärliche Rauchsignale.
Die Ertrunkene hatte nicht besonders lange im Wasser gelegen. Aber sie war völlig steif. Ihre wollene Kleidung knackte und knisterte, als man sie in den Schnee legte. Ihr Gesicht war ganz weiß, als wäre es geschminkt. Das blonde Haar unter der roten Mütze stand in gelben Eiszapfen ab.
Aber es gab noch einen anderen Tod, der mir Angst machte. Davon hatte ich irgendwo gelesen. Später habe ich versucht, mich zu erinnern, wo das gewesen war. Vielleicht im *Rekordmagasinet*, das Sporterzählungen mit Spannung und Abenteuern mischte. Oder vielleicht war es in einem Reisebericht über Afrika oder die arabischen Länder. Ich habe die Erzählung nie wiedergefunden.

Sie handelte von Treibsand. Wie ein mit einer Khakiuniform bekleideter Mann, der ein Gewehr über der Schulter trägt und für eine Expedition ausgerüstet ist, in den verräterischen Sand tritt und sofort feststeckt. Er wird unerbittlich hinabgezogen und ist nicht in der Lage, sich zu befreien. Am Ende bedeckt der Sand Mund und Nase. Der Mann ist verloren. Er erstickt, und als Letztes versinkt sein Schopf im Sand.
Der Treibsand war lebendig. Die Sandkörner verwandelten sich in grässliche Tentakel, die einen Menschen verschlangen. Ein menschenfressendes Sandloch.
Verräterisches Eis konnte ich vermeiden. Besonders viele Sandstrände gab es weder an den Seen noch am Fluss Ljusnan. Doch Jahre später, als ich über die Sanddünen bei Skagen wanderte, oder noch später an afrikanischen Stränden konnte die Erinnerung an den heimtückischen Treibsand wieder auftauchen.
Als ich erfuhr, dass ich Krebs hatte, kehrte die Angst aufs Neue zurück. Sie schlug mit aller Kraft zu, das kann ich jetzt im Nachhinein sagen.
Das Gefühl, das mich überkam, war genau wie die Angst vor dem Treibsand. Ich sträubte mich dagegen, hinabgezogen und von ihr verschlungen zu werden, von der lähmenden Einsicht, dass mich eine schwere, unheilbare Krankheit befallen hatte. Ich brauchte zehn Tage, in denen ich nur wenige Stunden Schlaf fand, um mich zu fangen und nicht von der Angst vollständig lähmen zu lassen, die meine ganze Widerstandskraft zunichtezumachen drohte.
Ich erinnere mich nicht, ein einziges Mal so verzweifelt gewesen zu sein, dass ich angefangen hätte zu weinen. Auch nicht, dass ich aus Verzweiflung einfach losgeschrien hätte. Es war ein stummer Kampf, um den Treibsand zu überleben.
Und ich wurde nicht hinabgezogen. Schließlich konnte ich

aus dem Sand herausrobben und anfangen, mich dem, was geschehen war, zu stellen. Der Gedanke, mich hinzulegen und auf den Tod zu warten, war verschwunden. Ich würde mich den Behandlungen unterziehen, die heute zur Verfügung stehen. Auch wenn ich nie ganz geheilt werden würde, so bestand doch die Möglichkeit, dass ich noch lange leben könnte.

An Krebs zu erkranken ist eine Katastrophe im Leben eines Menschen. Erst nachher weiß man, ob man in der Lage war, sich ihr zu stellen, ihr Widerstand zu leisten. Was ich in jenen zehn Tagen nach der katastrophalen Diagnose dachte und erlebte, ist mir noch nicht völlig klar. Vielleicht wird es mir nie klar werden? Jene zehn Tage nach dem 8. Januar 2014 sind mir nur schattenhaft in Erinnerung, ebenso dunkel wie der schwedische Winter mit seinen kurzen Tagen. Physisch reagierte ich mit wiederkehrenden Anfällen von Schüttelfrost, die mich im Nachhinein an die Male denken ließen, die ich an Malaria erkrankt war. Ich lag hauptsächlich im Bett, die Decke fest hochgezogen bis ans Kinn.

Das Einzige, dessen ich mir heute ganz sicher bin, ist die Empfindung, dass die Zeit stehengeblieben war. Alles war wie in einem verdichteten Universum auf einen Punkt konzentriert, an dem kein Früher oder Später existierte – nur dieses Jetzt. Ein Mensch, der sich am Rand eines Lochs mit tödlichem, saugendem Treibsand festkrallt.

Als ich schließlich die Lust, aufzugeben und mich vom Abgrund verschlingen zu lassen, besiegt hatte, las ich in Büchern nach, was es mit dem Treibsand eigentlich auf sich hat. Und ich entdeckte, dass die Geschichte vom Sand, der einen Menschen hinabziehen und töten kann, nur ein Mythos ist. Alle darüber geschriebenen Erzählungen und Berichte sind Erfindungen. Unter anderem hat eine Universität in Holland das Phänomen in praktischen Experimenten untersucht.

Aber das Bild vom Treibsand ist dennoch eines, zu dem ich mich heute bekenne.
So sahen die zehn Tage aus, die meine Lebensvoraussetzungen vollständig veränderten. Der Treibsand war der Höllenschlund, vor dem ich mich schließlich rettete.

5.

Die Zukunft wird unter der Erde versteckt

Im Herbst 2012 hörte ich das Wort »onkalo« zum ersten Mal. Damals ahnte ich natürlich nicht, dass ich zwei Jahre später an Krebs erkranken würde.

»Onkalo« ist finnisch und bedeutet Aushöhlung. Das Wort kann auch für etwas Geheimnisvolles verwendet werden, oder dass »die Trolle in den Felsenklüften wohnen«.

Zufällig stoße ich in einem Zug zwischen Göteborg und Stockholm auf einen Zeitungsartikel über das Sprengen von Tunneln und tief liegenden Felskammern im finnischen Urgestein, wo der Abfall von Atomkraftwerken bis in eine nahezu unendliche Zukunft aufbewahrt werden soll. Zumindest für einen Zeitraum von nicht unter einhunderttausend Jahren. Auch wenn der radioaktive Abfall in den ersten eintausend Jahren am gefährlichsten – tödlichsten – ist, muss die endgültige Aufbewahrung für einen Zeitraum garantiert sein, der dreitausend Generationen umfasst.

Ich habe mein ganzes Leben mit der Atomkraft gelebt. Noch aus meiner Kindheit habe ich vage Erinnerungen an Proteste und die Angst vor Atomwaffen und einen verheerenden Krieg zwischen der Sowjetunion und den USA, die sich wie zwei wilde Tiere verhielten, die nur notdürftig voneinander getrennt und nur vorübergehend friedlich waren. Danach kam die Kernkraft, es folgten das Unglück von Three Mile Island, danach Tschernobyl und nun zuletzt Fukushima. Ich lebe mit der natürlichen Überzeugung, dass schon jetzt der Countdown für eine weitere Katastrophe läuft. Ich lehne die Kernkraft ab, und jedes Unglück oder jede Beinahe-Katastrophe haben mich in meiner Ablehnung bestärkt. Natürlich waren mir die lange Zerfallszeit von Radioaktivität und die Gefährlichkeit des Abfalls, mit dem wir für Jahrtausende zu leben gezwungen sind, bekannt. Aber erst an jenem Herbsttag vor zwei Jahren wurde mir wirklich bewusst, was dies bedeutet.

Der Zeitungsartikel steht auf einer der hinteren Seiten. Andere Nachrichten, etwa über das Liebesleben von Rocksängern, wie man mit legalen Tricks Steuern spart oder wie man in vierzehn Tagen mehrere Kilo abnimmt, werden als wesentlich wichtiger eingestuft.

Natürlich fällt es mir nicht schwer, das zu verstehen. Wir leben im Jetzt.

Selten vermögen die Menschen ihre Neugier oder ihr Interesse auf mehr als die nächsten Tage, Monate oder Jahre zu richten. Sie denken lieber an die nächste Ziehung der Lottozahlen und hoffen auf einen Gewinn, um sich von allen Pflichten befreien zu können. Die Menschen in unserem Teil der Welt glauben heute nicht mehr an Gott. Sie glauben an Rubbellose und andere Glücksspiele.

Aber in dieser Zeitung stand eben auch ein Artikel über ein Versteck im finnischen Urgestein. Dort soll bis in unendlich entlegene Zeiten nuklearer Abfall gelagert werden.

Einige Tage nach meiner Zugreise schrieb ich an das Endlager namens Onkalo und bat um eine Besuchserlaubnis. Ich erhielt eine schnelle Antwort des Inhalts, dass ich nicht willkommen sei. In dem Brief hieß es, man wolle nicht, dass ich die Anlage als Schauplatz für einen Krimi verwendete. Ich antwortete empört, dass mir so etwas nie vorgeschwebt hätte. Wenn ich eine Betrachtungsweise hätte, so sei sie philosophisch. Wie könne man die Lagerung lebensgefährlichen Abfalls für einen Zeit-

raum von hunderttausend Jahren sicherstellen? Wo die ältesten noch erhaltenen menschlichen Bauwerke vielleicht fünf- bis sechstausend Jahre alt sind? Wie könne man eine Garantie für etwas übernehmen, das kein von uns heute Lebender jemals würde kontrollieren können?
Ich erhielt zur Antwort, dass man beschlossen habe, keine Besucher zu empfangen, weil man ihre Sicherheit unten in den Felskammern und -tunneln nicht garantieren könne. Ich fand es natürlich erschreckend und zugleich komisch, dass man für die Sicherheit eines einzelnen Besuchers nicht garantieren konnte, während man gleichzeitig erklärte, dass die Lagerung dort bis in eine unfassbar entlegene Zukunft sichergestellt sein sollte, wenn sowohl ich als auch der Direktor, der mir auf meinen Brief antwortete, schon lange in unseren Gräbern verfault sein würden.
Ich sah ein, dass ich das finnische Versteck Onkalo nie würde besuchen können. Doch in Schweden waren ähnliche Arbeiten in Gang. In der Nähe der Stadt Oskarshamn. Im Alter von achtzehn Jahren hatte ich die Stadt ein paarmal besucht. Das war lange bevor in Schweden auch nur ein einziges Kernkraftwerk errichtet worden oder die Frage nach dem Umgang mit dem Abfall auf den Tischen der Regierung und der Bürger gelandet war. Ich schrieb an das Atomkraftwerk in Oskarshamn und erhielt die Antwort, dass ich willkommen sei. Einige Monate später fuhr ich hin.
Heute, da ich mit meinem Krebs lebe, scheint es mir, als hätte ich neue und unerwartete Einsichten darüber gewonnen, wie wir mit dem nuklearen Abfall umgehen.

6.

Die Blase im Glas

Meine Tante war mit dem autodidaktischen Ingenieur Viktor Sundström verheiratet. Er wurde in meiner Jugend zu einem Freund, weil er trotz seines Alters immer noch ein politischer Rebell war. Er wurde fünfundneunzig Jahre alt und hörte nie auf, von den entsetzlichen Bedingungen zu sprechen, unter denen die armen Menschen in Värmland, von denen er abstammte, am Ende des 19. Jahrhunderts gelebt hatten.

Einmal versuchte er mir das Universum zu erklären. Damals, Mitte der fünfziger Jahre, war die Theorie vom Big Bang noch keine allgemein akzeptierte Erklärung für die Entstehung des Universums. Viktor meinte, dass es das Universum immer gegeben habe. Als ich ihn daraufhin fragte, was vorher gewesen sei, bekam ich zur Antwort, dass es kein Vorher gegeben habe. Das war natürlich unmöglich zu verstehen. Plötzlich brach mein ganzes kindliches Weltbild in sich zusammen. Ich erinnere mich noch vage, dass Viktor einsah, dass er mich verunsichert und mir vielleicht auch Angst gemacht hatte, als er mir dieses »Vorher« genommen hatte.

»Niemand weiß es sicher«, sagte er abmildernd. »Das Universum ist ein Rätsel.«

Er glaubte nicht an Gott. Es gefiel ihm, dass mein Vater mir und meinen Geschwistern verboten hatte, auch nur in die Nähe einer Sonntagsschule zu kommen. Er ging selbst nie in die Kirche, außer wenn er an einer Beerdigung teilnehmen musste. Was nach dem Tod mit seinem Körper geschehen würde, war ihm vollkommen gleichgültig.

Für mich war Gott eine furchteinflößende Größe. Ein unsichtbares Wesen, das ganz dicht an mich heranschlich und meine Gedanken lesen konnte. Ich sah ein, dass weder Viktor noch mein Vater der Meinung waren, der unsichtbare Gott hätte die Erde und Planeten und Sterne geschaffen. Einige Jahre lang erzeugte dies bei mir ein Gefühl der Unsicherheit. Es war unbefriedigend, dass das Universum mit all seinen Sternen, die in den kalten Winternächten funkelten, nur ein einziges großes Rätsel sein sollte.

Es musste noch mehr sein. Es musste ein »Vorher« gegeben haben.

Auch wenn ich es versucht hätte, wäre es mir damals nicht möglich gewesen, mir einen zukünftigen Zeitraum von hunderttausend Jahren vorzustellen. Ich kann es immer noch nicht. Ich kann die Mathematik verstehen, ich kann Generationen zählen, aber ich begreife es dennoch nicht. Wie soll ein Mensch sich in so ferner Zukunft eine klare Welt vorstellen können? Wie soll man einen Abkömmling in einer dreitausendsten Generation, von mir aus gerechnet, vor sich sehen können? Die Zeit vor uns verliert sich in dem gleichen Nebel, wie wenn man rückwärts blickt. Wohin wir uns auch wenden, sind wir von dem gleichen Nebel oder vielleicht eher einem kompakten Dunkel umgeben. Wir können unsere Gedanken in alle Himmelsrichtungen und Zeitdimensionen aussenden, doch die Antworten, die wir empfangen, sind nicht viel wert. Wir vermögen nicht zu durchdringen, was selbst Science-Fiction-Autoren nicht besonders gut darzustellen gelingt.

Forscher können mittels mathematischer Modelle alles berechnen, angefangen bei der Entstehung des Universums und bis zu dem Tag, da die Sonne expandieren und schließlich selbst unsere Erde schlucken wird, wenn die Meere schon lange verdunstet sind und alles Leben erloschen ist. Die Leben spendende Sonne wird am Ende unser Tod. Wie ein gewaltiger feuriger Drache wird sie die Erde verschlingen, bevor sie selbst stirbt und zu einem der kalten toten Zwergsterne wird. Aber die mathematischen Modelle machen die Zeitdimensionen nicht begreifbarer.

Es gibt andere Wege, näher an das Unmögliche heranzukommen, sich eine Welt in hunderttausend Jahren vorzustellen. Einer davon sieht so aus:

Vor einigen Jahren bat ich einen guten Freund, der Glasbläser ist, mir ein Glas mit einer Luftblase zu blasen. Für einen Handwerker mit Selbstachtung und Können ist dies normalerweise ein misslungenes Glas, das gnadenlos aussortiert wird. Aber ich dachte über den Unterschied zwischen Wahrheit und Lüge nach, zwischen Märchen und Wirklichkeit. Im Hinterkopf bewegte mich auch die Frage nach der Zeit und den unendlichen Distanzen.

Ein Mythos besagt, dass eine in der durchsichtigen Wand des Glases eingeschlossene Luftblase sich bewegt. Die Bewegung ist so langsam, dass man sie mit bloßem Auge nicht erkennen kann. Nicht einmal während eines langen Lebens bewegt sich die Blase sichtbar in die eine oder andere Richtung. Es dauert mehr als eine Million Jahre, bis sie wieder an ihrem Ausgangspunkt angekommen ist. Die Luftblase hat also eine Umlaufbahn wie die Planeten, die sich in bestimmten Kurven und Geschwindigkeiten bewegen.

Harry Martinson hat in seinem großen Raumfahrtepos *Aniara. Eine Revue von Menschen in Zeit und Raum* schön hierüber geschrieben. Aber wenn wir uns vorstellen, dass dies kein Mythos, sondern Wahrheit ist, stehen wir vor einem anderen Problem: Wie sollen wir es kontrollieren? Keiner, der heute das Glas in der Hand hält, wird in einer Million Jahre noch existieren. Tausende Generationen menschlicher Lebewesen können keine Erinnerungen weitergeben an das, was ihre Augen die Jahrtausende hindurch gesehen haben. Wir können nicht wissen, ob die Wanderung der Luftblase im Glas tatsächlich stattfindet oder nur ein Mythos ist.

Natürlich können Wissenschaftler ein Modell konstruieren und damit experimentieren. Aber dies kann uns nur die Andeutung einer Wahrscheinlichkeit liefern, nie jedoch eine Antwort von überzeugendem Wahrheitsgehalt.

Der Versuch, hunderttausend Jahre in die Zukunft zu schauen, wird zu einem Balanceakt zwischen dem, was wir uns aufgrund realen Wissens vorstellen, und dem, was wir durch unsere Phantasie mithilfe mythischer Erlebnisse erahnen können.

Der Mensch ist ein Wesen, das sich über Jahrtausende hinweg zu immer größerer Zweckdienlichkeit entwickelt hat. Deshalb würden wir kaum mit der großen kreativen Kapazität, die von Phantasie und Vorstellungskraft gespeist wird, ausgerüstet sein, wenn es nicht eine notwendige Eigenschaft für unser Überleben wäre, die der Fähigkeit dient, unsere Kinder zu schützen und neue Wege der Nahrungsbeschaffung bei Trockenheit oder Überschwemmungen, Erdrutschen oder Vulkanausbrüchen zu finden.

Die Geschichte des Menschen wie die jedes anderen Lebens auf der Erde dreht sich letztendlich um die Entwicklung von Überlebensstrategien. Nichts sonst ist eigentlich wichtig.

Leben ist im Grunde nichts anderes als Überlebenskunst.

Das Glas mit der Luftblase steht noch immer bei mir zu Hause im Regal. Wenn niemand es herunterstößt und zerschlägt, wird es noch lange nach mir da sein.

Und ich glaube daran, dass die Blase sich bewegt. Doch ich sehe es nicht.

7.

Testament

Eines Tages im Frühjahr 2013 schreibe ich mein Testament. Es werden noch sieben Monate vergehen, bis die Schmerzen in meinem Nacken einsetzen. Ich habe keine körperlichen oder mentalen Vorahnungen. Ich bin nicht krank, ich habe nicht das Gefühl, dass der Tod im Hausflur steht und wartet.

Der Grund dafür, dass ich mein Testament schreibe, ist ein völlig anderer.

Als mein Vater vor vielen Jahren starb, hatte er genaue Anweisungen dafür hinterlassen, was mit seinem Hab und Gut geschehen sollte. Deshalb mussten meine Geschwister und ich nie darüber nachgrübeln, was sein letzter Wille gewesen war. Welche Briefbündel sollten verbrannt werden? Was konnte aufbewahrt und sogar gelesen werden? Wie sollten Möbel und Bücher verteilt werden? Gab es jemanden, der eine Geldsumme erhalten sollte? Wir konnten den Nachlass problemlos ordnen und aufteilen und uns danach der bedeutend wichtigeren Trauerarbeit widmen.

Sein Testament zu schreiben bedeutet, seine Sterblichkeit anzuerkennen. In gewisser Hinsicht tut man es natürlich auch aus höchst egoistischen Gründen, aber meistens, glaube ich, weil man es den Weiterlebenden leichter machen will.

Wenn man tot ist, ist man tot. Dann kann man keinen Einfluss mehr nehmen.

Zu leben heißt, Ja oder Nein sagen zu können. Tot zu sein heißt, von Schweigen umschlossen zu sein.

Wann haben Menschen angefangen, Testamente zu schreiben?

Natürlich, als sie begonnen haben, etwas zu besitzen, was für die Nachlebenden von Wert sein konnte. Mit dem privaten Besitzrecht kam die Notwendigkeit eines geschriebenen letzten Willens auf.

Die meisten Menschen sind wohl der Meinung, dass sie ein Testament verfassen sollten. Aber dann kommt es doch nie dazu oder höchstens nur zu einigen hingeworfenen Formulierungen in einem Notizbuch. Man schiebt es auf. In vielen Fällen beruht dies sicher auf einem einfachen Aberglauben: Man fürchtet, es könnte den Tod anlocken, der sich sogleich aufmacht, um einen zu holen. Bei anderen liegt es vielleicht mehr an dem Gefühl, dass es ganz einfach nicht so eilt. Man ist noch jung. Es bleibt noch genügend Zeit.

Man schafft die größte aller Illusionen: falls ich sterbe. Nicht: wenn ich sterbe.

Aber plötzlich kommt man bei einem Verkehrsunfall ums Leben. Oder man bekommt einen rasant fortschreitenden Krebs, der dazu führt, dass jeder Gedanke an ein Testament ganz einfach verschwindet. Man hat genug mit dem Kampf ums Überleben zu tun.

Zivilisationen hinterlassen keine Testamente. Das tun nur Individuen. Weder die Maya noch die Inkas oder das Ägypten der Pharaonen und das Römerreich gingen auf einen Schlag zugrunde, wie etwa bei einem Autounfall oder einem Vulkanausbruch. Der Untergang kam schleichend und wurde bis zuletzt geleugnet: Eine so hochstehende Zivilisation wie die ihre konnte ganz einfach nicht untergehen. Dafür garantierten die Götter. Wenn man ihnen nur opferte und sich an den Rat und die Forderungen der Priester oder Schamanen hielt, gehörte man einer Zivilisation an, die für immer bestehen würde. Sie war auf ewig etabliert und würde nur allmähliche Veränderungen durchleben, ohne im Grunde zu altern.

Alle großen und klassischen Zivilisationen und Kulturen haben einen gemeinsamen Nenner: Sie erschienen den Menschen, die in ihnen lebten, unsterblich.
Ein beredtes Beispiel für eine untergegangene Kultur ist die Osterinsel. Heute ist Rapa Nui, wie sie auf Polynesisch heißt, eine in den Stillen Ozean hinausgeworfene Insel ohne jeden Baumbestand. In der welligen, grasbewachsenen Landschaft stehen riesige Skulpturen von Göttern der ehemaligen Kultur. Seit der Entdeckung der Insel durch die Besatzung eines holländischen Schiffes unter dem Kommando von Kapitän Jakob Roggeveen am Ostersonntag 1722 wird über diese Skulpturen gerätselt. Ein Teil von ihnen ist umgestürzt, andere stehen immer noch aufrecht an ihrem Platz.
Am merkwürdigsten sind jedoch die Steinbrüche, aus denen die Statuen einst herausgehauen wurden. Dort liegen halbfertige Skulpturen, unter anderem eine, die größer hätte werden sollen als alle übrigen. Es ist ein nicht fertiggestellter Gott. Er wurde offenbar nie vollendet, aber mit unendlicher Mühe und ausgeklügelter Ingenieurskunst an den von den Priestern bestimmten Platz transportiert und dort aufgerichtet.
Der Steinbruch auf der Osterinsel gleicht einem Friedhof für verstorbene Götter, die nie in Gebrauch genommen wurden. Plötzlich verließen die Steinmetze ihre halbfertigen Gestalten. Waren sie von jemandem gezwungen worden aufzuhören? Oder gingen sie freiwillig? Flohen sie in plötzlicher Panik? War ihr Glaube an das, was die Götter repräsentierten, plötzlich geschwunden? Niemand weiß es mit Gewissheit.
Doch im Fall der Osterinsel lässt sich heute mit relativer Sicherheit feststellen, was zum Untergang der reichen Kultur führte. Zumindest können die Alternativen auf ein Minimum reduziert werden. Eine bedeutende Anzahl von Forschern ist der Ansicht, dass die Menschen, die die Inseln einst besiedelten,

Ratten mitbrachten – unfreiwillig, darf man vermuten –, die auf der Insel keine natürlichen Feinde vorfanden. Damit konnten sie sich drastisch vermehren und sich von den Samen der Palmen ernähren, die auf der Insel wuchsen.

Die Osterinsel war von Menschen von den Archipelen des Stillen Ozeans besiedelt worden, die auf ihren längsten Seefahrten hierhergelangt waren. Die großen Palmenwälder waren vermutlich einer der Gründe dafür, dass sie auf der Insel blieben. Zahlreichen Forschungen zufolge dürfte die Abholzung der Wälder dazu geführt haben, dass die Zivilisation auf der Insel, die sich über einen Zeitraum von vielleicht vierhundert Jahren entwickelte, sich nicht mehr zu erhalten vermochte. Ohne Bäume konnte man keine Boote bauen, weder zum Fischen, noch um die Insel zum verzweifelten Ende hin verlassen zu können – vielleicht zurück zu den Küsten, von denen man einst hergekommen war. Die Bäume waren für Brennholz gefällt worden, aber auch, um die Götter auf hölzernen Rollen zu den Plätzen transportieren zu können, wo sie aufgerichtet und angebetet werden sollten. Die Erde, die zum Nahrungsanbau gedient hatte, wurde fortgeweht, als die Palmwurzeln sie nicht länger auf dem felsigen Boden hielten. Und dann gab es eben noch die Ratten, die die Samen auffraßen, sodass die Wälder nicht nachwuchsen.

Was gegen Ende der Zivilisation der Osterinsel geschah, wissen wir nicht. Es gibt keine Schriftquellen. Aber Holzskulpturen, die gefunden wurden, deuten darauf hin, dass die Insel von Hungersnot heimgesucht wurde. Die geschnitzten Figuren lassen hungernde, abgemagerte Menschen erkennen. Die hervorstehenden Rippen waren für die Bildhauer ebenso wichtig wie die Gesichtsausdrücke.

Der Kampf um Nahrung führte zu Kämpfen zwischen den verschiedenen Gruppen. Es fällt nicht schwer, sich ein soziales

Chaos vorzustellen, eine religiöse Verzweiflung und die Brutalität, zu der Menschen fähig sind, wenn die Nahrung nur für wenige reicht.

Natürlich schrieb niemand ein Testament. Es gibt auch sonst keine Quelle, die zum Verständnis dessen beitragen könnte, was in der letzten Zeit geschah, bevor die Insel wieder so menschenleer wurde, wie sie es einmal gewesen war. Die Hinterlassenschaft der letzten Menschen, die wir deuten, ist eine stumme Warnung.

Die verlassene Insel, die umgestürzten oder unfertigen Statuen waren an sich ein Testament. Und obendrein eine Bestätigung dafür, dass auch die höchstentwickelten Kulturen eines Tages untergehen.

Es gibt keine letzten Verfügungen der früheren Kulturen und Zivilisationen. Durch Archäologie, Paläontologie und andere Forschungszweige können wir immer weiter, immer tiefer eindringen, können mit ständig verfeinerten Hilfsmitteln wie Mikroskopen und Teleskopen immer mehr Details erkennen, um zu verstehen, was uns und unserer Zeit vorausgegangen ist. Zwei Begriffe fassen alles, was gewesen ist, und wahrscheinlich auch alles, was kommen wird, zusammen: Überleben und Untergang. Indem wir die Welt im Rückspiegel betrachten, können wir sehen, worauf auch wir selbst zusteuern. Natürlich wird nichts so sein wie früher. Die Geschichte wiederholt sich nie als exaktes Imitat.

In unserem Fall kann man jedoch sagen, dass wir bereits jetzt bestimmt haben, was die entfernteste Erinnerung an unsere Zivilisation sein wird.

Nicht Rubens. Nicht Rembrandt. Nicht Rafael.

Auch nicht Shakespeare oder Botticelli, Beethoven, Bach oder die Beatles.

Wir hinterlassen etwas ganz anderes.

Wenn alles Übrige von unserer Zivilisation vergangen sein wird, werden zwei Dinge zurückbleiben: das Raumschiff Voyager auf seiner ewigen Reise in den äußeren Weltraum und der nukleare Abfall in den unterirdischen Schächten.

8.

Der Mann am Fenster

Eines Abends denke ich darüber nach, wie das Wissen über die Krankheit, die wir Krebs nennen, in mein Leben kam.

Als ich neun Jahre alt war, bekam ich eines Tages plötzlich Bauchschmerzen. Sie waren so schlimm, dass ich in das kleine Krankenhaus von Sveg gebracht wurde. Man vermutete eine Blinddarmentzündung und ging davon aus, dass ich operiert werden müsste. Aber dazu kam es nicht. Die Schmerzen verschwanden, und der Oberarzt, der Stenholm hieß und von allen gefürchtet wurde, kam zu dem Schluss, dass ich wohl nur ein wenig Flüssigkeit in den Blinddarm bekommen hätte, die dann von allein getrocknet wäre.

Aber ich blieb drei Tage im allgemeinen Krankensaal. Ganz hinten am Fenster lag ein großer Mann mit schütterem Haar und einem Hängebauch. Er hatte Krebs. Auf der linken Seite seines schweren Bauchs hatte er eine wässernde und eiternde Wunde. Jeden Morgen und jeden Abend wurde die Wunde frisch versorgt, und der blutige, eitrige Verband wurde in einen Blecheimer geworfen und fortgebracht. Von denen, die in seiner unmittelbaren Nähe lagen, hörte ich, dass die Wunde roch. Einmal, als er auf der Toilette war, wurde im Flüsterton darüber gesprochen, dass es ein Krebsgeschwür sei. Sein ganzer Bauch sei von Tumoren zerfressen. Jetzt war einer der Tumoren durch die Haut gedrungen.

Keiner sagte es geradeheraus. Aber sogar ich mit meinen neun Jahren begriff, dass der Mann sterben würde. Er war Pferdehändler und verkaufte Nordschweden und den einen oder anderen belgischen Ardenner. Ich glaube, er hieß Svante, und sein Nachname war vielleicht Wiberg, oder Wallén? Aber ich bin mir sicher, dass er mit Pferden handelte.

In den Tagen, die ich dort im Saal verbrachte, bekam er keinen Besuch. Wenn er nicht reglos auf seinem Bett lag, stand er meistens vor einem der hohen Fenster. Er verharrte dort in seinem schlecht sitzenden Nachthemd, mit seinem Hängebauch, die Hände auf dem Rücken wie ein Polizist auf Streife, und sah aus dem Fenster. Stundenlang, so kam es mir vor.

An dem Tag, an dem ich entlassen wurde, trat ich an das Fenster, um zu sehen, worauf er ständig den Blick gerichtet hatte.

Das Fenster ging auf die Leichenhalle des Krankenhauses hinaus. Ein kleines, weißgekalktes Gebäude, das neben einem Abfallschuppen und einem alten, verlassenen Stall lag. Vielleicht hatte er dort einmal seine Pferde gehabt? Als ich das Krankenhaus verließ, wusste ich, dass Krebs übel roch und blutiges und eitriges Verbandszeug zurückließ. Das hatte damals absolut nichts mit meinem Leben zu tun, höchstens als eine ferne Bedrohung, die in einem allgemeinen Krankensaal eines unbedeutenden norrländischen Krankenhauses versteckt wurde.

Ich bleibe im Dunkeln sitzen. Es ist halb fünf Uhr morgens. Eine andere Erinnerung hat sich plötzlich eingestellt. Vielleicht sollte ich lieber sagen, dass ich sie von einem Regal in meinem inneren Erinnerungsarchiv heruntergeholt habe. Ich beginne, an etwas zu denken, das vor exakt einundzwanzig Jahren passierte.

Ich weiß noch genau, wann ich meine letzte Zigarette geraucht habe. Es war unmittelbar vor dem Eingang des internationalen Flughafens von Johannesburg. Damals, im Dezember 1992, hieß er noch Jan-Smuts-Flughafen. Einige Jahre später, nachdem die Apartheid für immer auf dem Müllhaufen der

Geschichte gelandet war, wurde er auf den Namen des Freiheitshelden Oliver Tambo umgetauft.
Einen Monat lang war ich in Maputo unterwegs gewesen und hatte mich von Tag zu Tag schlapper gefühlt. Lange dachte ich, es würde sich um eine hartnäckige Virusinfektion oder eine Malariaerkrankung handeln, die noch nicht richtig ausbrechen wollte. Am Theater war ich mit den Proben für ein neues Stück beschäftigt. Jeden Nachmittag, wenn ich mich in meinen alten Renault setzte, musste ich mich zwingen, den Motor anzulassen, um zum Theater zu fahren. Die Müdigkeit wurde allmählich lähmend, so viel ich auch schlief.
Eines Tages hielt ich vor dem Theater und schaltete den Motor aus. Aber ich vermochte nicht auszusteigen. Ich gab auf und rief den Bühnenmeister Alfredo zu mir, der vor dem Theater stand und ein Plakat aufhängte.
»Es geht mir nicht gut«, erklärte ich. »Sag den Schauspielern, dass sie heute Lesetag haben.«
Ich fuhr nach Hause, legte mich aufs Bett und schlief sofort ein. Am Abend ging ich Essen einkaufen. Vor dem Geschäft begegnete ich zufällig Elisabeth, einer schwedischen Ärztin und Freundin. Sie sah mich mit forschendem Blick an.
»Du bist ja vollkommen gelb«, sagte sie.
»Bin ich?«
»Vollkommen gelb. Komm morgen früh um acht Uhr zu mir.«
Am Tag darauf schickte sie mich in ein Labor. Ich kam mit einem Lebertest zurück, der normalerweise einen Wert von zwanzig zeigen sollte. Ich hatte zweitausend. Wie der Test hieß, weiß ich nicht mehr.
»Das kann ich nicht behandeln«, erklärte sie. »Nicht hier. Ich rufe ein Krankenhaus in Johannesburg an. Du musst noch heute hinfliegen.«
Der Flug von Maputo mit der Abendmaschine der South Afri-

can Airways dauerte nicht länger als fünfundvierzig Minuten. Und jetzt stand ich vor dem Haupteingang des Flughafens und rauchte eine Zigarette. Als der Krankenwagen aus Sandton eintraf, trat ich die Zigarette mit dem Absatz aus. Ich wusste da noch nicht, dass dies die letzte Zigarette war, die ich in meinem Leben rauchen sollte.

Einige Tage später hatte man festgestellt, dass ich an einer besonders aggressiven Gelbsucht erkrankt war. Ich vermutete, dass ich sie mir beim Besuch einiger Restaurants mit zweifelhafter Hygiene auf einer Reise in die nördlichen Landesteile von Mosambik durch den Verzehr unsauberen Gemüses zugezogen hatte.

Dies war also in der Zeit um Weihnachten 1992. Es herrschte noch große Unsicherheit darüber, wie es in Südafrika weitergehen würde, nachdem das Apartheidsystem vor dem Zusammenbruch stand. In den Nächten, wenn ich wach in meinem Krankenbett lag, hörte ich dann und wann Schüsse draußen in der Dunkelheit. Johannesburg war eine von Kriminalität schwer heimgesuchte Stadt. Der Hass zwischen den Rassen saß tief, die Angst ebenso.

Am Morgen des dritten Tages trat ein Arzt in mein Zimmer, den ich vorher noch nicht gesehen hatte.

»Wir haben uns die Röntgenbilder angesehen, die wir gestern gemacht haben«, sagte er, und sein gebrochenes Englisch verriet, dass er erst kürzlich eingewandert war, wahrscheinlich aus Osteuropa. »Wir haben einen dunklen Fleck auf einer Ihrer Lungen gefunden. Noch wissen wir nicht genau, was es ist. Aber bald.«

Er verließ das Zimmer. Die Tür war kaum geschlossen, als ich schon dachte: Krebs. Dass ich die Zigarette vor dem Flughafen von Johannesburg ausgetreten hatte, würde mir nicht helfen. Das Rauchen hatte dazu geführt, dass ich jetzt sterben würde.

Eine Erinnerung aus Skellefteå vom Beginn der siebziger Jahre flirrte vorüber. Die alte Ärztin Sigrid Nygren, eine passionierte Theaterliebhaberin, hatte mich untersucht. Ich war gut zwanzig Jahre alt.

»Rauchst du?«, fragte sie.

»Ja.«

»Damit solltest du aufhören. Sonst bekommst du deinen Krebs im besten Alter, mit vierzig, fünfundvierzig.«

Ich war jetzt vierundvierzig. Zwei Tage lang lag ich mit meiner Gelbsucht da und wartete auf einen Bescheid, was der Arzt auf meinem Röntgenbild gefunden hatte. Ich dachte an nichts anderes als an den Tod. Ich lag im Bett und schloss einen jämmerlichen, aber zugleich ganz natürlichen Kuhhandel mit mir selbst: Ich würde ein unendlich viel besserer Mensch werden, wenn ich nur keinen Krebs hätte.

Hinterher, als der Arzt mir erklären konnte, dass es sich nur um eine kleine Ansammlung von Flüssigkeit in der linken Lunge handelte und nicht um einen Tumor, erkannte ich, dass meine Angst in hohem Maße mit meinem Alter zusammenhing. Natürlich würde ich sterben wie alle anderen, aber nicht jetzt. Bevor ich nicht einmal fünfundvierzig Jahre alt geworden war.

Als im Januar 2014 ein aggressiver Muttertumor in der linken Lunge bei mir diagnostiziert wurde, war eine meiner ersten Reaktionen ein Gefühl von Unwirklichkeit. Ich hatte doch mehr als zwanzig Jahre nicht geraucht? Und dennoch bekam ich Krebs? Es war eine der wenigen Gelegenheiten, bei denen ich nicht weit davon entfernt war, mich zu beklagen. Es kam mir ungerecht vor. Aber ich blieb standhaft. Obwohl es wahrlich nicht einfach war. Manchmal muss man einfach klagen.

So denke ich auch heute. Ist man Kind, Teenager, ein junger Mensch oder in mittleren Jahren, findet man es natürlich ungerecht, an Krebs zu erkranken. Aber hat man wie ich beinahe siebzig Jahre gelebt, länger, als die meisten Menschen auf der Welt zu hoffen wagen dürfen, ist es leichter, sich mit dem Gedanken zu versöhnen, dass eine unheilbare Krankheit vom Körper Besitz ergriffen hat.

Das ist natürlich nur die halbe Wahrheit. So einfach ist es nicht. Der Tod kommt immer als ungebetener Gast und stört.

»Zeit zu gehen.«

Keiner will sterben, weder jung noch alt. Sterben ist immer schwer. Außerdem einsam.

Als ich Anfang der sechziger Jahre den altsprachlichen Zweig des Gymnasiums in Borås besuchte, war die verpönte Morgenversammlung obligatorisch. Damals dominierten noch die christlichen Themen. Ausnahmen waren selten. Bei einer Gelegenheit spielte der bemerkenswerte Schauspieler Kolbjörn Knudsen einen kurzen Auszug aus *Peer Gynt* vor, der die schlafenden oder heimlich Hausaufgaben machenden Schüler aufhorchen ließ. Zuweilen gab es Lyriklesungen, vorzugsweise Gedichte von Nils Ferlin oder Hjalmar Gullberg, die ein älterer Student mit nervöser Stimme vortrug.

Aber oft standen Pastoren am Rednerpult. Ich erinnere mich besonders gut an einen Krankenhauspastor. Er kam in regelmäßigen Abständen ans Gymnasium und berichtete von den letzten Stunden junger Menschen während seiner seelsorgerischen Betreuung im Krankenhaus. Der Tenor seiner Auslassungen war, dass die Angst vor dem Tod auch bei jungen Menschen erträglich werden könne, wenn man seine Seele Gott anvertraue.

Die Sentimentalität und die Falschheit waren abstoßend. Fast jedes Mal brachten seine eigenen Erzählungen ihn zum Weinen. Er kam mir vor wie eine Figur aus einer der bigottesten Geschichten in der Sonntagsschule.

Später stieß ich auf den deutschen Dichter Georg Büchner, der mit nur wenig mehr als zwanzig Jahren gestorben war. Da hatte er schon ein aufrührerisches Manifest in Hessen verfasst, war ausgewiesen und von der Geheimpolizei gejagt worden, hatte drei Meisterwerke geschrieben, vor allem *Dantons Tod* und *Woyzeck*, und dazu noch mit einer Abhandlung über das Nervensystem der Fische einen Doktorgrad erworben. Als er starb, wohnte er in der Spiegelgasse in Zürich. Er war an Typhus erkrankt. Ich grübelte oft darüber nach, wie dieser begabte Mann es aufnahm, dass er sterben würde, ohne ernsthaft zu leben begonnen zu haben. Sträubte er sich gegen die Einsicht, die ihn jede Sekunde beherrschen musste? Vielleicht verhielt er sich so, wie es anscheinend oft der Fall ist, dass man angesichts des Todes große Pläne für die Zukunft entwirft, die beginnen soll, wenn man das Krankenbett erst verlassen hat.
Es ging auf einen kühlen Wintermorgen zu, während ich dort in meinem roten Sessel saß und die Gedanken wandern ließ. Vielleicht schlummerte ich ein. Das Mondlicht über dem Bücherregal war verschwunden. Ich musste daran denken, Lars Eriksson anzurufen und noch mindestens zwanzig Regalmeter zu bestellen. Aus Eiche, die aus Lettland kam, fiel mir plötzlich ein. Warum schwedische Eiche nicht einmal für Bücherregale taugte, wusste ich nicht.
Ich war sechsundsechzig Jahre alt und an Krebs erkrankt. In Kürze würde ich eine Chemotherapie beginnen. Ob sie erfolgreich sein würde, wussten weder ich noch die Ärzte um mich her.
Was sein würde, wenn die Behandlung nicht anschlug, wagte ich nicht zu denken.
Dann spielte es keine Rolle, ob ich sechsundsechzig war oder ein Kind, das im Krankenhaus in Sveg lag und zum ersten Mal ernsthaft dem Tod begegnete.

9.

Hagar Qim

Der Tempel wurde gebaut, bevor ich geboren wurde. Er wird weiter dort stehen, wenn ich tot bin.

Sehr früh im Leben beschloss ich, zwei Mittelmeerinseln zu besuchen. In langweiligen Schulstunden hatte ich meinen Atlas vor mir aufgeschlagen und betrachtete Kreta und Malta. Ich wusste von Knossos und den auf den Wänden der Palastruine abgebildeten Delphinen. Aber Malta war damals für mich nicht mehr als ein Name.

Dennoch wollte ich dorthin. Was mich lockte, weiß ich nicht. Als ich dreißig Jahre alt war, nahm ich eines Tages den Zug nach Athen und von dort die Fähre nach Kreta. Ich wohnte einen Monat in Heraklion und las mich in die Geschichte ein, von der ich, wie ich meinte, zu wenig Ahnung hatte. Es war ein feuchter und kalter Winter. Ich las und ging spazieren, aß in einfachen Restaurants und besuchte dann und wann ein Kino.

Mit Malta war es anders. Dorthin kam ich im Jahr 2012. Die Hitze glich der in Afrika. Eine stumme Wand scharfen Sonnenlichts. Und als ich hinfuhr, wusste ich endlich, warum.

An der Südküste Maltas befindet sich eines der wahrscheinlich ältesten noch aufrecht stehenden Bauwerke der Welt. Auf einem Steinplateau mit Blick über das Meer liegt ein Tempelbau mit dem Namen Hagar Qim, was eben das bedeutet, »aufgerichtete Steine«. Eigentlich sind es mehrere Gebäude, die über einen langen Zeitraum zusammengefügt wurden. Aber man hat festgestellt, dass die ältesten Teile zwischen fünf- und sechstausend Jahre alt sind. Ungefähr zur gleichen Zeit oder ein wenig früher wurde Malta von Ackerbauern bevölkert, die mit Booten von Sizilien gekommen waren. Wir sprechen hier von der jüngeren Steinzeit.

Das Tempelgebäude, das also heute als eines der ältesten von Menschenhand errichteten betrachtet werden kann, die sich nicht in Fragmente oder Ruinen verwandelt haben, ist mit erstaunlicher Geschicklichkeit erbaut worden. Verwundert betrachtet man die Präzision, mit der verschiedene gigantische Steinblöcke aneinandergefügt wurden.

Von den Menschen, die den Tempel bauten, wissen wir kaum mehr als das, was ich schon erwähnt habe: dass sie Ackerbauern waren, die als neue Siedler auf die unbewohnte Insel kamen. Bei Ausgrabungen wurden Reste primitiver Werkzeuge gefunden, aber nichts, was darauf hindeutet, dass sie in irgendeiner Weise militärisch ausgerüstet waren. Sie kamen in friedlicher Absicht, nicht in kriegerischer.

Wen oder was sie in ihrem Tempel anbeteten, wissen wir nicht. Es existieren keine Inschriften oder Legenden darüber, wer ihre Götter waren. Knochenreste lassen den Schluss zu, dass Tiere geopfert wurden. Aber die Religion, zu der sie sich bekannten, schweigt. Ihre Götter sind für immer verstummt.

Geblieben ist das von ihnen errichtete mächtige Steingebäude als ein Monument des Gedenkens. Die Anstrengung muss grenzenlos gewesen sein. Vermutlich haben einige Menschen als Architekten fungiert, andere den Bau geplant, und dann gab es vor allem diejenigen, die die Bauarbeiten ausführten. Mit Sicherheit können wir sagen, dass es sehr lange dauerte und der Tempel eigentlich nie fertig wurde, sondern ständig verändert, schöner, mächtiger wurde. Vielleicht bestand ihre Religionsausübung ganz einfach im Bau dieses Tempels? Ein wortloser Kult, der sich nur durch das Behauen, Schleppen, Heben

und Zusammenfügen von Steinen ausdrückte. Niemand weiß es.
Viele hundert Jahre nach der Ankunft dieser Einwanderer landeten andere Menschengruppen auf Malta. Auch die Neuankömmlinge waren friedlich und verschmolzen mit den Abkommen der ersten. Später erschienen andere, kriegerische Gruppen, die die Insel unterwarfen und damit auch den Tempel mit Waffengewalt einnahmen. Im Lauf der Jahrhunderte sollten neue Symbolwelten und neue Götter angebetet werden. Wie an so vielen anderen Orten im Verlauf der Geschichte zogen die Götter aus ihren Heiligtümern aus und wurden durch andere Mieter ersetzt, die an ihrer statt angebetet wurden.

Sechstausend Jahre sind eine lange Zeit. Womit man sie auch vergleicht. Wenn wir jede menschliche Generation mit dreißig Jahren ansetzen, entspricht dies nicht weniger als zweihundert Generationen.
Der Tempelkomplex wurde mindestens eintausend Jahre vor der Cheops-Pyramide errichtet. Die Tempel der Azteken oder der Mayakultur sind wesentlich jünger. Die mächtigen Kathedralen, die die Baumeister in Europa errichteten, entstanden vor weniger als tausend Jahren. Gemessen am Alter des maltesischen Tempels sind sie kaum mehr als Teenager.
Hagar Qim steht einsam an seinem Platz und lädt zu der gleichen Ehrfurcht ein, wie wir sie einem sehr alten Menschen entgegenbringen. Der Tempel lässt eine Wahrheit zutage treten, die ebenso unerwartet wie entscheidend ist für das, was ich zu sagen versuche: Auch wenn seine Entstehung in ferner Vergangenheit liegt, sind sechstausend Jahre ein verschwindend kurzer Zeitraum, wenn wir heute Baulösungen dafür suchen, um unseren nuklearen Abfall für mindestens hunderttausend

Jahre sicher aufzubewahren. Die Differenz ist atemberaubend, vierundneunzigtausend Jahre. Nichts von Menschenhand Erschaffenes wird auch nur annähernd der Aufgabe gerecht, die vor uns liegt und die wir lösen müssen.

Heute können wir uns in ein Flugzeug setzen und wenige Stunden später auf dem Flugplatz bei Valletta landen. Dann können wir mit einem Wagen über gewundene Straßen nach Süden fahren. Und da liegt der Tempel und wartet. Stumm blicken die steinernen Säulen auf das Meer hinaus, als suchten unsichtbare Wächter den Horizont nach herannahenden Schiffen neuer Einwanderer ab.

Hagar Qim ist sicher ein sehr altes Bauwerk. Aber es gibt Felsmalereien und in Elfenbein geschnitzte Skulpturen, deren Alter mit vierzigtausend Jahren berechnet worden ist. Natürlich sind sowohl die Tierbilder der Felsenmaler als auch der Tempel Hagar Qim Ausdruck der Fähigkeit des Menschen, Kunst zu erschaffen.

Aber nichts in der geistigen Welt des Menschen hat von Anbeginn an fertig zur Verfügung gestanden. Alles hat sich entwickelt.

Davon erzählt die Skulptur des Löwenmenschen, die einige Tage vor Kriegsausbruch im September 1939 im Süden Deutschlands gefunden wurde.

10.

Der Löwenmensch

Der Spätsommer 1939 war sehr warm in Europa. In Schweden waren die Strände und Badeorte noch weit in den August hinein voller Menschen. Viele der Älteren konnten sich noch an die stickige Wärme erinnern, die in den Wochen vor dem Ausbruch des Ersten Weltkriegs im Sommer 1914 über Europa gelegen hatte.

Der Auslöser für den Ersten Weltkrieg war der Mord am Thronfolger der Österreichisch-Ungarischen Monarchie in Sarajevo gewesen. Die Ursachen waren Dummheit und Arroganz, aber auch realpolitische Träume von Expansion und Kolonialherrschaft.

Jetzt wuchs die Kriegsgefahr wieder. Manche meinten zu Recht, der Erste Weltkrieg habe eigentlich nie geendet. Es hatte eine Pause von gut zwanzig Jahren gegeben. Jetzt würde sich bald der Vorhang für den zweiten Akt öffnen, wenn die europäischen Führer nicht ein Mittel fänden, Hitler daran zu hindern, seine Provokationen in die Tat umzusetzen. Zwar kehrte der englische Premierminister Neville Chamberlain nach einem Treffen mit Hitler in München mit einem vom Reichskanzler unterzeichneten Papier in der Hand zurück. Aber viele bezweifelten, dass die Worte »Peace in our time«, Friede in unserer Zeit, die er beim Verlassen des Flugzeugs äußerte, der Wirklichkeit entsprachen. Es hieß sogar, dass sie zu den gröbsten Fehleinschätzungen gehörten, die einem Politiker je unterlaufen waren.

Aber nicht alle lagen am Strand oder machten sich Sorgen

angesichts der zunehmenden Kriegsgefahr. Einige Archäologen waren damit beschäftigt, das Höhlensystem Hohlenstein-Stadel im Lonetal zu erforschen. Dass die Wehrmacht Nazideutschlands ihren Feldzug gegen Polen begonnen hatte, war weniger wichtig. Nur wenige Tage vor dem Kriegsausbruch am 1. September 1939 waren sie nämlich auf einen Fund gestoßen, genauer gesagt, auf viele kleine Fragmente, die sich zusammengefügt als wichtige Entdeckung erweisen sollten. Sie fanden ungefähr zweihundert Bruchstücke aus Mammut-Elfenbein. Mit der gewissenhaften und leidenschaftlichen Sorgfalt, die den Archäologen eigen ist, fügten sie die Stücke zusammen.
Doch danach passierte nichts mehr. Der Krieg brach aus, und die Elfenbeinreste blieben bis Ende der sechziger Jahre im Lagerraum eines Museums liegen. Erst da machte man sich an eine Rekonstruktion, indem man alle Teile, die rund dreißig Jahre zuvor gefunden worden waren, wie ein Puzzle zusammenfügte. Man erkannte bald, dass es möglich war, ein Ganzes zu erahnen, eine Art von Skulptur, dass jedoch große Teile fehlten. Nachdem weitere Fragmente gefunden worden waren, wurde die Figur 1988 erneut zusammengesetzt und ergänzt. Die aktuelle Rekonstruktion der Statuette stammt aus dem Jahr 2012 und wurde abermals um zahlreiche Fragmente ergänzt.
Bereits 1988 erkannte man, dass es sich um einen verblüffenden Fund handelte, nach dem man die Geschichte der Entstehung der Kunst neu schreiben würde. Denn jetzt sah man, dass die Skulptur, die bei der Rekonstruktion hervorzuwachsen begann, eine menschliche Gestalt mit einem Löwenkopf war.
Es gibt einfachere von Menschen geschnitzte Figuren, die noch älter sein können als der Löwenmensch, bei dem man nicht sicher sagen kann, ob es sich um einen Mann oder eine Frau handelt. Aber keine entspricht dieser dreißig Zentimeter hohen

Statuette aus Elfenbein. Das Wichtige und wirklich Revolutionäre an dieser Skulptur ist eben die Kombination von Tier und Mensch. Hier war ein Künstler an der Arbeit, der sich nicht nur ein menschliches Wesen vorstellen konnte, das er aus dem Stoßzahn eines Mammuts schnitzte, und auch nicht einfach nur ein Tier, das auf eine Felswand gemalt werden sollte. Er hat sich eine Abstraktion vorgestellt, etwas, was in der Wirklichkeit nicht existiert. In seinem Gehirn hatte er ein Bild von etwas gehabt, das es nicht gibt, eine Mischung von Mensch und Löwe. Warum er beschließt, seine Vision wiederzugeben, können wir nicht wissen. Soll die Skulptur uns mitteilen, dass ein Mensch die Kräfte eines Löwen besitzen kann? Oder gibt es auch bei einem Raubtier menschliche Züge? Der Künstler stellt also etwas her, für das es kein Modell gibt. Und er weiß, dass etwas völlig Neues aus dem Elfenbein entstehen soll, eine Mischung von Phantastischem und Wirklichem.
Hat er sich vorgestellt, dass die fertige Skulptur bereits im Elfenbein vorhanden war? Und dass es jetzt seine Aufgabe wäre, alles Unnötige wegzuschneiden und die Skulptur des Löwenmenschen freizulegen, die darauf wartete, lebendig zu werden?
Die Archäologen, die sich mit der Forschung rund um die Skulptur beschäftigt haben, sind zu dem Ergebnis gekommen, dass es ungefähr zwei Monate gedauert haben muss, sie mit den Flintmessern, die dem Skulpteur zur Verfügung standen, herzustellen. Zwei Monate Arbeit bei Tageslicht.
Hieraus können wir einen weiteren Schluss ziehen. Wer auch immer den Löwenmenschen hergestellt hat, er muss zwischen anderen Menschen gelebt haben, die sich darum kümmern konnten, dass es genügend Nahrung gab. Der Künstler war versorgt. Und daraus kann man weitere Folgerungen ableiten. Es muss eine soziale Organisation gegeben haben, die ein

nicht jagendes, nicht sammelndes Mitglied versorgen konnte. Außerdem kann man vermuten, dass die Skulptur Bedeutung für die gesamte Gruppe hatte. War sie Bestandteil einer rituellen Form von religiöser Anbetung? Oder waren die Menschen um den Künstler herum erstaunt über das, was er vorweisen konnte? Ist er ihnen wie ein Zauberer erschienen?
Eine symbolische Gestalt zu erschaffen stellt bestimmte Anforderungen an die Kapazität des Gehirns. Der präfrontale Cortex, oder präfrontale Hirnrinde, gehört nicht zu den frühesten Entwicklungsstadien des menschlichen Gehirns. Er macht den vorderen Teil des Großhirns aus und ist der Sitz unserer Fähigkeit, bestimmte äußere Stimulanzen entweder zu bejahen oder zu verwerfen. In diesem Bereich des Gehirns werden auch verschiedene Typen von Information bearbeitet, die die Handlungen eines Individuums bestimmen.
Vor vierzigtausend Jahren saß also ein Mensch mit einem einfachen Stück Elfenbein in der Hand da. Vielleicht hatte er schon früher seltsame symbolische Skulpturen geschnitzt? Oder war dies die erste Figur, die der Künstler herstellte und die aufgrund wundersamer Zufälle erhalten blieb und heute nahezu vollständig wieder zusammengefügt werden konnte? Darüber wissen wir nichts. Dies bleibt im Dunkeln.
Wir wissen auch nicht, wer der Künstler war. Er oder sie hat keine Signatur hinterlassen. Es ist auch nicht wahrscheinlich, dass der Mann oder die Frau es für wichtig hielt, der Nachwelt zu erklären, wer es war, der mit einem Flintmesser dieses bemerkenswerte Kunstwerk geschaffen hatte, das einen Menschen und einen Löwen in einer Gestalt vereint.
Der Künstler lebte vor tausenddreihundert Generationen. Er gehörte der Aurignac-Kultur an, die nach einem Fundplatz in Frankreich benannt ist. Aus dieser Kultur stammen auch zahlreiche Höhlenmalereien.

Eines Tages im April 2013 besuche ich das British Museum in London, wo vorübergehend eine Kopie des Löwenmenschen ausgestellt ist. Es ist ein besonderer Moment, vor der kleinen Skulptur zu stehen und dem Blick des Elfenbeinkopfes zu begegnen.

Er sieht mich, denke ich. Und ich sehe ihn.

Ohne zu wissen, woher der Gedanke kommt, habe ich plötzlich das Gefühl, ihn wiederzuerkennen.

11.

Eis

Vor ein paar hundert Jahren glaubte niemand, dass es Eiszeiten gegeben hat.

Eine der großen Leistungen des 19. Jahrhunderts war die Aufzeichnung der sehr kalten Perioden, die in relativ regelmäßigen Abständen die Erde heimgesucht hatten. Die Eisdecken, die kilometerdick gewesen sein konnten, hatten die Erdkruste zusammengepresst und die einstige Landschaft in Geröll verwandelt.

Einer der Wissenschaftler, die für das Verständnis von der Erdgeschichte und der wiederkehrenden Eiszeiten eine bedeutende Rolle spielten, war Milutin Milanković. Er stellte ein interdisziplinäres Team in Personalunion dar, weil er über große Kenntnisse in so verschiedenen Disziplinen wie Mathematik, Ingenieurswissenschaften und Astronomie verfügte.

Der erste Wissenschaftler, der ernsthafte Argumente dafür vorbrachte, dass es im Verlauf der Erdgeschichte Eiszeiten gegeben hatte, war der Glaziologe Louis Agassiz. Viele folgten ihm nach, aber es gelang nie ganz, den Ursachenzusammenhang zu erklären, weshalb die Eiszeiten regelmäßig wiederkehrten, jedoch nicht mit der gleichen Stärke und nicht immer an den gleichen Stellen.

Erst als Milanković sich mitten im Ersten Weltkrieg vornahm, die Zyklen ein für alle Mal zu deuten, wurde ein entscheidender Schritt zum Verständnis der Klimaveränderungen möglich. Milanković war der Ansicht, dass die großen Temperaturschwankungen mit der Sonneneinwirkung zusammenhängen mussten. Man kann dies als eine Selbstverständlichkeit ansehen, aber es erklärte nicht die großen Unterschiede, die in Abständen von Tausenden von Jahren auftraten. Milanković nutzte seine umfassenden mathematischen und astronomischen Kenntnisse, um Berechnungen der Veränderungen der Umlaufbahn der Erde um die Sonne und ihrer Drehung um die eigene Achse vorzunehmen. Schließlich sah er ein, dass die Ursache dieser Veränderungen darin liegen musste, dass die Erde nicht nur von der Anziehungskraft der Sonne beeinflusst wurde, sondern auch von der Gravitation des Mondes und anderer Planeten im Sonnensystem, vor allem Saturn und Jupiter. Nach mehrjähriger Arbeit gelangte er zu dem Ergebnis, dass die wechselnden Bewegungsmuster der Erde von drei Faktoren abhängig waren.

Der erste war, dass unterschiedliche Kräfte dazu beitrugen, die Form der Erdbahn zu verändern. Der zweite war, dass der Winkel zwischen der Erdachse und der Fläche der Erdbahn wechselte. Und der dritte beruhte auf der Richtung der Erdachse.

Dies bedeutete, dass die Sonneneinstrahlung auf den Erdball sich in langsamen Zyklen veränderte. Wenn der Einfall der Sonnenstrahlen seinen Tiefpunkt erreichte, konnte der Winterschnee vor allem auf der nördlichen Halbkugel nicht wegschmelzen. Daher lagerte sich der Schnee von Jahr zu Jahr ab, was wiederum zur weiteren Erkaltung des Klimas beitrug.

Heute zeigt die Erdachse auf einen Punkt in der Nähe des Polarsterns. Aber dies ist nicht unveränderlich. In ungefähr zehn- bis zwölftausend Jahren wird sie stattdessen auf einen Punkt in der Nähe der Vega gerichtet sein. Dann setzt sich die Veränderung fort, die viele Jahrtausende später dazu führt, dass die Achse wieder auf den Polarstern gerichtet ist. Allerdings hat sich dann seinerseits der Polarstern fortbewegt, weil das Universum in ständiger Bewegung ist.

Milutin Milanković starb 1958. Vieles, was die Forschung über Eiszeiten und das Klima in den letzten Jahren herausgefunden hat, konnte er nicht voraussehen. Aber er lebte lange genug, um sowohl die Atom- als auch die Wasserstoffbombe zu erleben. Als der kenntnisreiche Wissenschaftler, der er war, muss er sich Gedanken darüber gemacht haben, wie der nukleare Abfall von den verschiedenen Klimazyklen, die die Welt durchläuft, beeinflusst werden könnte.
Es gibt eine Fotografie von ihm, die ihn mit etwa dreißig Jahren zeigt. Er steht an einem Tisch, sehr wohlgekleidet. Sein Gesicht ist feingeschnitten. Er lächelt mit einer eigentümlichen Mischung aus Schüchternheit und Selbstbewusstsein.
Milanković gehört zu den Wissenschaftlern, die heute nur noch einer kleinen Zahl von Spezialisten bekannt sind. Doch seine Leistung, sein Beitrag zu unserem Verständnis der Vergangenheit, war in jeder Hinsicht einzigartig.
Aber wissen wir jetzt alles über die Eiszeiten, die kommen werden? Sind alle Geheimnisse oder Rätsel gelöst oder beantwortet?
Nein. Fragen erhalten Antworten. Aber Antworten führen immer zu neuen Fragen.
An diesem Morgen singt ein unsichtbarer Vogel im Garten. Es ist das erste Mal in diesem Frühjahr. Ich stelle mir natürlich vor, dass es der gleiche Vogel ist, der im vorigen Jahr in den Büschen saß und sang. Ich bilde mir ein, dass an dem Trillern etwas Besonderes ist, genau wie im vergangenen Jahr, das nur dieser Vogel zustande bringt.
Wir leben in einem Land unsichtbarer Vögel und Jahreszeiten. Auf hunderttausend Jahre gehen vierhunderttausend Jahreszeiten.
Die Zahlen sind schwindelerregend und weder mit dem Gefühl noch mit der Vernunft zu erfassen. Als sähe ich mich in

einem Spiegel und wäre unsicher, welches Gesicht ich eigentlich vor mir habe.
Wenn alles zu kompliziert und zu schwer zu überblicken wird, betrachte ich eine Schwarz-Weiß-Fotografie an meiner Wand. Sie zeigt mich als Neunjährigen in einer Schulbank in der Volksschule von Sveg. Wenn ich dieses Gesicht sehe, das voll Neugier ist und die Zuversicht ausstrahlt, dass alles im Leben möglich ist, kann ich spüren, wie die Kraft zu verstehen zurückkehrt.
Die kurze Eiszeit in meinem Inneren ist vorüber. Alles ist wieder wie gewöhnlich. Alle Wahrheiten bleiben weiter provisorisch. Die Suche nach dem Überblick kann weitergehen.
Etwas Wichtigeres gibt es wohl nicht, denke ich.

12.

Die Zeit in eine andere Richtung drehen

Stellen wir uns Schweden in vierzigtausend Jahren vor.
Es ist ein einziges Rätselraten. Um die Vergangenheit zu erforschen, können Archäologen Expeditionen unterschiedlicher Art unternehmen. Wir verfügen heute auch über eine immer erstaunlichere Gentechnik, die wir als Werkzeug einsetzen können, um zu verstehen, was in ferner Vergangenheit geschah. Die Zukunft lockt uns nicht in der gleichen Weise wie die Vergangenheit, weil es dort nichts gibt, dessen wir sicher sein können, nichts, was wir zu unserem eigenen Leben in Beziehung setzen können. Unsere Phantasie erlaubt uns keine allzu unbegründeten Vermutungen darüber, wie das Leben sich in einer Zukunft weit jenseits all unserer Zeithorizonte gestalten wird.
Aber etwas wissen wir trotzdem darüber, was in Tausenden von Jahren geschehen wird. Sehr viel sogar, um es zu sagen, wie es ist. Während wir gleichzeitig mit einem Unsicherheitsfaktor leben, der früheren Generationen unbekannt war, nämlich der Frage, wie das vom Menschen gestörte Klima verschiedene Prozesse beschleunigen wird, die nicht notwendigerweise naturgegeben sind.
In vierzigtausend Jahren werden schon große und dramatische Ereignisse eingetreten sein. Wir können nicht genau sagen, wann, nur dass sie stattfinden werden. Wir sind bereits auf dem Weg dahin, auch wenn er immer noch weit ist. Aber er führt in eine bestimmte Richtung. Zu einer Eiszeit, die irgendwann

in rund hunderttausend Jahren eintreten und unseren Teil der Welt betreffen wird.
Wenn die Eiszeit schließlich begonnen haben wird, wird eine fast kilometerdicke Eisschicht Schweden bedecken. Der felsige Untergrund wird durch das ungeheure Gewicht in die Erdkruste gepresst. Die Landschaften, die wir heute sehen, verschwinden Hunderte von Metern unter uns, und alle Merkmale, die sie einst auszeichneten, werden ausgelöscht. Wiesen, Seen, Wälder und Heideflächen werden sich in Grus verwandeln, ebenso wie Friedhöfe, Gärten und Eichenhaine.
Unter diesem Eis werden auch alle vom Menschen errichteten Gebäude begraben und zerstört werden. Häuser, Städte, Brücken, aber auch alles, was wir in unseren Museen, Bibliotheken und Kellerräumen gesammelt oder als Schatz in der Erde vergraben haben.
Alles wird zu einem nichtssagenden, identitätslosen Grus zermahlen.
Eine gänzlich stumme Welt wird unter dem Eis liegen.
Nach dieser Eiszeit wird das Klima langsam milder werden. Menschen, sollte es noch welche geben, werden wieder in einzelne Randgebiete der neuen Landschaft, in denen das Klima erträglich und Fischerei und Jagd möglich sind, einwandern können. Der Mensch wird an einem Punkt stehen, an dem alles von vorn beginnt. Wir werden aufs Neue Nomaden, Jäger, Fischer und Sammler werden.
Ob die Gehirne dieser Menschen eine wie auch immer geartete Veränderung im Vergleich zu früheren historischen Epochen durchgemacht haben werden, können wir nicht wissen. Aber all die Bildung, die der Mensch sich erworben hat, wird verschwunden sein. Wenn ein Handy oder ein Computer die Eiszeit überleben sollte, werden sie vollkommen unbegreifliche Phänomene sein. Vielleicht etwas, das von einem unbekannten

Planeten im Universum herabgefallen ist? Etwas, das unbekannten Göttern aus der Hand geglitten ist?
Nichts spricht dagegen, dass wieder ein Gott mit erhobenem Hammer in seinem Wagen herumfährt, wenn es blitzt und donnert. Er heißt vermutlich nicht Thor, sondern trägt einen anderen Namen, aber alte Mythen werden neu erschaffen. Nicht als Imitationen, sondern als hätten sie noch nie existiert. Weil es keine Erinnerung an die verschwundenen Zeiten mehr geben wird.
Die Zeit selbst hat dann ihre Erinnerung verloren.
Kann ich mir dies vorstellen? In Form von Bildern, die ich in meinem Gehirn aufrufen kann? Für die logischen Schlussfolgerungen einer interdisziplinären Forschung überzeugende Argumente liefern? Ich weiß nicht, ob ich es kann. Manchmal glaube ich, es kommen zu sehen. Ebenso oft zweifle ich daran. Ein fast drei Kilometer hoher Eisberg, der unter anderem unser ganzes Land bedeckt? Es reicht, drei Kilometer spazieren zu gehen und sich den Weg als eine Treppe vorzustellen, die geradeaus in den Himmel führt, um die Unbegreiflichkeit zu veranschaulichen.
Eines Tages wird all dies Eis wieder schmelzen. Wenn wir für einige Augenblicke die Möglichkeit hätten, die vom Eis wieder freigegebene Welt zu sehen, würden wir die Landschaft nicht wiedererkennen. Neue Berge, neue Strände, neue Meeresbuchten würden vor uns liegen. Das Eis würde eine neue Karte gezeichnet haben.
Aber was ich sage, stimmt nicht ganz. Etwas wird zurückbleiben nach dem Untergang unserer Zivilisation.
Eine oder mehrere unterirdische Mülldeponien.

13.

Die Reise in die Welt unter Tage

Wir fuhren mit dem Auto von Göteborg hinüber auf die andere Seite Schwedens, nach Oskarshamn. Im Gegensatz zu der Unfreundlichkeit, die mir entgegenschlug, als ich Onkalo besuchen wollte, werde ich in Oskarshamn freundlich empfangen. Es scheint keinerlei Geheimniskrämerei zu herrschen, was eigentlich selbstverständlich ist. Hier wird ja eine Arbeit verrichtet, die den Menschen, die nach uns leben werden, versichern soll, dass alles, was nur getan werden kann, um den giftigen Nuklearabfall nicht freizusetzen, auch getan wird.

Ich spreche mit einer Direktorin. Sie sagt genau das, was der einzige Ausgangspunkt für ihre Arbeit sein muss: »Es geht nicht darum, was ich von der Atomkraft halte. Da sie nun einmal existiert, muss sich jemand um den Abfall kümmern.«

Wir fahren durch in den Fels gesprengte Aufzugschächte tief hinab unter die Erdoberfläche. So tief, dass der Permafrost nicht hinunterreichen und die Kupferkapseln beschädigen kann, die man nach heutigem Stand der Dinge für die Endlagerung des Atomabfalls zu verwenden gedenkt. Der Atommüll soll in Felsen eingeschlossen werden, die sich über unendliche Zeiträume hinweg garantiert nicht bewegt haben. Ob der Abfall einst ungefährlich sein wird, wird sich dann erst erweisen und kann heute nur reine Vermutung sein. Bestenfalls wird das Siegel für die hunderttausendjährige Aufbewahrung nicht aufgebrochen worden sein.

Aber wir werden die Götter, an die wir eventuell glauben, nicht erweichen können, uns einen Besuch in einer Zukunft

zu erlauben, in der wir schon seit Tausenden von Jahren tot sind. Wir wissen auch nicht, ob wir Nachkommen haben werden, die nach dem Abschmelzen des Eises dastehen und denken werden, dass hier einmal ein Land namens Schweden lag.
Es ist nicht wahrscheinlich, nicht möglich. Auch die menschliche Erinnerung ist endlich. In eben dem Maße, in dem auch Legenden und Mythen sterben. Sollte der Traum von einer Nation, die es einmal gab und die Schweden hieß, existieren, dann nur als vager Widerschein einer Legende, an die zu glauben man keinerlei Grund hat. Unsere Wirklichkeit, unsere reiche Erinnerung an künstlerische und wissenschaftliche Triumphe und menschliche Niederlagen, wird sich dann in ein Märchen verwandelt haben.
Atlantis und Schweden werden dann etwas gemeinsam haben: Niemand kann sicher sein, dass eines von beiden jemals existiert hat.
Wir wissen jedoch, was wir hoffen. Nämlich dass diese Menschen keine Ahnung von dem gefährlichen radioaktiven Abfall haben werden, der unter ihren Füßen liegt. Eine tödliche Uhr, die immer noch tickt, wenn auch immer schwächer, bis die hunderttausend Jahre abgelaufen sind.
Die letzte hinterlassene Erinnerung aus unserer Zeit ist nämlich genau so gedacht – niemand soll sich an sie erinnern.
Das Letzte, was wir zurücklassen, verstecken wir, damit niemand es jemals findet.

14.

Der junge Medizinstudent

Die Ärztin, die mir die klare und unausweichliche Krebsdiagnose mitteilte, hieß Mona. Mein Krebs sei erstens »ernst«, und er sei zweitens wahrscheinlich »unheilbar«. Es herrschten nie Zweifel über die Voraussetzungen für mein weiteres Leben. Niemand konnte etwas versprechen. Man würde die Behandlung durchführen, die man für die geeignetste hielt. Aber es gab keine Garantien.

Sie führte mir beispielhaft vor, was man unter »Heilkunst« versteht. Sie war gut vorbereitet, sprach ruhig und deutlich und nahm sich Zeit für meine Fragen. Die Zeit in ihrem Sprechzimmer blieb stehen. Sie hatte sicher Patienten, die warteten, aber jetzt war ich da. Kein anderer. Das Gespräch war erst beendet, als sie sicher war, dass ich keine Fragen mehr hatte.

Später wurde Bengt Bergman mein behandelnder Arzt, auch wenn alle Krebsspezialisten natürlich zusammenarbeiteten. Da jeder Fall von Krebs einzigartig ist, ist eine Zusammenarbeit, bei der Meinungen und Therapievorschläge erörtert werden, eine grundlegende Voraussetzung.

Natürlich dachte ich in jener Zeit an andere Ärzte, denen ich im Leben begegnet war. Wenn man so lange gelebt hat wie ich, sind es ziemlich viele, in verschiedenen Ländern, aus verschiedenen mehr oder weniger dramatischen Gründen.

Ständig kommen auch neue Generationen nach.

Cecilia und Krister haben einen Sohn. Der junge Mann hat gerade angefangen, an der Universität Umeå Medizin zu studieren. Wenn ich ihn richtig verstehe, hat er sich bereits für das

Fachgebiet entschieden, auf das er sich eines Tages spezialisieren wird. Er will Neurologe werden. Ich frage ihn nie, warum. Aber ich kann mir seine Antwort vorstellen und sofort formulieren. Sie ist wohldurchdacht.

»Es gibt ein Universum, in dem wir leben und das wir immer noch sehr unvollständig verstehen und kartieren können. Aber in uns haben wir ein anderes Universum, von dem wir im Grunde ebenso wenig wissen. Unser Gehirn.«

Falls er so denkt, verstehe ich ihn. Er sieht sich in der Zukunft nicht nur als hochspezialisierten Arzt. Er will einer von denen werden, die sich auf unerforschtes Territorium begeben, auf die gleiche Art und Weise wie andere einst die Quellen des Nils oder einen passierbaren Weg zum Nordpol gesucht haben. Oder einer von denen, die die Raumsonden konstruiert haben, die sich jetzt auf dem Weg aus unserem Sonnensystem hinaus und in absolutes Schweigen und Dunkelheit befinden.

Ich habe nie eine Sehnsucht verspürt, das Universum zu ergründen. Aber manchmal fühle ich einen unbestimmten Neid auf die Menschen, die unser Gehirn erforschen. Und vielleicht besonders auf die, die sich der Erforschung der menschlichen Erinnerung verschrieben haben. Warum? Ich bin keine Forschernatur. Meine Geduld würde dazu sicher nicht ausreichen. Aber ich stelle mir vor, dass es ein atemberaubendes Abenteuer sein muss, sich in den Räumen des Gehirns voranzutasten, in denen wir eine unermessliche Anzahl von Erlebnissen, Gedanken und Erinnerungen aufbewahren. Und eines Tages begreifen wir vielleicht, wie dieses innere Universum aufgebaut ist.

Können wir eines Tages erklären, was es bedeutet zu denken? Nicht nur die chemischen Prozesse, in denen Neuronen eine entscheidende Rolle spielen, sondern auch das, was wir im besten Fall als die Seele eines Menschen beschreiben können?

Früher hat man die Räume der Erinnerung in unserem Gehirn oft mit einem Palast verglichen, der eine unendliche Menge von Sälen enthält, in denen die ständig wachsenden Sammlungen von Erinnerungsbildern auf verschiedenen Regalen und Niveaus lagern.

Der Erste, der unseres Wissens diesen Vergleich angestellt hat, war der griechische Dichter Simonides, der im 5. Jahrhundert vor unserer Zeitrechnung lebte. Von ihm wird Folgendes erzählt: Er besuchte ein Fest in einem Palast. Nachdem er nach Hause gegangen war, stürzte plötzlich das Dach des Palastes ein und tötete alle, mit denen er gerade gesprochen, getrunken und gegessen hatte. Lebendige Menschen, die plötzlich nicht mehr da waren. Als er erkannte, dass er bis ins kleinste Detail vor sich sehen konnte, wie es gewesen war, bevor das Dach einstürzte, begann er sich vorzustellen, dass der Palast ebenso in der äußeren Welt existierte wie in seinem Inneren. Mit dem Unterschied, dass das Dach in seinem Gehirn nicht eingestürzt war.

Die Vorstellung von einem Palast der Erinnerungen hat danach weitergelebt und im Lauf der Zeit unterschiedliche Ausdrucksformen gefunden.

Der Gedanke ist rätselhaft und suggestiv, dass man sich selbst in den unendlichen Sälen bewegt wie eine Art Hohepriester oder Bibliothekar und Erinnerungsbilder aus der Vergangenheit abruft, ganz so, wie das Bewusstsein es verlangt.

Nachts herrschen dort andere Bibliothekare, die wilder und anarchischer veranlagt sind. Ich stelle sie mir zuweilen als eine Gruppe früher Surrealisten oder Dadaisten vor. Sie vermischen Erinnerungen und Erlebnisse in einem chaotischen Durcheinander, sodass sie sich in unkenntliche Fragmente der Wirklichkeit verwandeln. Diese nächtlichen Akteure stellen Absurditäten her, aber auch Albträume, die oft aus den Giftschränken stammen, in denen das, was man vergessen wollte, hinter verschlossenen Türen aufbewahrt wird, die in den Nächten, wenn der Alb uns im Dunkeln heimsucht, aufgebrochen werden.

Aber wie sehen die Räume des Vergessens aus? Was geschieht, wenn das Gedächtnis im Alter mehr und mehr nachlässt? Wenn eine schleichende Senilität einsetzt, sodass der Inhalt der Räume des Palasts nach und nach ausgelöscht wird? Oder bleibt alles dort, bis das Herz aufhört zu schlagen und die elektrischen Impulse, die wie ein wunderbarer Energiestrom das Leben in Gang gehalten haben, für immer ihren Kreislauf beendet haben? Hat sich zuvor nur ein Schatten über die Säle gelegt und den Inhalt unsichtbar gemacht?

Ich stelle mir vor, dass das Vergessen mit einer Art inneren Lichts zu tun hat. Oder vielmehr, dass in verschiedenen Räumen in verschiedenen Regalen und auf verschiedenen Ebenen das Licht gelöscht wird.

Glühbirnen werden von unsichtbarer Hand herausgeschraubt, um nie mehr ersetzt zu werden.

Vergessen ist Dunkelheit. Wir wollen all das Licht der Erinnerung löschen, das erhellt, was wir heute Lebenden einst im Urgestein begraben – oder versteckt – haben. Und danach haben wir alles dafür getan, dass kommende Generationen nichts darüber wissen, geschweige denn es aufspüren.

Wir haben einen gefährlichen Bergtroll eingesperrt, der hunderttausend Jahre lebt. Aber wir schrieben kein Märchen darüber, sondern taten stattdessen alles dafür, dass der Troll vergessen werden würde. Wir versuchten, ein Hohelied des Vergessens zu dichten. Aber ist das überhaupt möglich? Können wir zukünftige Generationen mit der Illusion täuschen, dass da unten im Fels nichts ist? Werden nicht die menschliche Neugier und die unaufhörliche Suche nach neuen Wahrheiten am

Ende dazu führen, dass der Troll in der Tiefe des Gesteins entdeckt wird?
Wir wissen es nicht. Im besten Fall können wir hoffen, dass es nicht geschieht, bevor die Zeit abgelaufen ist. Die gefährlichen einhunderttausend Jahre, die zumindest für Schweden gelten.
Hierin liegt natürlich ein Paradox. Wir leben immer in dem Bestreben, gute Erinnerungen zu schaffen, nicht, um zu vergessen. Jede Kultur dreht sich um die Suche nach und die Aufbewahrung von Erinnerungsbildern aus der Vergangenheit und zugleich um die Erschaffung neuer. Die Kunst ist vorwärts wie rückwärts gerichtet. Damit wir nicht vergessen, was gewesen ist, und es auch nicht unterlassen, unseren Nachkommen von unserer Zeit zu berichten.
In der Kunst gibt es zahlreiche Werke, die davor warnen, dass sich Vergangenes wiederholt. Was sind Goyas Radierungen, die die Schrecken des Krieges zeigen, wenn nicht Warnungen, damit sich diese Gräuel nicht wiederholen?
Das tun sie natürlich, aber seine Warnung bleibt dennoch lebendig.
Erinnerungen sind Erzählungen. Vielleicht zerstückelte und fragmentierte, doch ebenso oft vollständige Erzählungen. Das Vergessen stelle ich mir als Leere vor. Unser inneres leeres und kaltes Universum. Im Vergessen wird der Mensch sich selbst und anderen gegenüber gleichgültig, und auch gegenüber dem, was war und was kommen wird.
So, wie wir jetzt versuchen, den Atomabfall zu entsorgen, bauen wir einen Palast für das Vergessen. Unsere Zivilisation lässt also Vergessen und Schweigen zurück.
Und ein heimtückisches Gift tief unten in einer aus dem Fels gesprengten Kathedrale, in die niemals ein Licht fällt.
Die ersten Götter der Menschheitsgeschichte standen fast im-

mer in Bezug zu der lebenspendenden Sonne. Das größte Wunder war die Wiederkehr der Sonne an jedem neuen Tag. In Kulturen, die nie Kontakt zueinander hatten, finden sich häufig ähnliche Erzählungen über die Entstehung des Menschen. Immer hatte die Sonne daran ihren Anteil. Aber diese unsere Zivilisation, die es weiter gebracht hat als alle früheren hochentwickelten Gesellschaften, hinterlässt eine letzte Erinnerung, die nur aus Dunkelheit besteht.

15.

Ein Zauberer und ein Betrüger

Aus einer Galerie in meinem Palast der Erinnerungen hole ich ein Gemälde von Hieronymus Bosch hervor. Das um 1475 entstandene Bild *Der Gaukler* stellt einen Zauberer oder Illusionisten bei seiner Arbeit dar. In einem Korb in seiner Hand erkennt man einen kleinen Affen, der eine Art Maske zu tragen scheint. Er selbst steht hinter einem Tisch, auf dem die typischen drei Becher und einige Kugeln liegen. Vor dem Tisch steht eine Gruppe von Zuschauern, ganz vorn ein Mann, der sich zu den Bechern vorbeugt. Ob er nur verblüfft oder verwundert oder auch misstrauisch ist, kann man nicht entscheiden. Und der Zauberer lächelt. Verstohlen, wie man sagt. Er lächelt nicht, um seine Zuschauer zu provozieren. Sein Lächeln ist nach innen gewandt, als würde er sich darüber freuen, dass er wieder einmal eine Illusion geschaffen hat oder es ihm gelungen ist, seine Zuschauer zu täuschen.

Zauberer bedienen sich meistens gewöhnlicher Fingerfertigkeit. Aber es gab einmal einen Israeli, der Uri Geller hieß, und der meiner Meinung nach ein Betrüger war. Er reiste in den frühen siebziger Jahren herum und trat in verschiedenen Ländern im Fernsehen auf. Dort verbog er Löffel, die er zwischen Daumen und Zeigefinger hielt, mit, wie er es nannte, geistiger Kraft. Er konnte auch den Inhalt von Bildern nennen, die andere in einem anderen Raum, also vor seinen Blicken verborgen, zeichneten. Es wurde lautstark darüber diskutiert, ob er ein gerissener Scharlatan sei, oder ob er wirklich über Kräfte verfügte, die man nicht einordnen konnte.

Zufällig war ich dabei, als er im norwegischen Fernsehen NRK auftrat. Ich gehörte zu den Personen, die all die eingehenden und teilweise empörten Anrufe beantworteten. Gellers Auftritt wurde nämlich direkt übertragen, und die Telefone des NRK waren vollkommen überlastet. Die Leute hatten draußen in der Ödnis in ihren Hütten gesessen und gesehen, dass Löffel sich in ihren Schubladen verbogen oder Wanduhren stehenblieben. Besonders ein alter Mann ist mir in Erinnerung geblieben, der erregt anrief und mit bebender Stimme erzählte, seine Frau sei gestolpert und habe sich den Arm gebrochen. War das auch geschehen, weil Uri Geller magische Strahlen über den Fernseher aussandte?
Ich weiß nicht mehr, was ich ihm antwortete. Aber ich glaubte nie an Uri Geller. Er hatte etwas Berechnendes an sich, etwas, das mehr mit Spekulation als mit künstlerischer Betätigung zu tun hatte. Ich brach in boshaftes Gelächter aus, als das Gespräch mit dem alten Mann beendet war.
Viele Jahre beschäftigte Uri Geller sich damit, diejenigen zu verklagen, die ihn offen als Betrüger bezeichneten. Soweit mir bekannt ist, gewann er nie einen seiner zahlreichen Rechtshändel. Vielleicht war er vor allem das eine, ein Rechthaber?
Es ist kein großer Schritt von Uri Geller zu all den zynischen Spekulanten, die krebskranke Menschen ausnutzen, indem sie ihnen diverse wertlose Therapien verkaufen. Ich kann die Verzweiflung verstehen, die Menschen Scharlatanen in die Arme treibt. Daher weiß ich auch nicht, wie man verhindern kann, dass es immer wieder zu derartigen Betrügereien kommt.
Anderseits habe ich natürlich Verständnis dafür, dass beispielsweise verschiedene Naturheilmittel respektiert werden und gleichzeitig mit jenen Behandlungsformen angewandt werden, die wir als »westliche Medizin« bezeichnen.
Aber man kann Krebs nicht mit Illusionen behandeln. So viel

weiß ich aus der Erfahrung, die sechs Monate regelmäßiger Behandlung mir vermittelt haben, und aufgrund der Kenntnisse, die ich mir auf so vielen medizinischen Gebieten wie möglich erworben habe.

Ich habe eingesehen, welchen menschlichen Triumph die Krebsforschung darstellt. Heute bin ich überzeugt davon, dass der Krebs eines Tages vollständig besiegt sein wird, auch wenn ich dann schon lange tot sein werde.

16.

Der Traum von einem schlammigen Schützengraben in Flandern

Es ist ungefähr ein Monat vergangen, seit mir mitgeteilt wurde, dass ich an Krebs erkrankt bin. Ich durchlaufe eine Periode wechselnder Untersuchungen. Bald werde ich eine Chemotherapie beginnen und auch eine Strahlenbehandlung gegen die Metastase, die meinen Nacken angegriffen hat. Wenn ich die Anatomie richtig studiert habe, liegt sie genau an dem Nackenwirbel, der bricht, wenn man gehängt wird, zumindest in den Ländern, in denen man den langen Fall anwendet.

Im Traum steige ich hinab in den Ersten Weltkrieg, irgendwann zwischen 1914 und 1918, mindestens dreißig Jahre vor meiner Geburt. Ich liege zusammengekauert in dem nassen schlammigen Schützengraben. Welcher Nation ich angehöre, weiß ich nicht. Um mich herum sind andere Soldaten. Aber keiner sagt etwas, alle sind stumm. Ein grauer, lautloser Nebel wälzt sich über die öden Felder. Nicht weit entfernt sehe ich ein totes Pferd, in Stacheldraht verfangen. Es ist mitten im Sprung getötet worden. Das eine Hinterbein ist abgerissen.

Es ist still. Keine Schüsse, keine Detonationen, weder nah noch fern. Ich wende mich dem Soldaten zu, der neben mir liegt. Ich sehe, dass die Fingernägel der Hand, mit der er den Gewehrkolben umklammert, abgekaut sind. Ich frage ihn, was er glaubt. Wann beginnt der Granatenbeschuss?

Er antwortet in einer Sprache, die ich nicht verstehe. Seine Augen sind weit aufgerissen. Als wäre ich sein Feind. Was ich vielleicht auch bin. Jeder ist jedes Menschen Feind in dieser Sumpflandschaft.

Im Traum weiß ich, dass etwas geschehen wird, aber nicht, was. Wir liegen da und warten. Wenn wir auf nichts anderes warten, dann warten wir in jedem Fall auf den Tod.

Der Nebel kriecht weiter über den grauen, schlammigen Boden voran, der nach allen Granateneinschlägen von Kratern übersät ist. Plötzlich nimmt er eine andere Farbe an. Er ist nicht mehr grauweiß. Die Veränderung vollzieht sich zuerst langsam, dann immer schneller. Jetzt wird der Nebel blassgelb. Viel zu spät begreifen wir in unserem Schützengraben, dass dieser Nebel ein neuer Feind ist, der sich nähert. Erst als wir das Giftgas in die Lungen eingesogen haben und den lähmenden Schmerz spüren, mit dem es uns die Eingeweide zerfrisst, erkennen wir, jetzt ist der Feind so nah herangekommen, dass er in unsere Körper eingedrungen ist.

Da erwache ich. Für einen kurzen Augenblick bin ich verwirrt. Der Schmerz ist nicht im Traum geblieben. Er ist in der Erinnerung noch da.

Gehört er zu dem Traum oder zu meinem wachen Ich?

Dann fällt mir der Bronchoskopietest ein, den ich am Tag zuvor gemacht habe. Er war nicht besonders angenehm. Nach einer lokalen Betäubung und einem Beruhigungsmittel, das mir direkt in den Arm verabreicht wurde, wird eine Kamera durch den Hals in die Lunge eingeführt, in der mein Muttertumor sitzt. Danach wird ein zweiter dünner Schlauch eingeführt, an dessen äußerster Spitze eine Art Messer befestigt ist, mit dem der Tumor angeritzt und eine Gewebeprobe entnommen wird, die man untersucht. Danach werde ich etwas Halsschmerzen haben, sagt Schwester Marie. Und sie hat recht.

Mit all den Schläuchen im Arm denke ich in meinem schläfrigen Zustand, dass die Situation an die Hinrichtung von Gefan-

genen mittels Giftinjektionen erinnert. Bei mir geht es jedoch darum, sicherzustellen, dass ein bedrohtes Leben die beste erdenkliche Behandlung erfährt.
Im Traum hat sich die Bronchoskopie in Senfgas verwandelt, das wie ein gelber Nebel in die Hälse und Augen der nichtsahnenden Soldaten dringt. Viele von ihnen sterben, andere werden blind für den Rest ihres Lebens.
Wie auf einem Gemälde von Pieter Breughel führen sie einander vom Schlachtfeld fort ins Reich der Blinden.
Im Dunkel der Nacht sehe ich allerdings ein, dass sich da doch nicht nur einfach ein Halsschmerz in einen Traum von einem Schützengraben in Flandern verwandelt hat. Es gibt nämlich noch eine weitere Dimension. Jetzt, da ich wach bin, fällt mir natürlich ein, dass das Senfgas nicht nur eine im Ersten Weltkrieg rücksichtslos eingesetzte Waffe war. Das Gas, das seinen Namen wegen seines Senfgeruchs erhielt, hatte nicht nur ahnungslose Soldaten angegriffen. Es hatte auch, wie sich später herausstellte, bei Soldaten, die an Krebs erkrankt waren, eine positive Wirkung gezeigt. Die Analyse der Wirkung des mörderischen Gases aus dem Ersten Weltkrieg, das später durch internationale Konventionen geächtet wurde, führte zu einer wissenschaftlichen Entwicklung von Zellgiften, die heute so erfolgreich zur Krebsbekämpfung eingesetzt werden.
Deshalb habe ich das also geträumt. Die Gedanken und Erinnerungsbilder, die durch mein schlafendes Hirn gejagt sind, hatten eine Mitteilung für mich. Der Schützengraben steht für das Warten darauf, dass meine Chemotherapie beginnt. Das Senfgas soll mich nicht erblinden lassen oder töten, sondern meinen Krebs eindämmen. Der gelbe Nebel wird sich in eine Flüssigkeit verwandeln, die in Form genau bemessener Zellgifte in meine Adern tropfen wird. Sie werden hoffentlich meine aggressiven Krebszellen angreifen.

Meine gesunden Zellen werden leider auch nicht unbehelligt bleiben. Im schlimmsten Fall werde ich zahlreiche Nebenwirkungen bekommen, von denen Haarausfall noch als die harmloseste gelten kann.
Meine Immunabwehr wird periodenweise mehr oder weniger außer Kraft gesetzt. Meine Blutwerte können so weit absinken, dass ich Bluttransfusionen bekommen muss.
Durch den Einsatz des tödlichen Gases entstand also auch eines der heutzutage wichtigsten Gegenmittel für die Bekämpfung der verschiedenen Arten von Krebs. Ohne Zellgifte unterschiedlicher Art und in unterschiedlichen Kombinationen hätten wir die Sterblichkeit bei Krebs nicht so stark verringern können, wie es heute der Fall ist.
Mein Traum ist sehr deutlich geworden. Er hat mich hellwach gemacht. Ich stehe auf, obwohl es erst vier Uhr ist, und gehe hinüber in das Zimmer mit meinen Büchern. Es ist dunkel. In einer Ecke steht mein Lesesessel. Ich mache kein Licht. Der Schein der Außenbeleuchtung fällt auf eines der Bücherregale. Es ist überfüllt. Lars Eriksson hat alle meine Regale aus Eiche nach Maß angefertigt. Ich denke daran, dass ich mehr Regale brauchen werde. Ich habe keinen Platz mehr für all die Bücherstapel, die wachsen und wachsen.
Sie werden wachsen, solange ich lebe.

17.

Die Höhlen

Es gibt eine Buchillustration, an die ich mich bis in Einzelheiten erinnere, obwohl mehr als fünfzig Jahre vergangen sind, seit ich sie zum ersten Mal sah. Sie findet sich in Jules Vernes Roman *Die geheimnisvolle Insel.* Der gestrandete Ingenieur und seine Mitstreiter haben Hilfe von einem unbekannten Wohltäter erhalten, als diese am nötigsten war. Unter anderem gab er ihnen Chinin, als einer von ihnen an Malaria erkrankt war.

Am Ende gelingt es ihnen, dem geheimnisvollen Helfer auf die Spur zu kommen. Sie steigen in eine Höhle hinab, in der Kapitän Nemo in seiner *Nautilus* auf den Tod wartet. Jetzt will er sein Schiff versenken und es zu seinem Sarg werden lassen.

Vor allem die Illustration der Höhle hat sich in meine Erinnerung eingebrannt.

Als ich Kind war, gehörte die Suche nach unentdeckten Höhlen zu den großen Abenteuern. Es fing damit an, dass ich von Kapitän Nemo und seinem Unterseeboot las. Meine Chancen, in Härjedalen Höhlen zu finden, waren jedoch nicht besonders groß. Wo das Eis einst alles bedeckt hatte, lagen jetzt zermahlene Steine, Geröll und vereinzelte schwere Felsblöcke. Endlos erstreckten sich Wälder und Sümpfe. Der felsige Grund machte es nicht besonders wahrscheinlich, dass hier in vergangenen Zeiten Höhlen ausgewaschen worden waren. Doch die Suche nach geheimnisvollen Räumen unter der Erdoberfläche, wo der Fels vielleicht durch mystische Flüsse ausgehöhlt worden war, die lautlos unter meinen Füßen dahinströmten, verlor nie ihren Reiz. Man konnte nie wissen. Die Natur konnte launisch sein. Zumindest glaubte ich das als Kind.

Manchmal denke ich, dass ich tief in meinem Inneren noch immer so bin und nach Höhlen suche. Und dass es ein Trieb ist und eine Lust, die mich nie verlassen werden. Aber vielleicht bedeutet es jetzt nicht mehr so viel, wenn ich diese Felsspalte oder den Eingang zu einem alten Fuchsbau finde, der in Wahrheit der verborgene Eingang zu einem gigantischen und bisher unentdeckten Höhlensystem ist. Das wirklich Wichtige ist die Verlockung, ist das Suchen.

Einige Jahre nach meiner Geburt fanden ein paar Jungen eine Öffnung in der Lummelunda-Höhle auf Gotland. Man wusste seit vielen hundert Jahren von der Existenz der Höhle und hatte ein Stück in sie eindringen können. Aber sie war noch weitgehend unerforscht. Örjan Håkansson, Percy Nilsson und Lars Olsson, so hießen die Jungen, waren davon überzeugt, dass sich hinter der Öffnung ein weiteres und größeres Höhlensystem befand. Plötzlich löste sich ein Felsblock. Dahinter zeichnete sich ein Eingang ab. Jetzt konnte man die Höhle ernsthaft erforschen. Die Jungen mussten über ihre Entdeckung innerlich gejubelt haben. Ich kann sie um diesen Augenblick hemmungslos beneiden.

Heute heißt die Passage »Der Gang der Jungen«. Und es gibt viele solche Gänge, von Jungen oder Mädchen entdeckt. Ständig werden neue Höhlen gefunden, oft durch Zufall. Obwohl Speläologen – Höhlenforscher – heute vorhersagen können, wo die größten Möglichkeiten für die Entdeckung von bisher unbekannten Höhlensystemen bestehen. Höhlen und Hohlräume im Fels entstehen nie durch Zufall. Es gibt immer eine Ursache, auch wenn sie von Fall zu Fall variieren kann und sich uns nur schwer erschließt.

Menschen haben immer Höhlen aufgesucht, um Schutz gegen

die Witterung und gegen Raubtiere zu finden. Auf die gleiche Art und Weise haben Tiere sich in Höhlen zurückgezogen, nicht zuletzt, um sich vor jagenden Menschen zu verbergen.
Im Inneren von Höhlen finden wir die ältesten Belege für die Lust des Menschen, künstlerische Spuren zu hinterlassen.
In einer dieser Höhlen, der Chauvet-Höhle in Südfrankreich, finden wir auch die Signatur eines Menschen, den wir als den ersten identifizierbaren Künstler in der langen Geschichte der Menschheit zu bezeichnen wagen. Er hat zahlreiche Höhlenwände mit Tierbildern geschmückt. Wir wissen, dass es ein Mann war, weil eben diese Signatur sein Geschlecht verrät.
Vor dreißigtausend Jahren gab es weder Buchstaben noch eine Schriftsprache. Die Signatur des Künstlers besteht aus einer Anzahl kräftiger Handabdrücke zwischen den Tieren. Er hat die Hand an die Felswand gepresst und anschließend Farbpigment (die gleichen Farben, die er für die Tierbilder benutzt hat) darüber gesprüht. Allerdings haben viele Höhlenmaler Handabdrücke an den Wänden hinterlassen, da ist dieser Künstler nicht der Einzige. Was ihn jedoch einzigartig macht und ihm damit auch eine unterscheidbare Identität verleiht, ist einer seiner Finger. Er ist verkrümmt. Ob es sich um die Folge einer Verletzung handelt oder um eine angeborene Missbildung, können wir nicht wissen. Aber wenn man mit Ärzten spricht, antworten sie, dass ein Kind nur sehr selten mit einem Skelettschaden geboren wird, der nur einen Finger deformiert. Also kann man vermuten, dass er sich eine Verletzung zugezogen hat oder diese ihm zugefügt worden ist.
Das Faszinierende an diesem ersten identifizierbaren Künstler ist der Umstand, dass seine Hand in verschiedenen Höhlen auftaucht, wenn auch in der gleichen Gegend in Südfrankreich. Die Abdrücke erzählen davon, dass es sich um einen umherziehenden Höhlenmaler gehandelt haben kann, der von verschie-

denen Gruppen herangezogen wurde, die friedlich nebeneinander lebten. Sieht man sich seine Tierbilder an, erkennt man sein großes Talent. Sein verkrümmter Finger hinderte ihn nicht daran, bemerkenswert naturgetreue Tiere darzustellen. Vor allem besaß er die Fähigkeit, ihre Bewegungen abzubilden. Der Betrachter hat das Gefühl, dass die Tiere im Begriff sind, sich vom Fels zu lösen und zu befreien. Dass die Bewegungen der Tiere, der Kampf der vierbeinigen Wesen – sei es, um vor den zweibeinigen Menschen zu fliehen, sei es, um sie zu besiegen –, einen wichtigen Bestandteil seiner Kunst ausmachten, daran besteht kein Zweifel.

Wer dieser Künstler mit dem gekrümmten Finger war, können wir natürlich nicht wissen. Er gehörte zu einer der frühesten, doch kaum der ersten Welle von Einwanderern, die vom afrikanischen Kontinent herüberkam. Welche Rolle er in der Gruppe von vielleicht einhundert bis einhundertfünfzig Menschen, der er angehörte, innehatte, können wir nicht sagen. Aber weil Menschen ihn die Wände verschiedener Höhlen schmücken ließen, wagen wir die begründete Annahme, dass sie das Gleiche sahen wie wir: einen Mann, der die Fähigkeit besaß, das Lebendige festzuhalten und es auf glaubwürde Art und Weise darzustellen.

War er jung oder alt? Hatte er Gehilfen? Wer bereitete seine Farben zu? Lebte er mit einer Frau, oder war die Gruppe, der er angehörte, polygam? Hatte er Kinder? Tat er auch andere Dinge, als Höhlenwände zu bemalen? Ging er mit auf die Jagd, oder wurde er von den anderen ernährt? Konnte er Elfenbein schnitzen? Oder war er nur Maler?

Hatte er einen Namen? Hatte damals irgendjemand einen Namen?

Wir wissen es nicht. Wie die vollständig erhaltenen Fußabdrücke eines frühen Menschen im Rift Valley, der nach einem

Vulkanausbruch in noch nicht gänzlich erstarrte Lava trat, existieren auch diese Handabdrücke mit dem verkrümmten Finger. Wer der Mann war, wie er lebte und wie er starb, können Archäologen nicht herausfinden. Aber ich stelle mir vor, dass er von niemandem gezwungen wurde, diese Tiere in der Tiefe der Höhlen abzubilden. Wenn es einen Zwang gab, dann nur in ihm selbst. Und durch den Glauben seiner Gruppe, dass die Malereien das Jagdglück beschwören würden. Falls es so war.

Es gibt einen gemeinsamen Nenner bei den allermeisten Höhlenmalereien, die wir kennen. Er findet sich auch bei unseren heimischen Felszeichnungen: Die abgebildeten Tiere wurden mit einem großen Detailreichtum dargestellt. Ihre Augen glänzen, ihre Bewegungen sind dynamisch. Aber bei der Abbildung von Menschen handelt es sich meistens um unvollkommene Skizzen. Strichfiguren, scheinbar hastig ausgeführt, als wären detailliertere Bilder nicht nötig gewesen. Über die Gründe dafür kann man natürlich spekulieren. Aber wahrscheinlich waren die Tiere ganz einfach wichtiger. Man aß sie, man lebte von ihnen.

Heute bemalen wir nicht mehr die Wände von Höhlensystemen. Wir sprengen tief unten im Urgestein, das Milliarden Jahre alt ist, Kathedralen aus dem Fels. Darin werden wir den Abfall unserer Zivilisation aufbewahren und sichern. Vielleicht werden wir dort an den Felswänden Warnungen für kommende Generationen anbringen, dass sie sich vor dem radioaktiven Tod in Acht nehmen sollen, der dort in seinen Kupferbehältern auf der Lauer liegt.

Aber wie sprechen wir zu Menschen, die in hunderttausend Jahren leben? Nach einer Eiszeit? Zu Menschen, die nichts von unserer Geschichte wissen?

Wie soll der Text einer solchen Warnung aussehen?

Der Schritt vom Höhlenmaler mit dem verkrümmten Finger zu denen, die heute Symbole schaffen, um Menschen zu warnen, die in Tausenden von Jahren vielleicht hier leben werden, ist sehr weit.
Ist er das wirklich?

18.

Die schwimmende Müllhalde

Außerhalb von Sveg, einer Ortschaft mit zweitausend Einwohnern in Härjedalen, in der ich aufwuchs, gab es eine kommunale Müllhalde. Zu Beginn der fünfziger Jahre, als die letzte Kinderlähmungsepidemie in unserem Land wütete, war es streng verboten, dorthin zu gehen. Nur die Müllmänner, die, damals noch mit Pferd und Wagen, Müll und anderen Krempel abfuhren, durften diesen Platz, an dem die Krähen ihr Unwesen trieben, aufsuchen. Die unsichtbaren Viren oder Bakterien, die sich dort verbargen, machten uns Angst. Manchmal, wenn ich morgens aufwachte, wagte ich kaum, meine Beine zu strecken, aus Sorge, sie könnten in der Nacht von der Lähmung befallen worden sein. Und mit dieser Furcht war ich nicht allein.

Das Schrecklichste, was ich mir vorstellen konnte, war, dass die Atmung betroffen sein könnte. Dann wurde man in eine eiserne Lunge gelegt und musste tagein, tagaus reglos daliegen, bis man viele Jahre später starb. Die prustende Maschine rettete natürlich zahlreiche Menschenleben. Aber auf Bildern sah es so aus, als würde man im Kessel einer schwarzen Dampflokomotive verwahrt.

Ich hörte nie davon, dass die Stadt die Müllhalde hätte erweitern müssen. Die Müllmenge wuchs nicht notwendigerweise mit dem zunehmenden Konsum. Die meisten Verpackungen waren noch aus Materialien, die schnell abgebaut wurden. Ich habe lange genug gelebt, um mich noch an eine Zeit erinnern zu können, als man die Abfallreste in eine alte Zeitung einrollte, die dann in einem Abfalleimer und später an einem Ort landete, wo der Inhalt verrottete, ohne dass es weiterer Eingriffe bedurfte.

Ich bin im »Kartonzeitalter« aufgewachsen. Erst später folgte das »Plastikzeitalter«, in dem wir heute noch leben.

Ich habe klare Erinnerungen daran, wie alles sich veränderte. Nicht zuletzt daran, wie das Plastik sich langsam, aber unerbittlich in allen Bereichen durchsetzte. Die Sommer verbrachten wir weit entfernt vom norrländischen Binnenland in den Schären von Östergötland. Wie alle anderen Kinder lief ich am Strand entlang und suchte nach Treibgut von Schiffen, die die Inseln in einer Fahrrinne passierten. Am häufigsten fand ich Korkstücke von den Schwimmern der Fischernetze und der Trawler. In den fünfziger und sechziger Jahren war es undenkbar, an einem Tag keinen Kork zu finden.

Einmal fand ich einen Schatz. Eine Anzahl Logbücher, die von einem deutschen Frachtschiff mit Heimathafen Hamburg ins Meer geworfen worden waren. Ob der Kapitän betrunken oder wütend, resigniert oder verzweifelt war, als er die wichtigsten Dokumente des Schiffs über Bord warf, habe ich nie erfahren. Aber die angetriebenen Logbücher waren wie ein Besuch aus einem der Bücher von Jules Verne.

Zunächst vereinzelt, dann immer häufiger lagen Plastikschwimmer eingekeilt zwischen den Steinen am Strand. Schließlich war auch der letzte Korkschwimmer an Land getrieben. Von da an gab es nur noch Plastik. Danach kamen die Milchkartons und die Plastikflaschen. Aber die sammelte weder ich noch sonst jemand ein. Das Plastik fühlte sich tot an, wenn man es in die Hand nahm, während Kork sich immer lebendig anfühlte.

In meiner frühesten Jugend gab es keinen bewussten Umgang mit Abfall und Müll, weder bei mir noch bei den Erwachsenen in meiner Umgebung. Dies galt nicht zuletzt für die Sommer an der Küste, in denen die Mahlzeiten zum großen Teil aus Konservendosen kamen, die auf Petroleumkochern aufgewärmt wurden. Es war Tradition, dass an einem Tag gegen Ende des Sommers ein Ruderboot vollgeladen wurde mit leeren Dosen. Man fuhr ein Stück hinaus, füllte die Konservendosen mit Wasser und ließ sie dann langsam auf den Meeresgrund sinken.

Da liegen sie immer noch, Hunderte allein von meiner Familie. Ein Teil ist natürlich vom Rost zerfressen worden, andere nicht. Besonders viele dramatisch gefährliche Umweltgifte kamen bei der Herstellung der Konservendosen vermutlich kaum zur Anwendung. Dennoch, das war die Einstellung: Was im unendlichen Meer versank, war verschwunden und würde einen nie mehr behelligen.

So ist es wohl immer schon gewesen. Als die Engländer im 19. Jahrhundert mit Dampfschiffen nach Indien fuhren, ließen reiseerfahrene Damen ihren weniger erfahrenen weiblichen Mitreisenden gegenüber diskret durchblicken, dass es sinnvoll sein konnte, alte und vielleicht verschlissene Unterwäsche mit auf die Schiffspassage zu nehmen. Vor allem dann, wenn man nicht von einer Dienerin begleitet wurde, die auf der Überfahrt waschen konnte. So konnte man die gebrauchte Unterwäsche durch das Bullauge der Kabinen werfen. Im Kielwasser dieser Schiffe schwamm englische Unterwäsche umher. Und als Thor Heyerdahl mit seinem Floß Kon-Tiki zwischen der Inselwelt des Stillen Ozeans und dem südamerikanischen Subkontinent segelte, sahen er und seine Begleiter beunruhigend viel menschlichen Abfall auf dem Meer treiben. Dies war 1947. Ich selbst erinnere mich aus meiner Zeit als Seemann bei der schwedischen Handelsmarine Anfang der sechziger Jahre daran, dass der gesamte Abfall achteraus über die Reling entsorgt wurde. Wir achteten lediglich darauf, den Mist nicht gegen die Windrichtung über Bord zu werfen.

Ich war vierzehn Jahre alt, als Rachel Carsons Buch *Der stumme Frühling* herauskam und eine notwendige Bewusstseinsveränderung in Hinsicht auf unsere Erde bewirkte, die immer mehr zu einer Müllhalde ohne Grenzen wurde. Ich weiß noch, wie die Seeadler verschwanden, weil ihre Eier von DDT vergiftet waren und sie keinen Nachwuchs mehr bekamen. Aber es war ein passives Wissen. Ich betrachtete es weiter als ein Spiel, leere Konservendosen mit Wasser zu füllen und sie auf den Meeresboden sinken zu lassen.

Der Mensch hat immer Abfall hinter sich zurückgelassen. Eines der spannendsten und herausforderndsten Ausgrabungsobjekte, auf das Archäologen stets zu stoßen hoffen, sind tausendjährige Abfallhaufen, die sich in Schichten übereinander abgelagert haben. Zum größten Teil bestehen sie aus den Resten dessen, was die Menschen gegessen haben. Man findet Knochen verschiedener Tiere und Fischgräten. Doch auch verbrannte Überreste anderer Art, die oft unter meterhohen Schichten begraben sind, können darüber Auskunft geben, wie sich die Essgewohnheiten von Generationen verändert haben. Solche Abfallhaufen können eine verblüffende Menge an Informationen bergen, die nach kritischer Untersuchung und Analyse unser Wissen darüber, wie die betreffenden Menschen gelebt haben, erheblich erweitern.

Im Abfall wird das Leben der Menschen sichtbar. Darin können wir das tägliche Leben durch Jahrtausende hindurch ablesen. Aber wir erfahren nicht nur, wie die Menschen sich ernährten. Wir lernen auch manches über schwere Zeiten des Hungers und der Entbehrungen. Wir können erkennen, wie eine Gesellschaft in Klassen mit gänzlich unterschiedlicher Lebensführung aufgeteilt war. Wir können sehen, dass gewisse

Menschen bedeutend besser lebten und Zugang zu gesünderer Nahrung hatten als andere, die vielleicht nur einige hundert Meter entfernt lebten. Die eine Familie oder der eine Klan aß üppig, während der Nachbar hungerte.
Die Abfallhaufen unserer Zeit sehen anders aus und erzählen andere Geschichten.
Die größte Müllhalde der Welt befindet sich heute nicht an Land. Sie liegt im Stillen Ozean. Zwischen Hawaii und der kalifornischen Küste schwimmen Millionen Tonnen Müll im Meer. Seeleute berichten von Hunderten von Kilometern ununterbrochener Müllteppiche, die sie durchqueren müssen. Neunzig Prozent dieses Mülls bestehen aus Plastik mit endlos langen Verfallzeiten. Das meiste davon sind kleine Partikel, zuweilen für das Auge kaum sichtbar, die viele Fische in sich aufnehmen. Welche Konsequenzen dies schon jetzt hat und in Zukunft haben wird, können wir uns leicht vorstellen.
Ich habe ein Foto von einer Meeresschildkröte, die im Meer auf eine Plastiktüte stößt. Die Tüte ist teilweise mit Luft gefüllt, und die Schildkröte ist im Begriff, den Kopf hineinzustecken. Ob sie es tun wird, weiß ich nicht, das erzählt das Bild nicht. Aber wenn sie es tut, kann sie in der Tüte ersticken.
Natürlich gibt es viele, die heute gegen die anwachsenden Müllberge angehen. Außerdem haben wir ein umfassendes Recycling, das es vor zwanzig Jahren noch nicht gab. In vielen Ländern werden Personen, die die Natur verunreinigen, mit Bußgeld belegt. Außerdem werden im Rahmen der Hinwendung zu erneuerbaren Energien Müllverbrennungsanlagen gebaut, die vor allem Heizwärme produzieren sollen.
Doch das ist nicht genug. Vor allem nicht angesichts der Tatsache, dass die Frage der Endlagerung des gefährlichsten Mülls, nämlich des globalen Nuklearabfalls, noch nicht gelöst ist. Die

richtig großen Nutzer der Kernkraft, die USA und China, haben noch kaum damit begonnen, provisorische Lager zu errichten; sie warten darauf, dass endgültige Lösungen erforscht und beschlossen werden.
Was in einem Land wie Nordkorea geschieht oder nicht geschieht, mag ich mir nicht vorstellen. Aber ich kann nicht anders.
Zivilisationen haben immer Abfall zurückgelassen. Wenn eine Kultur oder ein Imperium untergeht, pflegt man nicht hinter sich aufzuräumen. Doch weder das Ägypten der Pharaonen noch das Römische Kaiserreich haben gefährlichen oder tödlichen Müll zurückgelassen.
Aber wir tun es.
Ich selbst werde auch eines Tages in Abfall verwandelt. Aber mein Körper erinnert mehr an Kork als an Plastik. Unmittelbar nachdem die Körperfunktionen ausgesetzt haben, wird der Verwesungsprozess eintreten.
In der Zeit seit dem Beginn meiner Krankheit habe ich meinen ganzen Mut zusammengenommen und nachgelesen, wie die Auflösung des Körpers abläuft. Dieses Wissen beruhigt, auf jeden Fall mich. Sterben heißt, in der größten existierenden menschlichen Tradition aufzugehen. Der Augenblick und der Zeitpunkt des Todes variieren, ebenso wie die Ursachen, aber danach läuft der Prozess auf die gleiche Art und Weise ab. Der größte Unterschied besteht darin, ob man die Einäscherung wählt oder sich entscheidet, den Körper durch das Zusammenwirken von Zeit und Erde in neue Moleküle verwandeln zu lassen, die dann weiter vorhanden sind, aber neue Kombinationen eingehen.
Ich gehe davon aus, dass ich eines Tages eingeäschert werde. Ich habe darüber nachgedacht, ob ich lieber mehr Fläche und mehr Kubikmeter beanspruchen sollte und in einem Sarg ein

paar Meter tief in die Erde hinabgelassen werden will. Mich auf alte Weise beerdigen lassen.

Aber ich glaube, ich verzichte darauf. Auch aus dem Rauch im Krematorium lösen sich Moleküle, die sich mit anderen vermischen.

Die Ewigkeit und ihr Kreislauf sind überall.

19.

Zeichen

In den achtziger Jahren lebte ich einige Jahre in Sambia, hoch oben an der Westgrenze zu Angola. Die Entfernung bis zum nächsten Geschäft betrug dreihundertfünfzig Kilometer, und der Ort, in dem ich wohnte, Kabompo, war in der britischen Kolonialzeit als Verbannungsort für afrikanische Rebellenführer benutzt worden, die für die Abschaffung des rassistischen Kolonialsystems kämpften.

In meiner Zeit in Kabompo wurde in Sambia eine Präsidentenwahl abgehalten. Alle Kandidaten, die sich zur Wahl stellten, wurden durch gezeichnete Bilder repräsentiert, die Tiere darstellten. Teils weil dies Tradition war, teils weil so viele Menschen im Land Analphabeten waren. Der amtierende Präsident Kenneth Kaunda hatte einen stattlichen afrikanischen Adler als Symbol. Seinem gefährlichsten Konkurrenten um die Präsidentschaft war nur eine erbärmliche Ratte als Zeichen zugeteilt worden.

Niemand muss sich lange fragen, wie diese Wahl wohl ausging. Kaunda blieb natürlich Präsident.

Heutzutage leben wir von Warntafeln und Verbotsschildern umgeben. Ich habe registriert, wie eine ständig wachsende Anzahl von Schildern mein Leben bestimmt. Das liegt natürlich daran, dass unsere Gesellschaft immer komplizierter wird. Damit kein Chaos ausbricht, wurden beispielsweise für die Verkehrsregelung immer neue Schilder entwickelt.

Ich zeigte einmal einem guten Freund in Afrika das dreieckige Schild, das vor Radioaktivität warnt. Er überlegte eine Weile und sagte dann, das Symbol erinnere ihn in erster Linie an einen Ventilator. Oder war es ein Flugzeugpropeller, der sich drehte? Schließlich entschied er sich: Es war die Warnung, einem Flugzeugpropeller nicht zu nahe zu kommen.

Wenn ich einen Zeigefinger auf die Lippen lege, bedeutet das wahrscheinlich für alle Menschen, dass ich um Schweigen bitte. Ein aufgehängtes Schild mit einem Finger über einem Mund bedeutet das Gleiche. Ich habe jedenfalls weder irgendwo in Europa noch in Afrika oder Nordamerika jemals erlebt, dass das Zeichen missverstanden wurde. Das ist nicht verwunderlich. Ein geschlossener Mund bedeutet, dass es nicht möglich ist zu sprechen. Das gilt für alle Menschen. Man muss also nicht annehmen, dieses und viele andere Symbole würden auf eine gemeinsame Ursprache zurückgehen. Ohne dass Kulturen Kontakt miteinander haben, gelten dennoch die gleichen Signale.

Zeichen und Symbole sind kraftvolle Werkzeuge. Aber wer kennt den Wert von Symbolen in Tausenden von Jahren, in einer unbekannten Zukunft?

Die heute Lebenden, die den Auftrag haben, Menschen in hunderttausend Jahren auf den radioaktiven Abfall aufmerksam zu machen, stehen vor einer schwer zu lösenden Aufgabe, gelinde gesagt. Kann man sich überhaupt vorstellen, wie ein Warnzeichen aussehen soll, damit es funktioniert, wenn wir weder etwas über die Sprache und die Kultur zukünftiger Menschen wissen noch darüber, was sie für gefährlich halten? Es wird eine Mischung sein aus gehobenem Ratespiel und den fortschrittlichsten Ideen, die kluge Köpfe heute zu leisten in der Lage sind. Gepaart mit verschiedenen Erfahrungen sowie Kenntnissen, die wir uns angeeignet haben.

Es hat schon viele Vorschläge gegeben, wie diese Warnungen aussehen sollten. Einer davon war, einen Text in allen heute auf der Welt bekannten Sprachen zu verfassen. Aber das würde eine ungeheure Textmenge ergeben. Eine gewisse Einigkeit, wenn auch mit Vorbehalten, besteht darin, dass eine Kombination von Bild, Text und Ton wahrscheinlich die sinnvollste Lösung wäre. Falls es überhaupt eine gibt.

Ein Vorschlag lautete, die Kunst sprechen zu lassen. Wie würden zukünftige Menschen eine Kopie von Edvard Munchs *Der Schrei* aufnehmen, wenn sie in der Tiefe des Urgesteins darauf stießen? Würde das Bild des schreienden Menschen auf der Brücke die Betrachter zu der Einsicht bringen, dass sie vor etwas Erschreckendem und Gefährlichem stehen? Wir heute würden es so verstehen.

Ich zeigte einmal einem guten Freund in Maputo eine Fotografie von Munchs Gemälde. Er deutete es spontan als Ausdruck einer großen Angst. Aber über das Verhalten und die Reaktionen zukünftiger Menschen angesichts dieses Bildes von Munch können wir nur rätseln.

Welches Geräusch sollten wir wählen, um Menschen von den Höhlen mit dem atomaren Abfall fernzuhalten? Vielleicht den Typ von Geräuschbomben, den das amerikanische Militär entwickelt hat und heute in seinen Arsenalen aufbewahrt? Bomben, die Geräusche erzeugen, die für menschliche Ohren unerträglich sind? Ist das ein gangbarer Weg? Aber wir wissen nichts über das Gehör zukünftiger Menschen. Vielleicht schlägt das Geräuschinferno nicht an? Und wer garantiert dafür, dass eine technische Lösung hunderttausend Jahre hält? Was wir heute wissen, ist, dass wir nichts mit Sicherheit wissen können. Dennoch sind wir verpflichtet, uns die Frage zu stellen, wie die Menschen der Zukunft gewarnt werden sollen.

Aber wenn es nun keinen sicheren Weg für eine Warnung gibt – was bleibt dann? Nichts als die Illusion. So zu tun, als gäbe es gar nichts da unten im Urgestein.

Das Werkzeug, über das wir verfügen, ist das Vergessen. Worauf wir uns wahrlich nicht verlassen sollten.
Vergessen und Lüge gehen oft Hand in Hand.

20.

Das Floß des Todes

Es ist der Frühsommer 1816. Napoleon ist endgültig besiegt und wird auf St. Helena, dem windigen Felseiland im Südatlantik, wo er gefangen gehalten wird, langsam mit Arsen vergiftet.

In Frankreich herrscht ein König aus dem Hause Bourbon. Vier Schiffe der französischen Marine haben Order erhalten, nach Süden zu segeln. Ihr Ziel ist Senegal an der afrikanischen Westküste. Im Rahmen der Neuordnung Europas nach dem Wiener Kongress soll die Hafenstadt Saint-Louis von den Engländern an Frankreich übergeben werden.

Am 17. Juni sticht die kleine Armada von vier Schiffen von Rochefort aus in See. Eine Gruppe von Segelschiffen zusammenzuhalten, ist nahezu unmöglich. Bald haben sie den Sichtkontakt zueinander verloren. Aber alle wissen, wohin die Reise gehen soll.

Eines der Schiffe ist die Fregatte *Méduse*. An Bord des Dreimasters befinden sich an die vierhundert Personen. Die Hälfte sind Seeleute, die andere Hälfte Beamte, um die Verwaltung der afrikanischen Besitzung zu übernehmen, über der bald die Trikolore gehisst werden soll.

Der Kapitän an Bord ist Hugues Duroy de Chaumareys.

Er ist unerfahren, zuvor hat er hauptsächlich für die französische Zollbehörde gearbeitet. Außerdem war er ein Gegner Napoleons gewesen. Weil die meisten Seeleute an Bord Anhänger Napoleons gewesen waren, wird er von der Besatzung gehasst und verachtet.

Zwei Wochen nach dem Hissen der Segel in Rochefort läuft die *Méduse* vor der Küste Afrikas auf Grund. Es gibt dort gefährliche, wandernde Sandbänke, die auf Karten nie richtig erfasst wurden. Die *Méduse* läuft auf ein Riff auf, das den Namen Banc d'Arguin trägt.
Das Schiff sitzt fest. Auf Befehl des Kapitäns wird alles lose Gut über Bord geworfen, um das Schiff möglicherweise frei zu bekommen. Der Versuch misslingt. De Chaumareys beschließt, das Schiff aufzugeben. Da es zu wenige Rettungsboote gibt, wird ein großes Floß gebaut. Die drei hohen Masten werden niedergehauen, um die Basis des Floßes zu bilden. Die Rettungsboote sollen dann das Floß ins Schlepptau nehmen und zur afrikanischen Küste ziehen, die sich im Osten im Dunst verbirgt.
Das Schleppmanöver misslingt. Die Trossen zu den Rettungsbooten werden gekappt und das Floß mit seinen hundertfünfzig Passagieren seinem Schicksal überlassen. Kapitän de Chaumareys begeht eine der feigsten und schändlichsten von allen denkbaren menschlichen Handlungen.
Rasch verwandelt sich die Lage auf dem Floß von mühsam erkämpfter Ordnung zu brutalem Chaos. Die Stärkeren werfen die Verletzten und Schwächeren über Bord. Wasser und Nahrungsvorräte gehen zu Ende. Kannibalismus bricht aus. Mit Entermessern zerstückelt man die Körper der Toten und isst das rohe Fleisch. Das Floß wird zu einer Menschenschlachterei.
Nach fünfzehn Tagen wird das Floß vom Schwesterschiff *Argus* gesichtet. Es gibt noch fünfzehn Überlebende, aber mehrere von ihnen sterben kurz darauf an den Entbehrungen. Am Ende kommen nur drei Seeleute von dem Floß durch und können nach Frankreich zurückkehren.
Einer der Überlebenden ist der Schiffsarzt Henri Savigny. Er reicht bei seiner Rückkehr nach Frankreich einen Bericht über

die Ereignisse bei der französischen Admiralität ein. Die Informationen dringen an die Öffentlichkeit, und es entwickelt sich ein großer Skandal.

Der Maler Théodore Géricault ist zum Zeitpunkt der Katastrophe fünfundzwanzig Jahre alt. Er hat 1812 großes Aufsehen erregt, als sein Gemälde eines Kavallerieoffiziers auf einem sich aufbäumenden Pferd im Salon in Paris präsentiert wurde. Jetzt beginnt er ein großes Gemälde des Floßes zu malen, auf dem die Menschen nach dem Schiffbruch der *Méduse* liegen und sterben.

Anfänglich konzentriert er sich darauf, das Entsetzliche an Bord darzustellen. Den Kannibalismus, die Schwachen, die – noch lebend – über Bord geworfen werden, das Meer, auf dem kein Schiff in Sicht ist, die Hoffnungslosigkeit, die schließlich das letzte verbleibende Gefühl ist.

Er denkt sich ein Floß, das auf einem Meer umhertreibt, wo kein Gott sich um die Leiden der Schiffbrüchigen kümmert. Wo keine Hoffnung mehr besteht, gibt es auch keinen Gott mehr.

Der Himmel ist so leer wie das Meer.

Kaum mehr als sechs Kilometer entfernt liegt die afrikanische Küste, im Dunst jedoch nicht zu sehen. Aber sie stellt keine Rettung dar, es kann ebenso gut die Hölle sein, die auf sie wartet. Die Menschen auf dem Floß sind dem Tod geweiht.

Géricault beginnt zu zweifeln. Er macht zahllose Skizzen, mildert die Katastrophe jedoch mehr und mehr ab. Er scheint sich folgende Frage zu stellen: Was geschieht mit Menschen, die jegliche Hoffnung verloren haben? Wenn ihnen nichts mehr bleibt?

Er gibt keine Antwort auf diese Frage. Sie ist ganz einfach falsch gestellt oder unmöglich zu beantworten. Wo alle Hoffnung endet, gibt es kein menschliches Leben.

Aber irgendetwas bleibt immer.
Das Bild, das er schließlich vollendet, zeigt die menschliche Hoffnung, die trotz allem existiert, auch wenn nichts mehr hilft. Weit entfernt am Horizont ist die *Argus* zu erkennen. Aber wir können nicht wissen, ob man an Bord des Schiffes das Floß entdeckt hat.
Das Bild hängt im Louvre in Paris. Als ich es betrachte, denke ich, dass sich Altes und Neues darin begegnen. Géricault studierte Rubens und Caravaggio, als er an seinem Floß malte. Mit der gleichen Intensität, mit der er im Hospital Beaujon Leichen und sterbende Menschen studierte. Es heißt, er habe auch Leichenteile mit in sein Atelier genommen, um den Verwesungsprozess eingehender beobachten zu können.
Die meisten Kunstwerke sieht man, oder man hört sie. In seltenen Fällen habe ich jedoch das Gefühl, als würde mir auch ein angenehmer Duft entgegenströmen. Vereinzelt habe ich vor einem Kunstwerk auch schon ein unerwartetes Geschmackserlebnis empfunden.
Géricault gelang, was wenigen Künstlern zu erreichen vergönnt ist. Munch und Bacon sind weitere Beispiele.
Und natürlich Caravaggio und Rembrandt.
Wenn ich vor diesem Bild stehe und es betrachte, kann ich den Gestank ahnen, der von den sterbenden Menschen ausgeht.
Das Bild birgt einen sonderbaren Widerspruch. Obwohl die dort liegenden Menschen halb verhungert und verdurstet sind, stellt Géricault sie mit nahezu athletischen Körpern dar. Er ist kühn genug, den Realismus mit den Idealen der klassischen Kunst zu kombinieren. Indem er davon Abstand nimmt, sich ausschließlich an den Realismus zu halten, bringt er uns Betrachter dazu, uns an Bord des Floßes zu begeben.
Was mich so berührt, ist Géricaults Versuch, eine Hoffnung darzustellen, die nicht existiert. Ich kenne kein anderes Bild,

dem es auf die gleiche Art und Weise gelingt, etwas auszudrücken, das man als eine philosophische Herausforderung bezeichnen könnte.

Nach dem Besuch im Louvre setze ich mich in ein Café in der Nähe. Es ist Herbst und kühl, Wind fällt von Norden ein. Ich bin nach Paris gekommen, um über meine Bücher zu sprechen.

Ich betrachte die Menschen an den anderen Tischen und denke mir, dass sie alle eine gewisse Hoffnung mit sich herumtragen. Dass ihnen etwas gelingen möge, dass etwas zu Ende geht, sich für etwas eine Erklärung findet, etwas Schmerzhaftes sich als falsch herausstellt.

Die ganze Zeit müssen wir dafür sorgen, dass die Hoffnung immer stärker ist als die Hoffnungslosigkeit. Ohne Hoffnung gibt es im Grunde kein Überleben. Das gilt für einen krebskranken Menschen genauso wie für andere.

Als ich das Café verlasse, hat Nieselregen eingesetzt. Ich gehe in Richtung des Friedhofs Père-Lachaise.

Es dauert eine Weile, bis ich Géricaults Grabmal finde. Er wurde nur zweiunddreißig Jahre alt. Dann und wann fiel er beim Reiten vom Pferd. Einmal stürzte er so schwer, dass er sich eine Verletzung zuzog, die dazu beitrug, sein Leben zu verkürzen. Doch er litt auch an Tuberkulose. Er wusste früh, dass seine Lebenszeit knapp bemessen war.

Der heute kaum noch bekannte Bildhauer Antoine Étex hat das Grabmal geschaffen. Es ist sentimental und schauderhaft. Es stellt Géricault auf dem Weg in den Tod dar, wie ihm langsam der Pinsel aus der Hand gleitet.

Géricault ließ oft seine Freunde für verschiedene Figuren auf seinen Bildern posieren. *Das Floß der Medusa* ist keine Ausnahme. Eine der sterbenden Personen auf dem Floß trägt die Gesichtszüge von Eugène Delacroix.

Das Floß der Medusa erzählt also von der Hoffnung, die weiterlebt, wenn alle Hoffnung verloren ist. Dieses Paradox zeugt so deutlich wie kaum etwas anderes von dem Überlebenswillen, der immer in uns steckt.

Wir klammern uns an das Rettungsfloß, obwohl wir eigentlich nicht mehr die Kraft dazu haben.

Aber die Hoffnung existiert. Vielleicht nur als ein Schatten. Aber dennoch.

21.

All diese vergessene Liebe

Der Tod und das Vergessen gehören zusammen, auf die gleiche Weise wie der Krebs und die existenzielle Angst.

Vor vielen Jahren, irgendwann in den Sechzigern, besuchte ich einmal ein altes Haus in der Bastugatan in Stockholm, in dem Renovierungsarbeiten durchgeführt wurden. Während meines Besuchs machten Arbeiter, die am Fundament des Hauses zu tun hatten, einen Fund. Sie entdeckten eine leere Bierflasche, in der eine Mitteilung steckte. Mit einem stumpfen Zimmermannsstift hatte jemand geschrieben: »Hier saß ich mit meiner Liebsten an einem schönen Sommerabend 1868.«

Keine Namen, keine Unterschriften. Nur diese euphorisch glückliche Mitteilung an eine unbekannte Nachwelt.

Jeder, den ich kenne, hat einmal seinen Namen in die Rinde eines Baums im Wald geschnitzt oder seine Initialen in einen Felsen am Meer geritzt. Keiner will vergessen werden. Aber fast alle werden es.

Wie viele Autoren kennen und lesen wir heute noch? Dabei denke ich nicht an jene, die vor Hunderten von Jahren schrieben, sondern auch an die, die wir in der Bibliothek ausgeliehen und gelesen haben, und die vor vielleicht zwanzig, dreißig Jahren gestorben sind. Wie viele von Ivar Lo Johanssons bemerkenswerten Romanen werden heute ausgeliehen? Strindberg ist für uns noch lebendig, aber wie sieht es in hundert Jahren aus? Wie viele Künstler sind völlig aus unserem Bewusstsein verschwunden? Wissenschaftler, Ingenieure, Erfinder? Und, am wichtigsten, all die »gewöhnlichen« Menschen.

Vielen ist das völlig gleichgültig. Ist man tot, ist man tot. Solange man noch in der Erinnerung eines anderen Menschen existiert, hat man weiterhin seine Identität. Aber irgendwann ist auch das vorbei.

Ich gebe zu, dass mich dann und wann der Gedanke stört, ich könnte in einigen Jahren vollkommen vergessen sein. Das Gefühl ist ebenso sehr ein Ausdruck peinlicher Eitelkeit, wie es menschlich ist. Ich kämpfe meistens erfolgreich dagegen an, glaube ich.

An wie viele der einhundertsieben Milliarden Menschen, die bis heute auf der Erde gelebt haben, und von denen der größere Teil tot ist, erinnern wir uns heute? Ihre Namen, ihre Taten? Es ist eine verschwindend kleine Anzahl. Vergessen zu werden ist das Los des Menschen. Nicht einmal diejenigen, die sich in der einen oder anderen Weise ausgezeichnet haben, werden unendlich lange in Erinnerung bleiben. Wie viele der heute Lebenden werden in fünfhundert Jahren noch im Bewusstsein der dann lebenden Menschen sein? Nicht viele. Heutzutage ist die Erinnerungsdauer möglicherweise kürzer als je zuvor in der Menschheitsgeschichte. Ständig prasseln Schauer von Informationen auf uns nieder, aber wir wissen und erinnern uns an immer weniger. Symbolisch gesehen sind unsere Gehirne im Begriff zu explodieren. In dem Maß, in dem neue Wellen von Information heranrollen, landen frühere Erinnerungen auf den mentalen Müllhalden. Wäre der Palast unserer Erinnerungen wirklich existent, stünde das durch den andauernden Regen steigende Wasser schon hoch in den Sälen.

Diejenigen, die heute mit der Frage der Endlagerung des Atomabfalls beschäftigt sind, wissen über ihre Arbeit vor allem eines: Sie werden sie nie beendet sehen. In Schweden wird es sechzig Jahre dauern, bis der Abfall in seinen Behältern begraben ist und die Felskammern verschlossen werden können,

um nie wieder geöffnet zu werden. Die Vegetation wird darüber hinweggehen. Bauten werden abgerissen werden, und ein kollektiver Erinnerungsverlust wird einsetzen. Wenn der letzte an der Endlagerung beteiligte Mensch stirbt, werden alle direkten Erinnerungen verschwunden sein.
Der Zerfall dessen, was der Mensch geschaffen hat, kann sich auch schnell vollziehen. Was geschieht mit den höchsten Brücken auf der Welt, wenn sie nicht ständig gewartet werden? Sie rosten und können in wenigen Jahren ihre Fähigkeit verlieren, sichere Transporte über Meeresbuchten oder Schluchten zu gewährleisten. In zehn oder fünfzehn Jahren wird die Brücke einstürzen. Nach weiteren zehn Jahren sind nur noch die rasch verwitternden Betonfundamente übrig. Und noch ein paar Generationen später wird die Brücke aus dem Gedächtnis der Menschen gelöscht sein.
Aber in dem Urgestein, das für die Endlagerung vorgesehen ist, wird nichts rosten, nichts verwittern. Dort wird die unmöglichste aller unmöglichen menschlichen Errungenschaften einhunderttausend Jahre überleben. Das, was geschehen wird, vollzieht sich in einem unsichtbaren Prozess: Die Radioaktivität wird langsam abnehmen und schließlich keine Gefahr für Menschen und Tiere mehr sein.
Ich habe einige der Menschen getroffen, die ihr Leben dieser Arbeit gewidmet haben, deren Abschluss sie nie erleben werden. Die meisten von ihnen sind sich darüber im Klaren: Sie gehören zu denen, die ihr ganzes Leben bauten, ohne das Endergebnis zu sehen.
Die chinesische Mauer wurde ungefähr zweihundert Jahre vor unserer Zeitrechnung von Chinas erstem Kaiser Qin Shihuangdi als Verteidigungsanlage begonnen. An der Mauer wurde bis ins 17. Jahrhundert gearbeitet. Da hatte man sich also über eintausendachthundert Jahre lang abgemüht. Wenn man

sich vorstellt, dass die Arbeit vom Vater auf den Sohn überging, sind das über sechzig Generationen, die nie das Ende ihrer eigenen und der Arbeit ihrer Vorväter zu sehen bekamen.
Auch die Steinmetze, die anfingen, Notre-Dame in Paris zu errichten, erblickten nie die fertiggestellte mächtige Kathedrale auf der Île de la Cité. Sie wurde zwischen 1163 und 1345 erbaut, und es waren fünf Generationen nötig, sie zu vollenden.
Für den Kölner Dom benötigten die Erbauer noch mehr Zeit. Es dauerte sechshundertzweiunddreißig Jahre von der Grundsteinlegung bis zu dem Tag, an dem der Dom als vollendet betrachtet wurde.
Viele andere monumental gedachte Bauwerke kamen nie über das Entwurfsstadium hinaus. Hitler beugte sich gemeinsam mit dem Architekten Albert Speer über Zeichnungen und Modelle für ein neues Berlin, das Hauptstadt der Welt werden sollte. Hitler wollte sein tausendjähriges Reich mit einer Stadt schmücken, die Paris, London und Rom übertraf. Er wollte höher, größer und weiter bauen als alles bis dahin Existierende. Daraus wurde nichts.
Die Verantwortlichen für die Endlagerung des Atommülls in Schweden sind wahrlich keine sentimentalen oder unrealistischen Menschen. Sicher ist ihnen auch bewusst, wie wahrhaft menschlich es ist, für ein Morgen zu arbeiten. Es ist nicht nötig, seine Arbeit vollendet zu sehen. Man schmiedet seinen Teil der langen Kette, aus der die Geschichte der Menschheit besteht.
Und dennoch frage ich mich: Was denken die Verantwortlichen? Diejenigen, die die letzten Glieder der Kette schmieden und die zusehen werden, wenn die Tunnelöffnungen verschlossen werden, um – hoffentlich – nie wieder geöffnet zu werden? Haben wir alles getan, was wir tun konnten? Haben wir etwas übersehen? Gibt es eine Dimension, in die wir nicht vorgedrungen sind?

Was bedeutet es, mit Fragen zu leben, auf die es einfach keine Antwort gibt? Wie soll man das Unkalkulierbare kalkulieren?
Vor einigen Jahren schoss ein fünfundvierzig Meter langer Asteroid in rasender Fahrt an unserem Planeten vorbei. Sein Abstand zur Erde betrug dreißigtausend Kilometer, und er wurde nicht von ihrer Schwerkraft angezogen. Aber nur wenige Tage zuvor zerplatzte ein Meteorit beim Eintritt in die Erdatmosphäre, und die Splitter gingen über einer russischen Stadt nieder und verletzten zahlreiche Menschen.
Wissenschaftler haben herausgefunden, dass ungefähr zehntausend Asteroiden in dem Teil des Universums herumschwirren, den wir überschauen können. Aber dort draußen gibt es Millionen von Asteroiden. Wir wissen nicht, was passiert, sollte einer davon, vielleicht mit einem Durchmesser von mehreren Kilometern, in ein paar tausend Jahren auf die Erde stürzen. Dies nur als ein Beispiel, das normalerweise in die Weltuntergangsfilme gehört, die man unaufhörlich produziert, weil sie Kassenschlager sind.
Die Wahrheit über unser Dasein ist immer provisorisch. Was wir gestern wussten, wird von dem, was wir heute wissen, übertroffen und verändert. Für die allermeisten Menschen stellt sich das Leben als etwas Unvollendetes dar.
Ich hatte einmal einen guten Freund, der Landwirt war. Er ist seit langem tot. Zu Beginn unserer viele Jahre andauernden Freundschaft zeigte er mir sein Fotoalbum. Er hatte während all der Jahre, in denen er einen Hof führte, seine Ernten und seinen Tierbestand fotografiert. An ein Ende hatte er nie gedacht. Ihm kam es darauf an, dass das Leben ständig weiterging.
Vielleicht sind die Kernkraft und ihr Abfall etwas, das in jeder Hinsicht von grundlegenden Mustern abweicht? Dass Gesell-

schaften und Zivilisationen nicht aufräumen, bevor sie verschwinden, wissen wir. Aber noch hat keine von ihnen Abfall hinterlassen, der heimlich für Tausende von Jahren seine Gefährlichkeit beibehält.
Wir sind die Einzigen. Ganz allein in der Geschichte.

22.

Timbuktu

Über fünfzig Jahre lang träumte ich davon, eines Tages in die sagenumwobene Wüstenstadt Timbuktu im heutigen Mali zu kommen. Ich kann nicht älter als neun, zehn Jahre alt gewesen sein, als ich in einem Reisebericht auf den Namen stieß und sofort das Gefühl hatte, dies müsse eine Stadt am Ende der Welt sein. Kind zu sein bedeutete für mich vor allem, die ganze Zeit nach etwas zu suchen, das irgendwo anfing und endlich war. Ich stellte mir vor, es gäbe einen Ort, von dem aus man nicht weiterkam.

Irgendwo nahm der Weg immer ein Ende. So wie es sicher ist, dass man einmal sterben muss.

Das Ende der Welt existierte. Und da lag Timbuktu.

Als Kind verbrachte ich viel Zeit damit, Archipele zu zeichnen. Die Sommer verlebte ich auf einer Insel in den Schären von Östergötland, weit weg von Norrland, wo ich sonst wohnte. Sie lag in einem scheinbar unendlichen Gewimmel von anderen Inseln, sodass das Zeichnen ganz natürlich war. Es war eine leichtsinnige und phantasieanregende Reise in meine eigene Schöpfungsgeschichte. Ich zeichnete Inseln mit eigentümlichen Formen, geheimnisvolle Buchten, enge, aber sehr tiefe Fahrrinnen, tückische Untiefen und nicht zuletzt Höhlensysteme, die die Inseln unter dem Meeresgrund miteinander verbanden.

Noch heute entdecke ich manchmal nach einem langweiligen Telefongespräch oder wenn ich einfach meine Gedanken habe wandern lassen, dass ich ein Blatt Papier mit einer neuen Vari-

ante des Archipels gefüllt habe, an dem ich seit meiner Kindheit schaffe.
Ich kam also schließlich nach Timbuktu. Die Temperatur betrug zwischen vierzig und fünfzig Grad, als der Wagen, in dem ich unterwegs war, über den Niger transportiert wurde. Die Stadt lag staubig und vertrocknet im Sonnendunst vor mir, der Sand wehte unablässig durch die Straßen.
Ich war aus zwei Gründen nach Timbuktu gereist. Einerseits um die Stadt einfach zu sehen und festzustellen, dass es das Ende der Welt nicht gab. Aber dass Timbuktu existierte. Ich hatte, mit anderen Worten, nicht vollkommen falsch gelegen.
Der zweite und wichtigere Grund – nicht zuletzt für mich als mittlerweile erwachsene Person – war, die mit alten Manuskripten gefüllte Schatzkammer zu sehen. In unruhigen Zeiten hatten die Bewohner von Timbuktu zuweilen Manuskripte im Sand vergraben. Aufgrund des warmen und trockenen Wüstenklimas hatten die tausendjährigen Manuskripte überlebt. Man bewahrte sie jetzt in verschiedenen Archiven und Bibliotheken auf, die von den Einwohnern mit Stolz gehütet wurden. Viele Manuskripte waren auch in der Hand verschiedener Privatpersonen in Timbuktu. Aber noch schienen sie derart in Ehren gehalten zu werden, dass sie nicht verkauft wurden, obwohl zynische Spekulanten bereit waren, für die begehrtesten Manuskripte unvorstellbare Summen zu zahlen.
Die zwei Tage, die ich in diesen Archiven verbrachte, kamen mir vor wie das Ende einer fünfzigjährigen Pilgerfahrt. Ich fand nicht nur den Beweis für meine schon lange gehegte Überzeugung, dass die Behauptung, der afrikanische Kontinent verfüge nicht über eine geschriebene Geschichte, durch und durch falsch ist. Ich konnte diese Manuskripte in den Händen halten und denken, dass diese Wüstenstadt vor tausend Jahren eines der wichtigsten intellektuellen Zentren der Welt

gewesen war. Von weither waren Menschen hierhin gekommen, Araber, Afrikaner, Europäer, lange bevor beispielsweise die Sorbonne in Paris auch nur in Gedanken existierte. Hier waren über Jahrhunderte gelehrte Diskussionen geführt worden, nicht nur über theologische – vor allem natürlich muslimische – Texte, sondern auch über so verschiedene Themengebiete wie Geografie, Astronomie und Medizin. Zum ersten Mal verstand ich, welche reale Bedeutung ein Archiv wirklich haben kann. Hier waren Gedanken aufbewahrt, aus Diskussionen und Uneinigkeit geboren, die zu diesem gesammelten Wissen geführt hatten.

Timbuktu schien eine Stadt zu sein, in der die Aufklärung noch hochgehalten wurde.

Heute, einige Jahre nach meinem Besuch in Timbuktu, wissen wir, dass die Stadt vorübergehend von islamischen Dschihadisten besetzt war, denen es gelang, einen Teil der Manuskripte zu verbrennen, weil sie von ihnen als gotteslästerlich angesehen wurden.

Mit großem Schmerz habe ich verfolgt, was dort geschah. Aber ich erfuhr auch, dass viele Manuskripte gerettet und erneut im trockenen Wüstensand vergraben wurden, obwohl Menschen damit ihr Leben aufs Spiel setzten. Das meiste scheint bewahrt geblieben zu sein. Was ich von diesen Menschen halte, die im Namen ihres Gottes die Erträge menschlicher Gelehrsamkeit vernichten, muss ich wohl kaum erwähnen. Sie vergreifen sich an denen, die gelebt haben, die leben und die noch nicht geboren sind. Und sie tun es im Namen Gottes.

Das erste Archiv, an das ich mich erinnern kann, war ein Kellerraum im Amtsgericht von Sveg. Ich durfte wohl eigentlich nicht dorthin, ging aber trotzdem hinein. In langen Regalsystemen wurden dort alte Gerichtsprotokolle aufbewahrt. Interessanter waren allerdings ein paar Pappkartons, in denen diverse

Beweisstücke aus Prozessen wegen Körperverletzung verwahrt wurden, jedes mit einem handgeschriebenen Zettel, der erklärte, wann und wo der betreffende Gegenstand auf dem Tisch des Gerichts gelegen hatte. Es waren hauptsächlich Messer. Aber es gab auch Schlagringe und Totschläger. Ich meine mich auch an eine Axt mit von Holzwürmern zerfressenem Schaft erinnern zu können. Ich weiß noch, dass ich mir die Frage stellte: Warum werden diese Gegenstände aufbewahrt, wenn die Menschen für ihre Verbrechen schon verurteilt worden sind? Warum sollen diese Messer und all das Übrige hier unten verwahrt bleiben?

Heute weiß ich die Antwort: Archive sind dafür da, dass wir unsere Geschichte nicht vergessen. Nicht nur, was geschehen ist und wie es geschehen ist. Wir sollen vor allem sehen, wie wir auf verschiedene Ereignisse reagiert haben.

Das Archiv des Vatikans in Rom ist eines der ältesten der Welt. Darin sind die Annalen der katholischen Kirche gesammelt, die mehr als tausend Jahre in die Vergangenheit zurückreichen. Man kann Dokumente herausgreifen, die historische Ereignisse beleuchten, die den meisten von uns bekannt sind. Hier finden sich die Protokolle des Prozesses gegen Galilei oder die Briefe, die Heinrich VIII. an den Papst schrieb, um die Einwilligung zur Scheidung von einer seiner Frauen zu erhalten. Es enthält die Inquisitionsprotokolle der Verhöre von Menschen, die der Ketzerei beschuldigt und später auf dem Scheiterhaufen verbrannt wurden. Giordano Bruno war einer von ihnen.

Aber nicht alle Dokumente handeln vom brutalen Vorgehen der Kirche gegen Menschen, die nicht der Ansicht waren, dass die Erde der Mittelpunkt des Alls sei. Es gibt auch anrührende Schreiben, beispielsweise von Michelangelo, der sich darüber beklagt, für seine Arbeit nicht bezahlt zu werden.

Bis zum Ende des 19. Jahrhunderts war dieses Archiv nur einer kleinen Anzahl von Machthabern der katholischen Kirche zugänglich. Heute ist es offener, obgleich es noch immer »Giftschränke« gibt, die Außenstehenden verwehrt sind. Aber das Archiv des Vatikans gehört der Menschheit. Auch Menschen, die nicht gläubig sind oder die sich zu anderen Religionen bekennen als der katholischen, sollten bereit sein, diese Archive zu verteidigen, weil darin in erster Linie die Geschichte der Menschheit aufbewahrt wird.

Ich denke, hier wäre ein wichtiger Ansatz für die Lösung des Problems zu finden, wie Menschen in ferner Zukunft verstehen sollen, dass der Inhalt der Kupferbehälter in den Felskammern gefährlich ist. Vielleicht sollte man alle Diskussionen, all die verschiedenen Vorschläge sammeln und als Comic in die Felswände einritzen. Vielleicht könnten wir so erklären, wie schwer es für uns war, eine Form zu finden, um unsere Botschaft über die Jahrtausende hinweg zu transportieren? Zumindest könnte das dazu beitragen, ein Vertrauensverhältnis zwischen uns Heutigen und den Menschen herzustellen, die in hunderttausend Jahren leben werden. Ein Archiv, das keine verschlossenen »Giftschränke« enthält, wäre ein Schritt auf diesem Weg.

Ob es ein richtiger Schritt ist oder einer, der uns in die Irre führt, kann natürlich niemand vorhersagen.

Ebenso wenig wie irgendetwas anderes.

23.

Ein anderes Archiv

Es gibt auch Archive anderer Art.
In der geschlossenen Abteilung der Nervenheilanstalt Säter saß einmal ein Mann, der dort den größten Teil seines Lebens verbrachte. An welcher mentalen Krankheit er litt, ist mir nicht bekannt. Ich glaube, er wurde von schweren Halluzinationen heimgesucht, die alle seine Sinne in Mitleidenschaft zogen.
Er wurde 1912 in die Anstalt eingewiesen und blieb dort bis zu seinem Tod in den sechziger Jahren. Und er widmete sich sein Leben lang einer wohl einzigartigen Tätigkeit.
Ein kleines Museum in der Anstalt Säter informiert darüber, wie die Menschen in vergangenen Zeiten über Geisteskranke dachten und welchen Behandlungen diese unterzogen wurden. In einer Holzkiste ist eine Anzahl alter Bücher aufbewahrt. Wenn man einige von ihnen öffnet, kann man entdecken, dass hier und da, vor allem am Ende, in mikroskopisch kleiner Schrift mit Bleistift ein Text zwischen die Zeilen geschrieben wurde. Entziffert man die Texte mit Geduld und mithilfe eines Vergrößerungsglases, stellt man fest, dass der Verfasser das Gedruckte »verbessert« hat. Vielleicht hat er die Handlung fröhlicher, vielleicht düsterer gestaltet. Er hat die Bücher zu seinen eigenen gemacht.
Wer würde das nicht wollen?
Der Philosoph und Alchimist Paracelsus hinterließ zahlreiche Schriften zu den unterschiedlichsten Themen. Unter anderem schrieb er mit großem Ernst über seine lebenslangen Versuche, Gold zu machen, was ja letztendlich immer das Ziel der

Alchimisten ist. Seine Texte haben die Jahrhunderte überdauert. Dann und wann sind sie auch in neue Sprachen übersetzt worden.
Manchmal kam es jedoch zu Fehlern. Es wird erzählt, dass ein eifriger Alchimist in Paris sich noch in der Zeit um den Ersten Weltkrieg einen von Paracelsus' Texten vornahm. Dort stand unter anderem, dass ein gewisses Metall vierzig Tage lang in der Glut eines Ofens behandelt werden müsse, um in Gold umgewandelt zu werden. So jedenfalls hatte Paracelsus es im Original geschrieben. Aber in die Übersetzung hatte sich ein Fehler eingeschlichen. Dort hieß es jetzt, das Metall müsse vierzig Jahre in der Glut aufbewahrt werden.
Der Alchimist war ein alter Mann. Er sah ein, dass er einhundertzwanzig Jahre alt werden müsste, um den Rat des Meisters befolgen zu können.
Er trug alle Aufzeichnungen zusammen, die während seiner lebenslangen Suche nach dem richtigen Weg für die Herstellung von Gold entstanden waren. Dann überließ er alles einem Archiv, keiner weiß, welchem, und verschwand spurlos aus Paris.

24.

Der Mut, Angst zu haben

Ungefähr zur gleichen Zeit, als ich den Treibsand hinter mir ließ und langsam begann, mit meiner Krankheit umzugehen, erhielt ich einen Brief von einem meiner ältesten Freunde. Ich hatte ihn 1964 kennengelernt, nachdem ich im Alter von sechzehn Jahren an einem Januartag aufgehört hatte, das Gymnasium zu besuchen. Ich hatte ihn vorher noch nie getroffen. Er war Jazzmusiker in Paris, und seine Eltern hatten eine kleine Bäckerei in Borås. Ich ging zu ihnen und bekam seine Adresse.

Jetzt, fünfzig Jahre später, schrieb Göran mir also einen Brief. Er hatte von meiner Krankheit gelesen.

Paris hatte er schon vor vielen Jahren verlassen, kehrte jedoch dann und wann dahin zurück, um mit seiner alten Band zu spielen. Er hatte geheiratet, Kinder bekommen und eine einzigartige Sammlung von 78er-Platten aufgebaut. Und er spielte noch immer, in wechselnden musikalischen Formationen.

»Was schreibt man jemandem, der an Krebs erkrankt ist?«, wollte er wissen.

Natürlich hatte er recht mit seiner Unsicherheit. Was sagt man? Und was sagt der Kranke sich selbst?

Nachdem ich mich aus dem Treibsand herausgearbeitet hatte, war eines meiner ersten Anliegen, die Frage von Mut und Angst zu formulieren. Kann man Mut beweisen, ohne sich seine Angst einzugestehen? Ich halte das nicht für möglich. Angst ist so viel mehr als die primitive und elementare Furcht zu sterben. Das Raubtier sieht dich, aber du siehst das Raubtier nicht. Der Tod betrachtet dich immer als rechtmäßige Beute. Aber Angst kann ebenso die Furcht vor einem Schmerz sein, der sich nicht lindern lässt. Oder die Furcht, eines Tages nicht mehr dabei zu sein und nicht mehr zu erleben, was am nächsten Tag geschieht und am übernächsten. Die Furcht vor dem Tod entspringt einer Mischung aus rationalen und irrationalen Gründen, Einbildungen und der biologischen Notwendigkeit. Das Fundament des Lebens.

Die Angst ist natürlich und bedingt durch die einfache Wahrheit, dass wir um unsere Sterblichkeit wissen, was uns von anderen Arten unterscheidet. Die Katzen, die ich in meinem Leben gehabt habe, wussten nichts von ihrem Tod. Sie wussten nicht einmal, dass sie lebten. Sie waren einfach da, Tag um Tag, jagend, faulenzend, miauend. Unser menschliches Ich ist nichts anderes als das Wissen um unsere Sterblichkeit. Wer sich seine Angst vor dem Unbekannten eingesteht, begreift, was es bedeutet, ein Mensch zu sein. Im Grunde ist unser Dasein eine Tragödie. Ein Leben lang trachten wir danach, unsere Kenntnisse, unser Wissen und unsere Erfahrungen zu vermehren. Doch letzten Endes wird sich alles in Nichts auflösen.

Ich respektiere Menschen, die an ein Leben nach dem Tod glauben. Aber ich verstehe sie nicht. Mir kommt die Religion wie eine Entschuldigung dafür vor, dass man die Grundbedingung des Lebens nicht akzeptiert. Hier und jetzt, mehr ist es nicht. Darin liegt auch das Einzigartige unseres Lebens, das Wunderbare.

In meinem ersten Buch, das ich 1973 schrieb, findet sich ein Satz, der besagt, dass man ins Meer spucken und damit all die Ewigkeit erobern kann, die man braucht. Das denke ich auch heute noch, nach über vierzig Jahren.

Ich ließ den Treibsand hinter mir und begann, einen Mut aufzubauen, der seinerseits auf der Einsicht gründet, dass ich

meine Angst nie ganz ablegen würde. Aber ich war gezwungen, der Stärkere zu sein. Ich musste die Angst beherrschen und durfte mich nie von ihr beherrschen lassen.
Ich denke oft an ängstliche Menschen, die mir in meinem Leben begegnet sind. Sie sind zahlreich. Menschen können vor allem Möglichen Angst haben. Ich glaube, niemand ist ganz frei von Hypochondrie, zumindest periodenweise. Wer erinnert sich nicht an seine Teenagerjahre und die Angst, sich eine Geschlechtskrankheit zugezogen zu haben, obwohl man weder irgendwelche Symptome zeigte noch den geringsten Grund für die Vermutung hatte. Ich habe Menschen getroffen, die befürchteten, meterlange Würmer in den Eingeweiden zu haben, die sich fürchteten, um eine Straßenecke zu gehen, weil dahinter jemand mit einem Messer warten konnte, obwohl helllichter Tag war und sich zahlreiche Menschen in der Nähe aufhielten. Und ich habe Menschen getroffen, die unaufhörlich befürchteten, ihr nächster Herzschlag könnte der letzte sein.
Ich selbst fürchte mich im Dunkeln. Wenn ich allein schlafe, lasse ich die ganze Nacht ein paar Lampen angeschaltet, sowohl bei mir zu Hause wie im Hotel. Diese Angst im Dunkeln ist etwas, das ich verstehe. Es gibt eine eindeutige Erklärung dafür, warum die Dunkelheit mir Angst macht.
Es war im Dezember 1958. Im Sommer jenes Jahres hatte Schweden bei der Fußballweltmeisterschaft den zweiten Platz belegt. Das Finale im Råsunda-Stadion gewann Brasilien mit fünf zu zwei. Ein Siebzehnjähriger namens Pelé zeigte sich zum ersten Mal der Weltöffentlichkeit. Der schwedische Verteidiger Sven Axbom hatte die größten Schwierigkeiten, sich gegen einen Rechtsaußen, der Garrincha hieß, zu behaupten.
Aber zu diesem Zeitpunkt war Winter in Norrland. Wenn es richtig kalt ist, bewegen sich die Balken in den Hauswänden,

als wollten sie sich freistemmen. Ich schlafe. Es ist zwei Uhr in der Nacht. Doch davon weiß ich nichts. Ich schlafe nur. Am nächsten Tag brauche ich nicht um sieben Uhr aufzustehen, um zur Schule zu gehen, denn es ist Sonntag. Aber das weiß ich auch nicht. Zeit und Raum existieren nicht für das schlafende Kind.

Doch von außen dringt etwas in meinen Schlaf. Etwas, das stört und beunruhigt. Gegen meinen Willen werde ich an die Oberfläche gezogen. Jemand versucht mich zu wecken. Aber ich will nicht aufwachen. Ich will weiterschlafen. Vielleicht drehe ich mich um, oder ich ziehe mir die Decke über den Kopf. Doch die Stimme, die mich ruft, lässt nicht locker. Im Schlaf fühle ich, dass ich sie kenne. Aber sicher bin ich mir nicht.

Schließlich wache ich auf und öffne die Augen. Die Rollos sind heruntergezogen. Von der Straße fällt kein Licht herein. Alles ist vollkommen dunkel. Da höre ich die schwache, rufende Stimme wieder. Sie dringt durch die Dunkelheit zu mir. Jetzt weiß ich, wem sie gehört. Es ist mein Vater, der mich weckt. Er steht da im Dunkeln.

Ich bin immer noch zu schlaftrunken, um Angst zu haben. Ich ahne keine Gefahr. Aber das hätte ich tun sollen. Warum weckt er mich mitten in der Nacht? Und warum ist das Licht nicht an, wenn er mit mir reden will?

Ich setze mich im Bett auf, taste im Dunkeln nach der Leselampe aus gelbem Metall über dem Kopfende des Bettes. Ich habe die Gefahr noch immer nicht erkannt. Ich mache Licht und bekomme einen Schock. Als das Licht angeht, verändern sich alle Voraussetzungen für mein Leben.

Auf dem Fußboden bei der Tür liegt mein Vater. Sein dunkelblauer Schlafanzug ist mit Blut verschmiert. Sein Gesicht ist ganz weiß, sein Haar schweißnass, die Strähnen kleben an seinem Gesicht.

Ich kann mich nicht daran erinnern, was ich in dem Moment dachte, als die Dunkelheit plötzlich vom Licht erhellt wurde und sich die entsetzliche Wahrheit enthüllte, weswegen ich aufgewacht war. Ich weiß nicht mehr, welche Worte mir in den Sinn kamen. Aber ich weiß, dass es um die Angst ging, zum zweiten Mal verlassen zu werden. Zuerst war meine Mutter weggegangen, als ich noch sehr klein war. Von seiner Mutter verlassen zu werden ist natürlich für ein Kind nahezu unerträglich. Als ich jetzt meinen Vater dort auf dem Fußboden erblickte, dachte ich, dass auch er fortgehen würde. Auch ihn würde ich nicht behalten dürfen.

Auf seinem Schlafanzug war kein Blut, es waren Reste von Erbrochenem. Er hatte eine Gehirnblutung gehabt, die er überlebte. Aber seit jener Nacht ist mir die Angst vor dem Unerwarteten, das die Dunkelheit birgt, geblieben.

Aber als ich Göran später antworte, schreibe ich nichts von alledem. Dagegen erinnere ich ihn daran, wie schön er Duke Ellingtons *Solitude* zu spielen pflegte.

Mut und Angst sind ständig ineinander verwoben. Es bedarf des Muts zu leben und des Muts zu sterben.

Aber ich habe nicht vor zu sterben, schreibe ich am Ende meines Briefs. Zumindest jetzt noch nicht. Es ist noch zu vieles ungetan.

Ich bereite mich weiter auf die anstehende Chemotherapie vor.

25.

Paris

Wie war das nun mit meiner Reise nach Paris?

Mein Entschluss, die Schule zu verlassen, kam plötzlich. Aber doch nicht vollkommen unerwartet. Im Unterbewusstsein und in der Phantasie hatte ich mich lange auf einen entscheidenden Aufbruch vorbereitet. Nicht weil ich Probleme gehabt hätte. Ich fand nur, dass es langweilig war, all diese einschläfernden Stunden abzusitzen, denn ich hatte bereits beschlossen, Schriftsteller zu werden. Lernen und lesen konnte ich auch, ohne in einem Klassenzimmer eingeschlossen zu sein.

Es war Samstagnachmittag. Aufgrund eines missratenen Stundenplans war meine Klasse mit einer Doppelstunde Latein am Ende des Tages gestraft. Eva Jönsson, unsere Latein- und Klassenlehrerin, war jedoch prima. Außerdem spielte sie gut Klavier, und man konnte ihr an den Abenden heimlich zuhören, wenn sie in einem der Musikräume übte. Normalerweise hatte ich nichts dagegen, Übersetzungen aus dem Lateinischen zusammenzupuzzeln. Aber als ich dort saß und dem einschläfernden Gemurmel eines Klassenkameraden zuhörte, der einen Abschnitt aus *De bello gallico* übersetzte, wusste ich plötzlich, dass die Stunde geschlagen hatte. Als es klingelte, stand ich auf, suchte meine Bücher zusammen und verließ, ohne ein Wort über meinen Entschluss zu verlieren, das Klassenzimmer, um nie mehr zurückzukehren. Ich würde mich nicht umblicken, das hatte ich von Hemingway gelernt.

Es war auf eine Weise kühn, aber natürlich auch tolldreist. Was wollte ich in Paris machen? Ich sprach kaum Französisch, hatte kein Geld und nur die Adresse eines Jazzmusikers, den ich nicht kannte. Die ganze Idee war albern und durch und durch romantisch. Meine Entscheidung, die Schule zu verlassen, war richtig. Aber die Reise nach Paris hatte weder Sinn noch Zweck. Ich besaß nicht einmal einen Pass.

Ich überlegte ein paar Tage und fuhr schwarz mit dem Zug nach Göteborg. Dort streunte ich im schneidenden Wind hinauf zum Götaplatz und wieder zurück zum Hauptbahnhof. Bevor ich mit dem Zug nach Hause fahren würde, hätte ich eine Entscheidung getroffen. Paris oder nicht. Entweder oder.

Bevor ich den Zug zurück nahm, ging ich als Letztes in ein Radiogeschäft in der Stampgatan und stahl ein Transistorradio. Am gleichen Abend erzählte ich meinem Vater von meinem Entschluss. Er starrte mich an, als wäre ich verrückt geworden. Nachdem ich meine kurze und bestimmt sehr zweifelhafte Erklärung abgegeben hatte, warum ich die Schule verlassen hatte und nach Paris reisen wollte, saß er schweigend da. Dann bat er mich zu wiederholen, was ich gerade gesagt hatte. Diese zweite Version fiel, soweit ich mich heute nach fünfzig Jahren daran erinnere, noch kürzer aus.

»Und du glaubst also, dass das gutgeht?«, fragte er. »Wo willst du wohnen? Wovon willst du leben? Kein Mensch hat je von einem sechzehnjährigen Schriftsteller gehört. Worüber willst du schreiben? Wie heißt dieser Musiker, dessen Adresse du hast?«

»Göran Eriksson.«

Er sagte nichts mehr. Aber in der Nacht hörte ich ihn in seinem Schlafzimmer auf und ab wandern. Ich fragte mich, wie ein Mensch sich freiwillig dafür entscheiden konnte, Kinder zu haben.

Ich beschaffte mir einen Pass, kaufte eine Fahrkarte, verkaufte eine Plattensammlung und eine Anzahl Bücher, sammelte zusammen, was ich besaß, und packte es in eine Tasche. Die Tasche hatte ich für das Geld gekauft, das mir ein Pfandleiher für das in Göteborg gestohlene Transistorradio gezahlt hatte. Dieser Diebstahl macht mir noch heute ein schlechtes Gewissen.

Ich hatte eine Freundin, die Monika hieß. Sie war blond und trug einen Ponyhaarschnitt. Außerdem hatte sie schöne, ein wenig gefährliche Augen. Ich hatte ihr nicht viel von meinen Zukunftsplänen erzählt. Nachdem ich jetzt die Schule verlassen hatte, eröffnete ich ihr, was ich plante. Sie meinte, ich wäre nicht ganz gescheit, und machte auf der Stelle Schluss. Später jedoch, als ich wirklich in der französischen Hauptstadt lebte, begann sie Briefe zu schreiben und erklärte, dass wir natürlich zusammengehörten. Zum Sommer hatte sie vor nachzukommen. Auf jeden Fall vielleicht. Es war ja durchaus etwas Besonderes, einen Freund in Paris zu haben.

Ich habe am 3. Februar Geburtstag. Zwei Tage vorher, am 1. Februar 1965, fuhr der Zug aus Kopenhagen und Hamburg langsam in die Gare du Nord ein. Ich hatte im Zug mit einem schwedischen Mädchen gesprochen, das Blaise Pascal las. Ich kannte ihn nicht. Sie lieh mir ein Buch von ihm. Ich las darin, ohne es zu verstehen.

Mein Reisegepäck bestand aus einem halbleeren schwarzen Koffer, einem Paar Schuhe, einer Anzahl Hemden und Unterwäsche. In der Innentasche meiner Jacke bewahrte ich neben meinem Pass zweihundert französische Franc auf, was wohl der gleichen Summe in schwedischen Kronen entsprach. Auch damals nicht viel. Außerdem hatte ich, was schlimmer war, heftige Zahnschmerzen, die angefangen hatten, als der Zug die belgische Grenze passierte.

Ich verharrte reglos, bis der Zug ganz zum Stillstand gekommen war, und stellte mir vor, wieder in meiner Schulbank zu sitzen. Dann stand ich auf und verließ den Zug. Nach jenem Augenblick habe ich nie wieder daran gedacht, in die Schule zurückzukehren.

Es war kalt in Paris. Die Menschen froren und ich auch. Ich setzte mich in ein Café am Bahnhof, bestellte Kaffee und Cognac und hoffte, dass das gegen meine Zahnschmerzen helfen würde. Das war nicht der Fall.

Eine Adresse aber hatte ich in Paris. Einen Namen, Göran Eriksson. Ein schwedischer Jazzmusiker, dem ich nie begegnet war. Seine Wohnung lag so weit entfernt von der Gare du Nord, wie man überhaupt wohnen konnte, unten am Ende der längsten Straße von Paris, der Rue de Vaugirard, unmittelbar vor der Porte de Versailles. Der Taxifahrer betrachtete mich skeptisch und wollte einen Teil des Fahrpreises im Voraus. Den bekam er. Die Zahnschmerzen ließen nicht nach. Als ich zu dem Haus kam und die Concierge mich widerwillig einließ, öffnete Göran mir mit einer Klarinette in der Hand. Als wäre es die größte Selbstverständlichkeit, bot er mir eine Matratze an. In dieser Nacht schlief ich meine Zahnschmerzen weg. Als ich am nächsten Tag aufwachte, wurde mir klar, dass ich tatsächlich in Paris angekommen war.

Ich blieb bis zum Ende des Sommers, mehr als ein halbes Jahr. Auf eigentümlichen Wegen bekam ich eine Schwarzarbeit in einer kleinen Werkstatt, in der Klarinetten und Saxophone gereinigt und repariert wurden. Ich glaube, ich könnte heute noch mit verbundenen Augen eine Klarinette auseinandernehmen und die Teile wieder zusammensetzen.

Zu überleben war ein ständiges Problem. Göran hatte kein Geld. Wir mussten uns gegenseitig helfen. Ich verbrachte einen großen Teil meiner freien Zeit in Jazzclubs: Caveau de la Huchette, Le Tabou und andere Lokale. Ich aß in den allerbilligsten Restaurants, die ich finden konnte.

Aber ich befand mich in einer Universität. Ich lernte das Wichtigste, das man können muss: sein Leben in die Hand nehmen. Zu seinen Entscheidungen stehen. Schriftsteller wurde ich nicht in der Zeit, die ich in Paris verbrachte. Das war auch nicht so wichtig. Ich tat den ersten Schritt auf dem Weg, ein Mensch mit einem Bewusstsein zu werden. Den zweiten großen Schritt nach jenem ersten, der Entdeckung, die ich vor dem Bürgerhaus in Sveg gemacht hatte.

Schließlich, im Spätsommer, hatte ich das Gefühl, genug von Paris zu haben. Göran und ich gaben uns die Hand. Dann fuhr ich per Anhalter zurück nach Schweden. Für meine ehemaligen Klassenkameraden hatte schon ein neues Schuljahr angefangen. Ich ging bis zu dem roten Backsteingebäude, das meine alte Schule war, betrat es jedoch nicht. Ich wusste, dass ich meinen Entschluss nie bereuen würde.

Das habe ich auch nie getan. Aus der Zeit in Paris ist mir am stärksten die Einsicht in Erinnerung geblieben, was es heißt, sich am Boden einer Gesellschaft zu befinden. In meinem Fall: Schwarzarbeiter zu sein, mit abgewetzter Kleidung, oft hungrig. Die Menschen erkennen Armut ohne Schwierigkeiten. Wahrscheinlich weil sie Angst haben, selbst eines Tages davon betroffen zu sein.

Aber natürlich war ich nur zu Besuch in einer Welt, die Jack London in seinem Buch *Die eiserne Ferse* beschreibt. Ich konnte ja aufgeben, nach Schweden zurückreisen, wieder aufs Gymnasium gehen und bis zum Abitur Latein lernen.

Aber ich tat es nicht. Auch ein begrenzter und vorübergehender Besuch am Boden der Gesellschaft bedeutet, dass man sich vor eine der wichtigsten Entscheidungen im Leben gestellt sieht: Welche Art von Gesellschaft will man mitgestalten?

Diese Frage hat mein gesamtes Leben geprägt.

26.

Die Flusspferde

Jenes halbe Jahr in Paris Mitte der sechziger Jahre hat mich gelehrt, dass man Entscheidungen treffen muss. Ich musste jeden Tag wählen, ob ich rauchen oder mir eine Mahlzeit gönnen wollte, die vielleicht ein wenig üppiger war als die am Tag zuvor. Ich wählte die Museen aus, die ich besuchte, und wann ich einen Tag lang nur umherflanieren, Menschen beobachten und mir vorstellen wollte, was ich eines Tages schreiben würde, auch wenn das noch in ferner Zukunft lag.

Zu wählen und Beschlüsse zu fassen hieß, das Leben ernst zu nehmen. Das lernte ich in einem Paris, in dem der erst kürzlich beendete Kolonialkrieg in Algerien die Menschen immer noch prägte. Es war zugleich die Zeit kurz vor dem Ausbruch ernsthafter Proteste gegen den Vietnamkrieg. Der Lehrer war ich selbst, aber ebenso waren es all die Menschen, die auf den Bürgersteigen oder auf den Treppen der Métro-Stationen an mir vorbeiströmten.

Auch wenn ich später im Leben dann und wann eine falsche Wahl getroffen habe, ist das nichts gegen die Niederlage, überhaupt nicht zu wählen. Ich wundere mich oft über Menschen, die sich widerstandslos mit dem Strom treiben lassen, ihr Dasein nie in Frage stellen oder nie einen notwendigen Aufbruch wagen. Gut, die Menschen lassen sich scheiden. Das ist natürlich eine Form von Aufbruch. Aber jene Entscheidungen, die tiefer reichen, die sich darum drehen, was du mit deinem Leben anfangen willst, sind die wichtigsten, vor die man gestellt wird, und die man treffen muss.

In Antibes gibt es einen kleinen Lebensmittelladen, in dem einfache Nahrungsmittel verkauft werden. Wenn ich in der Stadt bin, kaufe ich dort ein. Von morgens um sieben Uhr bis Geschäftsschluss sitzt dort ein Mann vor einem kleinen Fernseher, zwölf Stunden lang. Ich bin noch nicht einmal in dem Laden gewesen, ohne dass der Mann gebannt auf das flimmernde Fernsehbild gestarrt hätte. Er scheint wirklich jede Sendung anzuschauen. Beinahe widerwillig wendet er sich davon ab, um zu kassieren. Bevor ich den Laden verlasse, hat er sich schon wieder zum Fernseher umgedreht.
Aber er ist immer sehr freundlich. Er macht einen zufriedenen Eindruck. Doch sein Leben erschreckt mich. Hat er sich wirklich dafür entschieden, auf dieses Fernsehbild zu starren, und diese Tätigkeit zum Sinn seines Lebens gemacht?

Das Leben besteht zum größten Teil aus Zufällen. Wenn wir ihnen begegnen, ist unsere Fähigkeit gefragt, in der entstandenen Situation bewusste Entscheidungen zu treffen.
Eines Tages gehe ich um eine Hausecke und stoße mit der Frau zusammen, die ich später heiraten werde. Ich konnte nicht wissen, dass sie gerade dort unterwegs war. Aber ich oder, besser, wir konnten anschließend jeder für sich und gemeinsam wählen, wie wir uns zu diesem Zufall verhalten wollten. Wir heirateten.
Die schwersten Wahlsituationen, vor die ich in meinem Leben gestellt wurde, waren zwei Abtreibungen. Beide Male übte ich Druck aus, damit die Frauen sich für den Schwangerschaftsabbruch entschieden. Selbstverständlich war es am Ende ihre Wahl, ihr Entschluss. Aber heute denke ich zuweilen, dass meine Einflussnahme zu weit ging. Ich machte es auf unterschiedliche Weise zu meiner Entscheidung, obwohl es immer die Frau sein sollte, die über ihren Körper bestimmt.

Ich glaube aber auch, Entschlüsse gefasst und Entscheidungen getroffen zu haben, die ein gewisses Maß an Mut und Selbstlosigkeit erforderten. Nicht zuletzt ging es dabei um eine Großzügigkeit in Geldangelegenheiten, die ich mir damals kaum leisten konnte.
Die Wahlmöglichkeiten des Menschen erstrecken sich auch darauf, auf welcher Seite er in einer ungerechten Gesellschaft stehen will. Denn wir sind alle politische Wesen, ob wir es wollen oder nicht. Wir leben immer in einer politischen Dimension, mit einem Gesellschaftsvertrag, der zwischen uns und all den anderen besteht, die gleichzeitig mit uns leben. Der aber auch die noch Ungeborenen einschließt.
Was sind die Bedingungen für unsere Entschlüsse? Was sind die Voraussetzungen, wenn wir wählen, was wir tun oder denken oder auf keinen Fall machen wollen? Was wählen wir, und was lehnen wir ab?
Die Möglichkeit, sich entscheiden zu können, was man aus seinem Leben machen will, ist ein großes Privileg. Für die allermeisten Menschen auf der Erde geht es nur darum zu überleben, und das auf einem dramatisch niedrigen Niveau.
So ist es für unsere Art immer gewesen. Fressen oder gefressen werden, sich gegen Raubtiere, Feinde, Krankheiten schützen können. Dafür Sorge tragen, dass die Nachkommen überleben und so gut wie möglich gerüstet sind für das Leben, das sie erwartet. In all den Jahrhunderten hat sich nur eine äußerst kleine Minderheit von Menschen etwas anderem widmen können als dem reinen Überleben. Sicherlich nie so viele wie heute. Aber dennoch lebt mindestens die Hälfte der Menschheit ohne Wahlmöglichkeiten.
Diejenigen, die nicht ihre gesamte Zeit dem Überleben widmen mussten, hatten die Macht, und das gilt für jede Gesellschaftsform. Oft mussten sie nicht arbeiten, weil andere sie ver-

sorgten. Sie können Priester wie Tempeldiener gewesen sein, deren Aufgabe es war, Götter zu besänftigen oder die unergründlichen Wege des Schicksals zu deuten. Aufstände und Revolutionen richteten sich im Grunde immer gegen das Gleiche. Wenn es Menschen trotz harter Arbeit und Plackerei nicht gelang zu überleben, blieb ihnen schließlich nichts anderes als der Aufruhr. Selten gab es in Augenblicken der Revolte andere Argumente. Erst in späteren Stadien trat die Frage nach dem Recht auf ein Mehr in den Vordergrund.

Ich sehe natürlich ein, dass für viele Menschen keine Wahlmöglichkeiten existieren. Das betrifft die Besitzlosen und Armen, die sich tagtäglich fragen müssen, wie die Familie mit Nahrung und anderen Bedarfsgütern versorgt werden soll. Wählen und sich für eine Richtungsänderung im Leben entscheiden zu können ist für diese Menschen ein unfassbarer Luxus.

Während all meiner Jahre in Afrika habe ich diesen Kampf ums Überleben, der keinen Tag ruht, gesehen. Jeden Abend beginnt die Sorge von neuem.

Vor einigen Jahren besuchte ich Jaipur und Neu-Delhi in Indien. Eines späten Abends bestieg ich in Jaipur den Zug. Entlang des Bahndamms war eine endlose, ununterbrochene Kette von Lichtern zu erkennen. Dort draußen, nur wenige Zentimeter von den Eisenbahnschienen entfernt, wohnten Menschen. Ich fuhr geradewegs durch ihr Dasein, elende Hütten, in denen Menschen mit leeren Blicken saßen und den Zug betrachteten, der sich langsam, beinahe vorsichtig in Richtung Neu-Delhi vorantastete. Ich kam mir vor, als befände ich mich auf der Fahrt einen dunklen und bedrohlichen Fluss hinauf wie Marlow in Joseph Conrads *Herz der Finsternis*. Hier floss zwar kein Wasser um meinen Eisenbahnwaggon, aber dennoch war es so, als würde ich den schwarzen Fluss hinauffahren, einem Untergang entgegen.

Unweit von Lusaka, der Hauptstadt Sambias, sah ich in den achtziger Jahren Frauen und Kinder am Straßenrand sitzen, die Steine zu Makadam zerklopften. Der Steinstaub hüllte sie ein, die Hitze war gewaltig. Jemand in meiner Gesellschaft sagte, diese Frauen seien so erschöpft, dass sie keinen anderen Gedanken zu denken in der Lage seien als den, dass dieses Steineklopfen trotz allem sie und ihre Kinder mit Essen versorgen würde. Sie waren zu müde für alles andere als das schiere Überleben.

Menschen am äußersten Rand der Gesellschaft haben keine Wahl.

Sich auf die Straße zu legen und zu sterben ist keine Wahl. Zu verhungern ist auch keine Alternative. Wir verfügen heute über alle Mittel, die nötig wären, um die absolute Armut auszurotten und alle lebenden Menschen so zu versorgen, dass sie nicht hungern müssen. Aber wir haben die Wahl getroffen, dies nicht zu tun. Diese Wahl kann ich nur als ein Verbrechen betrachten. Aber es gibt keinen Gerichtshof, der auf globaler Ebene die Verbrecher anklagt, die die Verantwortung dafür tragen, dass Hunger und Armut nicht mit allen zur Verfügung stehenden Mitteln bekämpft werden. Und der uns alle zwingt, uns einzumischen und Verantwortung zu übernehmen.

Heute, so viele Jahre nachdem ich auf den Straßen von Paris umherstreifte und zuweilen für jedermann sichtbar Zigarettenkippen vom Bürgersteig aufsammelte, sehe ich klarer denn je, welches Privileg es ist, wählen zu können. Abgesehen von jener Zeit in Paris habe ich mich stets auf der anderen Seite jener Grenze befunden, wo ich Zeit und Kraft und genügend Essen im Bauch hatte, um zwischen verschiedenen Alternativen abzuwägen.

Ich habe viele falsche Entscheidungen getroffen, habe Grund gehabt zu bereuen, aber meine Beschlüsse nicht rückgängig

machen können. Doch schwerer wiegt, dass ich nie widerstandslos im Strom mitgeschwommen bin, ohne ein Wort mitzureden.
Allerdings stimmt das nicht ganz.
Einmal, vor bald dreißig Jahren, habe ich mich trotz allem mit dem Strom treiben lassen. Es war in Sambia, an einem der großen Nebenflüsse des Sambesi-Stroms, hoch oben im nordwestlichen Teil des Landes, in der Region von Mwinilunga. Ich befand mich in einem kleinen Plastikboot mit Außenbordmotor. Wir drängten uns zu viert in dem allzu schmalen Boot. Zunächst waren wir flussaufwärts gefahren, hatten dann den Motor ausgestellt und trieben mit der Strömung zurück und fingen *Tigerfish*. An einer Stelle teilte sich der Fluss, dort sollten wir abbiegen in den Flussarm, der uns zu unserem Lagerplatz zurückbringen würde, wo Zelt und Auto warteten. Es war wichtig, rechtzeitig den Motor zu starten, weil dort ein Sammelplatz von Flusspferden war. Sie hatten kürzlich Junge bekommen und waren extrem aggressiv. Nur wenige wissen, dass das Flusspferd mit seiner heimtückischen Trägheit zu den afrikanischen Tieren gehört, die jedes Jahr die meisten Menschen töten.
Natürlich sprang der Motor nicht an, als wir an der Schnur zogen. Zuerst war es fast noch ein Jux. Doch wir näherten uns schnell der Stelle, wo die Köpfe der Flusspferde an der Wasseroberfläche zu erahnen waren. Wir hatten keine Chance, uns mithilfe der Ruder von den Flusspferden zu entfernen. Würden wir zwischen die Tiere geraten, wäre alles vorbei. Sie würden das Boot umwerfen und uns töten, indem sie uns mit ihren gigantischen Mäulern in der Mitte durchtrennten.
Es herrschte eine eigentümliche Stille im Boot, während der Mann, der am Motor saß und ihn am besten kannte, fieberhaft an der Startschnur zog. Es gab nichts zu sagen. Keiner von uns

zweifelte daran, was passieren würde, wenn wir nicht binnen weniger Minuten den Motor in Gang bekämen. In den Fluss zu springen und zum nächsten Ufer zu schwimmen war keine Lösung. Es wimmelte von Krokodilen. Keiner von uns würde das Ufer erreichen, ohne hinabgezogen zu werden und zu ertrinken, ohne zu Krokodilfutter zu werden.
Glücklicherweise sprang der Motor dann doch noch an. Wir konnten den Flusspferden ausweichen.
An jenem Abend war es in unserem Lager ungewöhnlich still. Das Feuer knisterte, die Flammen tanzten über unsere Gesichter.
Viele Jahre später sprach ich mit einem der Männer, die dabei gewesen waren. Ich fragte ihn, was er gedacht habe, als wir den Flusspferden immer näher kamen. Er antwortete, ohne nachdenken zu müssen. Er hatte den Gedanken schon oft genug gedacht: »Ich suchte nach einer Alternative«, sagte er. »Aber es gab keine. Es war das einzige Mal in meinem Leben, dass ich aufgegeben hatte. Als der Motor ansprang, glaubte ich einen Augenblick, es müsse einen Gott geben.«
»Die Zündkerzen waren feucht geworden«, sagte ich. »Der Mann, der den Motor starten sollte, hat zu viel Gas gegeben. Mit Religion hatte das sehr wenig zu tun.«
Mein Freund von der Fischtour entgegnete nichts. Für ihn war ein Gott eine bessere Erklärung als ein paar feucht gewordene Zündkerzen.
Es war seine Wahl. Nicht meine. Gott oder ein paar Zündkerzen.
Wir wählten unterschiedlich.

27.

Eine Kathedrale und eine Staubwolke

Zwei Frauen, denen ich durch Zufall begegnet bin, haben mir zu der Einsicht verholfen, was großes Glück sein kann und was das Gegenteil davon, ebenso unfassbare Trauer. Ohne die Erfahrung von großer Trauer kann wohl kein Mensch ein vollwertiges Leben führen. Niemand will eine Tragödie erleben, aber sie ist ein unausweichlicher Teil des Lebens.

Im Jahr 1972 besuchte ich Wien. Eigentlich hatte ich nach Ungarn und Budapest gewollt. Doch an der ungarischen Grenze war mein schwedischer Pass, gültig zwar, aber abgegriffen und vernachlässigt, nicht anerkannt worden. Ich musste unter Polizeibewachung auf einem eiskalten Bahnhof warten, bevor ich in einen Zug zurück nach Österreich gesetzt wurde. Nach Budapest kam ich damals nicht. Ich lief in Wien herum, ohne recht zu wissen, was ich aus meiner abgebrochenen Reise machen sollte. Es war ein kalter Winter. Um mich aufzuwärmen, setzte ich mich in regelmäßigen Abständen in Cafés.

Während meiner Wanderung, die nur der Karte meiner Eingebungen folgte, stand ich plötzlich vor dem mächtigen Stephansdom. Ich trat ein und betrachtete den gewaltigen Innenraum. Es war mitten am Tag, und nur wenige Menschen waren in der Kirche. Die dicken Steinmauern hielten alle Geräusche von draußen ab. Hier drinnen herrschten Zeitlosigkeit und Stille. Darin gleichen sich die Kirchen, unabhängig davon, wie sie aussehen und welcher Religion sie dienen.

Ich setzte mich auf einen Stuhl und blickte mich in dem imposanten Kircheninneren um. Ich kenne keine Kathedrale, die mich nicht an die Handwerker denken lässt, die den Bau errichtet haben. Sie arbeiteten viele Generationen hindurch, bevor der letzte Stein eingefügt, das letzte bleigerahmte Mosaikfenster eingesetzt und die detailreichen Skulpturen herausgemeißelt waren.

Mein schweifender Blick blieb plötzlich an einer Frau hängen, die einsam, mit gesenktem Kopf in einer Bank saß. Ich befand mich schräg hinter ihr, meinte aber dennoch, an ihrem gekrümmten Rücken ablesen zu können, dass sie verzweifelt war. Von einer großen Trauer umfangen. Sie saß vollkommen reglos allein in der Bank, verschlossen in sich selbst in dieser gewaltigen Kirche.

Angesichts von Trauer und Tragödien werden wir oft auf eine unangenehme Art neugierig. Wir bleiben stehen, wenn wir zufällig nach einem Verkehrsunfall am Ort des Geschehens vorbeikommen. Wir schielen hin, während wir das demolierte Auto passieren. Nähert sich ein Krankenwagen auf einer Straße, bleiben viele stehen, sobald die Sirene verstummt und der Wagen anhält. Die Neugierigsten warten, bis das Opfer auf einer Trage aus dem Haus gebracht wird.

Wir sehen zu, weil wir sicher sein wollen, dass nicht wir selbst dort auf der Trage liegen.

Ich stand auf und ging durch das Seitenschiff nach vorn, wo sich die Kirche zum Altarraum hin öffnet. Dort wandte ich mich um. Die einsame Frau hielt die Hände zu Fäusten geballt vor dem Gesicht, aber ich konnte erkennen, dass sie Afrikanerin war. Ich versuchte mir vorzustellen, was geschehen war. Hatte sie eine schmerzliche Nachricht erhalten? Ging es um sie selbst oder um eine andere Person? Ein Priester, der durch den Mittelgang der Kirche ging, warf einen forschenden Blick zu ihr hin, blieb jedoch nicht stehen. Ich trat in den Schatten eines

Säulengewölbes und betrachtete sie. Meine Neugier war mir selbst peinlich, aber gleichzeitig war es mir unmöglich, mich von ihrem Anblick loszureißen.

Erst als ich vielleicht fünf Minuten dort gestanden hatte, erkannte ich, dass es etwas gab, was ich nicht nur tun konnte, sondern vor allem tun sollte. Ich zögerte einen Moment, doch dann ging ich zu der Frau und setzte mich neben sie. Sie blickte sofort auf, als hätte ich sie erschreckt oder wäre in einen Raum eingebrochen, den sie als den ihren betrachtete. Zuerst auf Deutsch, dann auf Französisch und schließlich auf Englisch fragte ich, ob ich etwas für sie tun könne. Sie verstand mich nicht. Ich meinte herauszuhören, dass sie eine arabische Sprache sprach, auch wenn sie nicht aussah, als käme sie aus Nordafrika. Meine Gegenwart machte sie nicht weniger einsam. Im Gegenteil, sie wurde immer unruhiger. Plötzlich stand sie auf und ging. Ich wandte mich um und beobachtete, wie sie ins Sonnenlicht hinauseilte, das hereinfiel, als sie die Tür des Doms öffnete.

Ich sah sie nie wieder. Aber ich zweifle nicht daran, dass sie mit einer großen Trauer gekämpft hat, obwohl es vierzig Jahre her ist, seit ich in den Stephansdom ging und ihr begegnete. Ich weiß nicht, woher sie kam und wohin sie ging. Ich weiß nicht einmal, ob sie noch lebt. Aber ich denke oft an sie. Ihr Bild ist wie eine Ikone der Trauer an eine der Wände meines Inneren geheftet. Und sie erinnert an das, was jeder wissen sollte: dass die Trauer in den Menschen wohnen muss, damit ihr Gegenteil sichtbar werden kann. Das Märchen vom *Prinz Ohnetrauer* ist eine Erzählung für alle Generationen. Es gibt weder Prinzen noch gewöhnliche Menschen, die sich vor der Trauer verstecken und denken können, sie besäßen das Privileg, nie davon betroffen zu werden.

Und die überwältigende Freude? Die sah ich bei einer ande-

ren Frau auf einem anderen Kontinent in einer anderen Zeit. Nahezu zwanzig Jahre nach meinem Besuch im Stephansdom. Und auch sie war Afrikanerin. Ich begegnete ihr in Mosambik, in einem Sammellager für heimkehrende Flüchtlinge aus Zimbabwe und Südafrika, nachdem der brutale Bürgerkrieg Anfang der neunziger Jahre zu Ende gegangen war. Unruhig warteten Menschen, die keine Ahnung hatten, ob jemand zurückkehren würde, den sie kannten. Aber alle hofften, auf den offenen Lastwagen, die sich in Staubwolken von der Grenze her näherten, lange verschwundene Verwandte oder Freunde wiederzufinden. Kinder suchten nach Eltern, Eltern suchten nach Kindern, Freunde nach Freunden, Verwandte nach Verwandten, Dorfbewohner nach anderen Dorfbewohnern. Als der Lastwagenkonvoi zum Stillstand gekommen war, brach Chaos aus. Menschen wurden mit ihren Bündeln und Plastiktüten von den Ladeflächen gehoben. Wie das Summen eines unruhigen Bienenschwarms erfüllten ihre Stimmen die Luft.
Plötzlich hörte ich ein Geheul. Aber da rief niemand zum Kampf. Es war ein von einer wilden, überraschenden Freude erfülltes Heulen. Ein Ruck ging durch das Menschengewimmel zwischen den Lastwagen, und es wurde es still. Nur das Heulen war zu hören, stoßweise wiederkehrend. Jetzt sah ich, dass es von einem etwa achtzehnjährigen Mädchen kam. All die versammelten Menschen, diejenigen, die mit den Lastwagen gekommen waren, und diejenigen, die in der gleißenden Hitze gewartet hatten, machten in ihrer Mitte Platz. Im Zentrum des sandigen Runds standen wie in einer Manege ein alter Mann und eine Frau. Und dann war da dieses junge Mädchen, das ein Freudengeheul ausstieß, an seiner Kleidung riss, sich die Haare raufte und um das alte Paar herumtanzte.
Erst nach einer Weile begriff ich, dass es seine Eltern waren, die mit einem der Lastwagen gekommen waren. Später erfuhr ich,

dass die junge Frau im Alter von sieben, acht Jahren von ihren Eltern getrennt worden war. Sie hatte nicht gewusst, wohin es die beiden verschlagen hatte. In der Hoffnung, sie wiederzufinden, war sie zu dem Sammellager gegangen. Es war reiner Zufall, dass sie sich dort trafen. Es gab viele solcher Sammellager, und niemand wusste, wer wo ankam. Niemand wusste, wo er warten sollte. Und viele kehrten nicht zurück. Viele waren tot.

Es war ein kleines Wunder. Sie hatten sich wiedergefunden. Die junge Frau konnte ihre Freude nur im Tanz ausdrücken und indem sie an ihren Kleidern riss. Die alten Eltern standen die ganze Zeit vollkommen still da.

Ich sah, wie das Mädchen die Hand seines Vaters ergriff und ihn mit einem Knicks begrüßte. Ihre Mutter und sie berührten einander vorsichtig mit den Fingerspitzen im Gesicht.

Das Letzte, was ich von ihnen sah, war, dass sie zusammen auf einen anderen Lastwagen kletterten, der dann in einer Staubwolke verschwand.

Der Stephansdom und die Staubwolke in Afrika knüpfen irgendwie mein Leben zusammen.

Ob ich nun krank bin oder nicht.

Porträt des Bäckers Terentius Neo und seiner Frau, die in der *Widmung* genannt sind. Aus dem Atrium eines Hauses in Pompeji, Fresko auf Putz, Römisch (1. Jahrhundert n. Chr.).

Das Hjortberg-Gemälde, gemalt von Jonas Dürchs Anfang der 1770er Jahre. Das Bild befindet sich in der Kirche von Släp. Erwähnt in *Menschen widerwillig auf dem Weg ins Schattenreich* (Kapitel 2).

Statuette aus Mammutelfenbein, gefunden in einer Höhle bei Stadel in Südwestdeutschland. Erwähnt in *Der Löwenmensch* (Kapitel 10).

Büffel in der Chauvet-Höhle. Erwähnt in *Der Büffel mit acht Beinen* (Kapitel 50).

Handabdruck aus der Chauvet-Höhle in Südfrankreich. Erwähnt in *Die Höhlen* (Kapitel 17).

Puppe aus Mammutelfenbein, circa 25 000 Jahre alt, gefunden in Brünn im Südosten der Tschechischen Republik. Erwähnt in *Die Marionette* (Kapitel 66).

Die Kadaversynode. Der Prozess gegen den
toten Papst Formosus. Ölgemälde von Jean-Paul Laurens, 1870.
Erwähnt in *Der Kadaver auf der Anklagebank* (Kapitel 63).

Das Floß der Medusa. Ölgemälde von Théodore Géricault, 1819.
Erwähnt in *Das Floß des Todes* (Kapitel 20).

Hinrichtung jugoslawischer Partisanen in Smederevska Palanka.
Erwähnt in *Fotografien* (Kapitel 30).

Französische Kriegsinvaliden aus dem Ersten Weltkrieg.
Erwähnt in *Fotografien* (Kapitel 30).

Fotograf unbekannt. Quelle: Jan Olof Olsson: 20e århundradet. Del 3 1921–1930

Dronte. Illustration mit der Signatur S (George Shaw), aber vermutlich basierend auf der Illustration von George Edwards in *A National History of Uncommon Birds*, 1750. Erwähnt in *Der dumme Vogel* (Kapitel 47).

Thomas Clarkson, der sein Leben dem Kampf gegen die Sklaverei widmete. Porträt von John Young, 1789. Erwähnt in *Der Mann, der von seinem Pferd stieg* (Kapitel 36).

Die Schauspielerin Lucrecia Paco. Erwähnt in
Sich nie seine Freude nehmen lassen (Kapitel 67).

Teil II

DER WEG NACH SALAMANCA

28.

Schatten

Einiges weiß ich mit Sicherheit über Krebs. Das Erste ist, dass Tumorerkrankungen seit jeher das Leben begleitet haben. Gewisse Krebsformen treten jedoch in unserer Gesellschaft und unserer Zeit vermehrt auf. Unsere Ernährung und unsere Lebensumstände bilden den Nährboden für die Zunahme bestimmter Formen, während andere vielleicht zurückgehen. Aber schon in den Knochenresten von Dinosauriern hat man Anzeichen für Tumoren gefunden. Vorfahren des Menschen waren ebenfalls betroffen, Neandertaler ebenso wie Cro-Magnon-Menschen oder der Homo habilis.

Das ist nicht verwunderlich. Die Grundlage des Lebens ist die Zellteilung, die unaufhörlich stattfindet, vom Embryostadium bis zu dem Tag, an dem wir sterben. Unsere Zellen erneuern sich millionenfach. Dass eine solche Zellteilung dann einmal fehlschlägt und den Prozess in Gang setzt, der gutartige oder gefährliche Tumoren wachsen lässt, ist nicht erstaunlich. Das Gegenteil wäre erstaunlicher, könnte man meinen. Man sollte eine gewisse Vorsicht walten lassen, wenn man von der perfekten Natur spricht.

Das Zweite, was wir über Krebs wissen, ist, dass kein Mensch eine Garantie hat, davon verschont zu bleiben. Wenn man lange genug lebt, steigt die Möglichkeit oder das Risiko zu erkranken. Wobei Männer mit einem etwas höheren Risiko zu rechnen haben.

Allerdings ist es auch richtig, dass es Familien gibt, in denen ein Risiko für die genetische Vererbung gewisser Krebsformen besteht. Ebenso wie manche Familien stärker von Krebserkrankungen betroffen sind als andere, ohne dass es dafür eine plausible Erklärung gibt.

In meiner Familie gab es, soweit ich weiß, in den letzten drei Generationen kaum einen Todesfall durch eine Tumorerkrankung. Dagegen sind unverhältnismäßig viele Männer und Frauen an Herz- und Kreislaufkrankheiten gestorben. So leiden beispielsweise ich selbst und meine Geschwister an Bluthochdruck.

Ein gewisses Maß an Arroganz diesbezüglich räume ich ein. Ich habe oft gesagt, dass ich kaum damit rechnete, an Krebs zu erkranken. Mein Tod würde eines Tages sicher auf einem Kurzschluss im Gehirn beruhen.

Ich habe mich also getäuscht.

Ein Drittes, was wir mit Sicherheit über Krebs wissen, ist, dass er nicht ansteckend ist. Ich kann von krebskranken Menschen umgeben sein, ohne mir deshalb Sorgen machen zu müssen. Krebs ist nicht übertragbar, weder durch Luft, Körperflüssigkeiten oder Händeschütteln.

Dennoch gibt es Menschen, die sich so verhalten, als wäre die Krankheit ansteckend. Sie sind nicht die Mehrheit, aber es gibt sie. Wenn ich sage, dass ich Krebs habe, treten sie einen unsichtbaren Schritt zurück, um der Krankheit nicht zu nahe zu kommen.

Ganz unverständlich ist das nicht. Es ist noch nicht allzu lange her, dass eine Krebsdiagnose in der Regel einem Todesurteil gleichkam. Krebs führte zum Tod. Die Ärzte waren oft machtlos. Und man konnte auch nicht alle Schmerzen lindern. Die Krankheit war nicht nur tödlich, sie war oft auch eine äußerst qualvolle Art zu sterben.

Als ich meine Krebsdiagnose erhielt, dachte ich natürlich keinen Moment daran, sie geheim zu halten. Warum sollte ich?

Ich weiß allerdings nicht, wie ich reagiert hätte, wenn ich an Syphilis erkrankt wäre. Das ist eine Krankheit, die man vermeiden kann. Sie ist ansteckend. Aber gegen Krebs kann man sich nur in begrenztem Umfang schützen. Nicht zu viele Benzindämpfe einatmen, um nicht an dem Krebs zu erkranken, der häufig bei LKW-Fahrern auftritt. Nicht zu viel rotes Fleisch essen, um keine Darmtumoren zu bekommen. Oder sich seine Leber nicht kaputt saufen. Oder, natürlich, nicht rauchen.

Aber ich bin seit fünfundzwanzig Jahren Nichtraucher und bekomme trotzdem einen Lungentumor. Wenn ich auf alle Nummern des Rouletts setze außer einer, kann ich trotzdem nicht ausschließen, dass die Kugel gerade da zum Stillstand kommt. Krebs hält sich an kein Versprechen.

Die Vergangenheit liegt noch heute als Schatten über der Krankheit, auch wenn die Behandlungsmöglichkeiten und ihre Ergebnisse ständig verbessert werden. Der Krebs als Ganzes wird kaum ausgerottet werden können wie die Pocken oder – hoffentlich – Malaria. Aber die Sterblichkeitsrate wird zunehmend geringer werden. Heute sind zwei Drittel der Erkrankten Langzeitüberlebende. Und diese Ziffer wird noch ansteigen.

Aber der Schatten ist da. Ich nehme ihn nicht zuletzt durch die unterschiedlichen Reaktionen der Menschen wahr, wenn ich ihnen erzähle, dass ich krank bin.

Als ich sagte, ich hätte eine Nackenstarre, wurde dies von einigen fast als Witz aufgenommen. Wie es manchmal komisch wirken kann, wenn Menschen schlecht hören und einen missverstehen. Als ich aber erklärte, dass es sich weder um eine Verspanntheit noch um einen Bandscheibenvorfall handelte, sondern um eine Metastase in einem Nackenwirbel, war es nicht mehr lustig. Manche nahmen es auf, wie man es tun sollte, mit Bedauern, Besorgnis und freundlichem Verständnis. Andere verschwanden einfach. Ließen nicht mehr von sich hören. Sie verbargen sich im Schatten des Krebses.

In jenen Tagen habe ich häufig an die Worte gedacht, die Selma Lagerlöf in *Der Fuhrmann des Todes* schreibt: »Gott, lass meine Seele zur Reife kommen, ehe sie geerntet wird.«

Der religiöse Unterton muss einen nicht stören. Die Wahrheit ist allgemeingültig, auch ohne die Beschwerung durch den christlichen Glauben. Menschen, die eine gewisse Form von seelischer Reife erlangt haben, verbergen sich nicht im Schatten. Sie lassen weiter von sich hören. Ich bin immer noch ein ganz und gar lebendiger Mensch, keiner, der am Rand des Grabes sitzt und die Beine baumeln lässt.

Ich gebe gern zu, dass ich mich in dieser Zeit zuweilen gewundert habe. Leute, von denen ich glaubte, sie würden sich in den Schatten zurückziehen, haben sich als stark genug erwiesen, den Kontakt zu halten, während andere, von denen ich mehr erwartet hatte, ziemlich schnell am Horizont verschwunden sind.

Aber ich verurteile niemanden. Die Menschen sind, wie sie sind. Man braucht nicht viele Freunde, aber auf die, die man hat, sollte man sich verlassen können.

Krebs ist eine schreckliche Krankheit. Außerdem muss man sie allein durchleben, auch wenn man von Ärzten, Krankenschwestern, Familie und Freunden umgeben ist. Nicht immer wird die Erkrankung äußerlich sichtbar. Niemand, der nicht Bescheid weiß, kann mir ansehen, dass ich ernstlich krank bin, weil ich weder Gewicht verloren habe, noch mir die Haare ausgefallen sind. Ich sehe aus wie immer und verhalte mich wie immer. Dass ich sehr erschöpft bin, muss nicht bedeuten, dass ich krank bin. Ich könnte ebenso gut gerade die Arbeit an einem Buch oder an einer Theaterinszenierung beendet haben.

Aber was ist mit mir selbst? Verstecke ich mich auch im Schatten? Bin ich auch auf der Flucht ins schützende Gebüsch? Als das verwundete Tier, das ich trotz allem bin?
Vor vielen Jahren beteiligte ich mich in Sambia einmal an der Suche nach einem angeschossenen Löwen. Wir waren vier mit Gewehren ausgerüstete Männer und verteilten uns in einem Abstand von fünfzehn Metern. Plötzlich blieb Paul, der ganz vorn ging, stehen und hob die Hand. Er war ein afrikanischer Späher und Jäger, der alle beeindruckte. Seine gehobene Hand bedeutete nicht nur, dass wir anhalten sollten. Wir sollten auch unsere Waffen laden. Bis dahin hatte nur Paul eine Patrone im Lauf gehabt. Er zeigte auf ein Gebüsch fünfzig Meter vor uns. Wenn Paul der Ansicht war, dass der Löwe dort lag, brauchte keiner daran zu zweifeln, dass er recht hatte.
Das verwundete Löwenmännchen würde bis zum letzten Moment still liegen bleiben und sich verbergen. Wenn wir jedoch zu nahe kämen, würde er in einem letzten verzweifelten Versuch angreifen, um uns und dem Schmerz durch die Schusswunde zu entgehen.
Als er heranstürmte, streckte Paul ihn mit einem gut gezielten Schuss nieder.
In welchem Gebüsch verberge ich mich? Wie sieht mein eitler und zur Erfolglosigkeit verurteilter Fluchtversuch aus?
Immerhin habe ich nicht versucht, vor mir selbst zu leugnen, ernsthaft krank zu sein. Ich habe meine Erkrankung auch nicht als ungerecht empfunden. Der Gedanke ist mir fremd. Wäre es eine ansteckende Krankheit gewesen, hätte ich es umgehen können, mich dem Risiko auszusetzen. Es ist nicht schwer, eine HIV-Ansteckung zu vermeiden, um ein Beispiel zu nennen. Dazu bedarf es nur minimaler Vorsichtsmaßnahmen.
Es kommt vor, dass ich nachts träume, ich wäre gesund. Dass ein anderer krank geworden ist. In meinem Traum stehe ich

vor Menschen, die ich kenne, aber irgendwie nicht wiedererkenne, und bedauere ihr unglückliches Schicksal.
In Wahrheit träume ich sicher wie alle anderen davon, die einzige Ausnahme zu sein. Dass ich eines Tages diese ernste Krankheit von mir abschütteln und sagen kann, ich sei auf wunderbare Weise von allen Symptomen befreit.
Aber ich weiß ja, dass dies kaum der Fall sein wird. Die Krankheit ist unheilbar. Auch wenn ich noch so lange lebe, dass ich an etwas anderem sterbe. Oder zumindest so alt werde, dass mir ein Weiterleben nicht mehr besonders wichtig erscheint.
Dem Krebs gegenüber eine Haltung zu finden ist ein Kampf, der an vielen Frontabschnitten gleichzeitig geführt wird. Es ist wichtig, nicht zu viele Kräfte darauf zu vergeuden, sich nicht mit Illusionen herumzuschlagen. Ich benötige meine ganze Energie, um meine Widerstandskraft gegen den Feind zu stärken, der in mich eingedrungen ist.
Nicht, um gegen Windmühlen zu kämpfen, die die Form von Schatten angenommen haben.

29.

Leuchtende Zähne

Meine erste Uhr mit leuchtenden Zeigern erhielt ich irgendwann gegen Ende der fünfziger Jahre. Ich weiß noch, dass es ein ganz besonderes und magisches Erlebnis war.
Noch heute kann ich mir in Erinnerung rufen, wie ich, in einer dunklen Kleiderkammer eingeschlossen, den grünen Schimmer zum ersten Mal sah.
Im Jahr 1895 entdeckte der deutsche Physikprofessor Wilhelm Röntgen, dass gewisse Strahlen verschiedenes Material durchdringen, aber auf fotografischen Platten festgehalten werden können. Heute wissen wir, welche Bedeutung diese Entdeckung für die Medizin gehabt hat und immer noch hat. Mithilfe einiger Röntgenbilder können ein einfacher Handgelenkbruch oder eine komplizierte Schienbeinfraktur im Detail analysiert und anschließend die richtigen Maßnahmen ergriffen werden. Mit Röntgenstrahlen kann man auch schwer zu entdeckende Flecken auf den Lungen eines Menschen jagen. Doch die Röntgenstrahlen können nicht nur helfen, Krankheiten zu diagnostizieren. Sie haben ebenso große Bedeutung bei der Heilung vor allem von Tumorerkrankungen, wo die Strahlung eingesetzt werden kann, um die kranken Zellen anzugreifen.
Man wusste jedoch nicht, dass die Strahlung auch eine schreckliche Kehrseite hatte. Im Nachhinein kann man sagen, dass die Pioniere nicht vorsichtig genug zu Werke gingen, bevor bekannt war, ob die neue Entdeckung bedrohliche Nebenwirkungen hatte. Und das wurde vielen zum Verhängnis, die

nicht ahnten, welche Folgen diese unsichtbare Strahlung haben konnte.

Ein Amerikaner erfand im Jahr 1915 eine leuchtende Farbe, die er *Undark*, »undunkel«, nannte. Er hieß Sabin Arnold von Sochocky und hatte keinerlei wissenschaftliche Ambitionen. Er wollte Geld verdienen.

In dem von ihm gegründeten Unternehmen malten seine Angestellten – zumeist Mädchen, oft erst zwölf Jahre alt, ohne Ausbildung und in vielen Fällen Analphabeten – die »undunkle« Farbe auf Uhren oder Kruzifixe, die dann im Dunkeln leuchteten. Damit die Pinsel, mit denen sie arbeiteten, auch für sehr feine Striche benutzt werden konnten, mussten sie die Borsten mit den Lippen zusammenpressen. Es kam auch vor, dass sie sich zum Spaß die Zähne und Fingernägel mit der Farbe bemalten. Dann gingen sie in dunkle Räume und zeigten einander, wie sie leuchteten.

Natürlich hatte sie niemand davor gewarnt, dass radioaktive Strahlung gefährlich sein konnte. Außerdem hatte die in Amerika erscheinende medizinische Zeitschrift *Röntgen* im Jahre 1916 erklärt: »Röntgen hat keinerlei giftige Nebenwirkungen. Röntgen ist für den Menschen das, was das Sonnenlicht für Pflanzen ist.«

Während des Ersten Weltkriegs wuchsen das Interesse und der Bedarf an im Dunkeln selbstleuchtenden Instrumenten verschiedener Art. Schätzungen zufolge gab es einige Jahre nach dem Ende des Ersten Weltkriegs 1918 in den USA etwa zweitausend Vollzeitbeschäftigte, die mit dieser Farbe arbeiteten.

Aber dann starben einige derjenigen, die ein paar Jahre mit der Farbe gearbeitet hatten. Die Krankheiten variierten.

Keiner informierte die Menschen darüber, wie es sich wirklich verhielt. Ein Zahnarzt namens Theodore Blum berichtete zwar, dass einer seiner Patienten einen stark zerfressenen

Kiefer aufwies und dass er vermutete, die Arbeit seines Patienten, der mit der selbstleuchtenden Farbe Zifferblätter bemalt hatte, habe diesen Schaden verursacht. Der Patient starb kurz darauf. Doch nichts geschah. Die Uhren mit den leuchtenden Zeigern tickten weiter.

Erst im Jahr 1925 durchbrach die Enthüllung über die Gefährlichkeit der Arbeit mit auf Radium basierenden Farben die kompakte Mauer des Schweigens. Und jetzt war von Sochocky, der das Unternehmen einst gegründet hatte, einer derjenigen, die sich am stärksten dagegen engagierten. Er warnte vor den Folgen der Arbeit mit den leuchtenden Farben. Zu diesem Zeitpunkt hatte er das von ihm gegründete Unternehmen bereits verlassen. Sein eigener Atem war inzwischen radioaktiver als der der Arbeiter in seiner früheren Firma.

Eine Untersuchung des Unternehmens brachte die furchtbare Wirklichkeit an den Tag. Die Arbeiterinnen traten einzeln in einen dunklen Raum. Dort mussten die Ärzte feststellen, dass die Frauen nahezu gänzlich selbstleuchtend waren. Ihre Gesichter, Arme und Beine, ihre Kleider – alles strahlte von der fluoreszierenden Farbe.

Obendrein waren beinahe alle krank. Ihre Blutwerte zeigten auf unterschiedliche Weise, dass sie von der Radioaktivität, der sie ausgesetzt gewesen waren, vergiftet worden waren.

Die Wahrheit, die an den Tag kam, war sehr einfach: Diejenigen, die geglaubt hatten, die radioaktive Strahlung ginge einfach durch den Körper hindurch, hatten sich geirrt. Die Radioaktivität blieb im Skelett und führte am Ende, wenn die Strahlendosen, denen eine Person ausgesetzt war, allzu hoch und zu langandauernd gewesen waren, zu Krebs und einem meistens qualvollen Tod.

Es zeigte sich auch, dass die Personen, die die Untersuchung der Arbeiter durchführten, selbst einem hohen Risiko ausge-

setzt waren. Ein Chemiker, Edwin Lehman, der mit der Radioaktivität arbeitete, verstarb von einem auf den anderen Monat an einer rasch voranschreitenden Blutkrankheit.
Im Jahr 1927 verklagten fünf erkrankte Arbeiterinnen das Unternehmen, das von Sochocky gegründet hatte und für dessen Stilllegung er sich jetzt intensiv einsetzte.
Es gibt zahlreiche starke Zeugnisse von der großen Verzweiflung und dem Schuldgefühl, die ihn ergriffen, als er erkannte, welchen Preis seine jungen Arbeiterinnen hatten bezahlen müssen.
Die Zeitungen tauften die Betroffenen »Die fünf todgeweihten Frauen«. Diese verlangten Schadenersatz für die erlittenen gesundheitlichen Schäden und das ihnen zugefügte Leiden. Eine von ihnen hatte zwanzig Kieferoperationen hinter sich und war von den Hüften abwärts gelähmt. Sie wurde auf einer Trage in den Gerichtssaal gebracht, zusammen mit zwei anderen Frauen, die auch nicht mehr auf den Beinen stehen konnten. Eine von ihnen konnte nicht einmal mehr die Hand heben, um den Zeugeneid zu leisten.
Den ersten Prozess verloren die fünf Frauen. Die Anwälte des Unternehmens hatten argumentiert, die Schädigungen seien vor so langer Zeit entstanden, dass alle Schadenersatzansprüche verjährt seien. Doch die Frauen gaben nicht auf, obwohl es ihnen zunehmend schlechter ging. Einige von ihnen waren schon vom Tod gezeichnet, als sie im Gerichtssaal auftraten.
Aber sie wurden von vielen Menschen, die sich angesichts ihres Leidens empörten, unterstützt und ermutigt. Von Marie Curie hingegen, die mit ihrem Mann Pierre die Elemente Radium und Polonium entdeckt hatte, kam eine merkwürdige Botschaft. Sie empfahl den Kranken, Kalbsleber zu essen. Sie selbst sollte binnen weniger Jahre an einer Blutkrankheit ster-

ben, die eine Folge der hohen radioaktiven Strahlung war, der sie sich ausgesetzt hatte.
Nach vielen Jahren, als schon zwei der »fünf todgeweihten Frauen« gestorben waren, gelang es einem Vermittler, die langwierige Auseinandersetzung zu beenden. Jeder der Frauen wurde ein Bruchteil der Summe zugesprochen, die sie verlangt hatten. Aber sie hatten keine Kraft mehr. Viel später stellte man fest, dass auch ihre Gräber radioaktiv waren. Zwischen Kreuzen und Grabsteinen schlugen die Geigerzähler aus.
Sechs Monate später starb von Sochocky selbst infolge der radioaktiven Strahlung. Der Krebs hatte seine Hände, den Mund und die Kiefer zerfressen. Er hörte jedoch nie auf, dafür zu kämpfen, dass die Geschädigten Schadenersatz erhielten und dass die Arbeitsbedingungen für diejenigen, die mit radioaktiven Farben hantierten, radikal verändert wurden, indem sie beispielsweise ausreichend gute Schutzkleidung bekamen.
Im Nachhinein kann man feststellen, dass diejenigen, die später am Atombombenprojekt Manhattan arbeiteten, sich darauf verlassen konnten, dass ihre Schutzausrüstung sie davor bewahrte, ebenso zu erkranken wie die Fabrikarbeiterinnen. Keiner der Ingenieure, Physiker und Techniker, die die Atombomben konstruierten, die später über Hiroshima und Nagasaki abgeworfen wurden, war dem Risiko ausgesetzt, dass ihm die Kiefer zerfielen.
In ähnlicher Weise können wir auch über die Schäden und das Leiden sprechen, die die Arbeit mit Asbest zur Folge hatte. Noch heute exportiert die westliche Welt Schiffe zur Verschrottung beispielsweise nach Indien. Schiffe voll Asbest. Und den Männern, die gezwungen sind, daran zu arbeiten, stehen häufig nicht einmal einfache Atemmasken zur Verfügung. Viele sterben an Asbestose.
Die mikroskopisch kleinen Fasern, die vom Asbest ausgeson-

dert werden, dringen in die Lungen ein und bilden schließlich eine dicke Schicht, die die normale Atmung verhindert. Viele der Betroffenen erleben dies wie ein langsames Ersticken. Ein Arbeiter der Wittenom-Grube in Australien schilderte die Krankheit so: »Es ist, als würden einem die Lungen mit nassem Zement gefüllt.«

Es geschieht immer wieder, und es wird weiter geschehen. Der Mensch setzt neue Projekte in Gang, ohne zuerst zu prüfen, ob vielleicht verborgene Schattenseiten existieren.

Die Gefahr besteht immer. Und wenn es passiert, kann es zu einer grenzenlosen Katastrophe führen.

Die jungen Fabrikarbeiterinnen, die sich Zähne und Fingernägel mit phosphoreszierender Farbe bemalten und miteinander lachten, wurden auf dem Altar unseres stets gegenwärtigen Mangels an Geduld geopfert.

Es ist so unendlich einfach, Risiken zulasten des Lebens anderer Menschen einzugehen.

30.

Fotografien

Ich erinnere mich an viele Fotografien, die ich im Laufe der Jahre gesehen habe, und kehre zuweilen zu ihnen zurück. Es sind Bilder, die einen Augenblick eingefangen haben, der, wie es im Traum geschieht, etwas über mich erzählt, obwohl ich nicht mit auf dem Bild bin.

Aber es gibt auch Fotografien, von denen ich weiß, dass ich sie nie vergessen werde. Schwarzweiße Bilder, die nie verblassen und verschwinden.

Sich zu erinnern und nicht zu vergessen ist nicht ein und dasselbe.

Das erste Bild ist schwarzweiß und körnig, entweder 1919 oder 1920 aufgenommen. Der Fotograf ist unbekannt. Die Kopie, die ich gesehen habe, liefert nur ein vages, beinahe verwischtes Bild. Als wäre der Fotograf vor dem, was er zu fotografieren bereit war, zurückgewichen.

Das Bild ist im Freien aufgenommen worden. Im Hintergrund kann man eine Gartenmauer oder ein paar Bäume erahnen.

Das Foto stellt eine Anzahl Männer dar, Kriegsveteranen. Es sind Franzosen. Sie haben sich entschieden, für sich zu bleiben, und der Grund dafür sind die Verwundungen, die sie im Krieg davongetragen haben. Ihre Gesichter sind von Granatsplittern und direkten Treffern aus Schusswaffen schwer deformiert. Einige von ihnen haben auch andere Schäden. Ein Bein, das fehlt, ein Arm oder eine Hand.

Aber es sind die furchtbaren Gesichtsverletzungen, die sie veranlasst haben, sich von der Welt zurückzuziehen. Man muss

das Bild nicht lange betrachten, um zu begreifen, dass die Menschen sich mit Ekel und Abscheu abgewandt haben, wenn sie einem dieser Verletzten begegneten. Ihre Gesichter sind nicht einfach nur entstellt. Die Männer sehen aus, als wäre der brutale Wahnsinn des Krieges in ihre zerstörten Gesichter eingestempelt. Kiefer fehlen, Nasen und Münder, Teile der Stirn, Ohren, Augen. Als wären die Männer für den Auftritt in einem modernen Horrorfilm geschminkt worden, in dem Ekel eines der vorherrschenden Ausdrucksmittel ist.
Aber jetzt sind diese Männer vor einer Kamera aufgereiht. Sie sind alle fein gekleidet und schauen mit ernstem Blick direkt in die Kamera. Keiner scheint eine seiner Verunstaltungen verbergen zu wollen.
Ich frage mich manchmal, warum sie das Foto aufgenommen haben. Wer hat den Fotografen bezahlt? Es ist sicher kein Bild, das man als Weihnachtsgruß nach Hause schickt. Ist es reine Spekulation meinerseits, oder handelt es sich um einen ernsthaften Versuch, von den verheerenden Folgen des Krieges bei jenen zu erzählen, die ihn ausgefochten haben, ohne in den Schützengräben oder bei den sinnlosen Angriffen zur Rückeroberung einiger hundert Meter verwüsteter Ackerfläche zu sterben?
Trotz der schweren Entstellungen kann man erkennen, wie ihre persönlichen Gesichtszüge einmal ausgesehen haben.
Jetzt lebten sie in einer großen Villa hinter einer hohen Mauer. Was sie dort taten, weiß ich nicht. Aber jeden Morgen müssen sie sich beim Frühstück begegnet sein. Wie einige von ihnen trotz ihrer weggeschossenen Kiefer und Münder essen konnten, weiß ich nicht.
Aber das Wichtige, was dieses Bild erzählt, ist, dass diese Menschen tatsächlich leben. Das Bild sagt: Hier sind wir. Trotz allem. Trotz allem noch immer lebendig. Trotz allem bereit, uns

fein gekleidet und ernst vor einer Kamera zu zeigen, die einen Augenblick festhält und ihn in die Welt hinausschickt.
Die Verletzungen in den Gesichtern dieser Kriegsveteranen ähneln auch dem, was einem Menschen geschehen kann, der bei einem Unglück einer hohen Dosis radioaktiver Strahlung ausgesetzt ist.
Auf einem russischen Atom-U-Boot geht eine Anzahl Freiwilliger in einen Reaktorraum, in dem sich ein Unfall ereignet hat. Ihr Tod ist nicht nur qualvoll. Ihre Körper werden buchstäblich vor den Augen der anderen Seeleute zerfressen.
Ich stelle mir ein unsichtbares Verbindungsglied vor zwischen den Fabrikmädchen, die ihre Zähne bemalten, und den Soldaten vor der Kamera. Es gibt keinen direkten Zusammenhang zwischen ihnen. Außer ihrem maßlosen Leiden.
Etwas verbindet diese Menschen auch mit dem Bild in der Kirche von Släp, auf dem die abgewandten, toten Kinder zu sehen sind.
Das zweite Bild ist eigentlich eine ganze Serie von Bildern, die innerhalb weniger Minuten aufgenommen wurden. Eine Militärpatrouille irgendwo in Jugoslawien während des Zweiten Weltkriegs hat mutmaßliche Partisanen gefasst, die aus einem Hinterhalt die deutschen Soldaten angegriffen haben. Jetzt sollen diese Partisanen hingerichtet werden, ohne jedes Gerichtsverfahren, man kann kaum von Standrecht sprechen. Sie sollen lediglich aufgrund des Verdachts hingerichtet werden. Die meisten der Partisanen sind sehr jung, im gleichen Alter wie die deutschen Soldaten.
Sie sind auf einem Acker aufgestellt. Hinter ihnen steht eine Harpfe mit Heu. Daher können wir sicher sein, dass das Ganze sich im Sommer oder frühen Herbst abspielt. Die deutschen Soldaten tragen dicke Uniformen, ihre Jacken sind diszipliniert bis zum Hals zugeknöpft, während die Männer, die auf

ihren Tod warten, nur mit Hosen und dünnen, aufgeknöpften Hemden bekleidet sind.

Die deutschen Soldaten haben einen Fotografen bei sich. Auch in diesem Fall ist nicht herauszufinden, wer die Bilder aufgenommen hat. Wir können nicht wissen, ob er ein deutscher Kriegsreporter oder ein jugoslawischer Kollaborateur war.

Die Männer, die erschossen werden sollen, wurden vor der Harpfe aufgereiht. Die Soldaten bringen ihre Gewehre in Anschlag.

Da geschieht etwas Merkwürdiges. Einer der deutschen Soldaten lässt seine Waffe fallen, reißt seine Uniformjacke auf und stellt sich zu denen, die erschossen werden sollen. Ob er ruhig oder erregt ist, kann man den Bildern nicht entnehmen. Er hat nur das Erschießungskommando verlassen und die Seite gewechselt. Statt zu schießen, entscheidet er sich dafür, erschossen zu werden.

Nichts auf den Bildern lässt auf einen erregten Dialog zwischen den Soldaten und ihrem Kameraden, der das Gewehr weggeworfen hat, schließen. Nichts deutet darauf hin, dass die Soldaten ihn zurückzuholen versuchen, sei es mit Worten, sei es, dass sie ihn von den jugoslawischen Partisanen fortziehen würden.

Das ist das eigentlich Aufwühlende an den Bildern. Alles scheint weiter nach Plan abzulaufen. Man bringt zu Ende, was man begonnen hat. Die militärische Disziplin gerät nicht ins Wanken.

Auf dem letzten Bild liegen die Partisanen tot am Boden, gemeinsam mit dem deutschen Soldaten. Weil er seine Uniformjacke und seinen Stahlhelm fortgeworfen hat, kann man ihn von den anderen nicht mehr unterscheiden.

Auf diesem letzten Bild sind auch die Soldaten nicht mehr zu sehen. Der Fotograf muss ein paar Minuten länger vor Ort geblieben sein. Es gibt keine Anzeichen dafür, dass die deutschen Soldaten sich ihres toten Kameraden angenommen hätten. Indem er die Seiten gewechselt hat, existiert er für sie nicht mehr. Er ist nur noch einer von denen, die hingerichtet werden sollten.

Die Bilder werfen natürlich viele Fragen auf und wecken viele Gefühle. Was brachte den deutschen Soldaten dazu, sein Leben zu opfern, obwohl es denen, die um ihn herum starben, nicht half? Was ließ die Situation so unerträglich für ihn werden, dass er es vorzog zu sterben? Identifizierte er sich selbst so stark mit den jungen Partisanen, dass ihm ein Weiterleben unmöglich erschien, wenn er sich an der summarischen Hinrichtung beteiligen würde?

Wir können es nicht wissen. Ebenso wenig wissen wir, was seine Kameraden dachten. Es muss für sie völlig überraschend gekommen sein. Doch ohne den dröhnenden Befehl in Frage zu stellen, richteten sie ihre Waffen auf ihn, mit dem sie kurz zuvor noch eine Zigarette geraucht hatten.

Zwei Bilder, die von Krieg und von Opfern des Krieges erzählen. Beide Bilder handeln auch von Mut. Von der wichtigsten und schwersten Entscheidung, die ein Mensch treffen kann. Von der Wahl zu sterben, statt zu leben. Sein Leben für vollkommen unbekannte Menschen zu opfern, die zudem noch feindliche Handlungen gegen einen selbst und die Kameraden begangen hatten.

Kann ich behaupten, dass ich ihn verstehe?

Um darauf antworten zu können, müsste ich wissen, wie ich selbst in der gleichen Situation gehandelt hätte.

Das kann ich nicht. Ich kann nur immer wieder das Bild ansehen und in meinem Versuch zu verstehen nicht nachlassen.

31.

Der Ausweg

So wie sich alles andere in meinem Leben verändert hat, bringt auch jeder Morgen eine neue Herausforderung. Ich muss es schaffen, die Gedanken auf etwas anderes zu lenken als die Krankheit. Einen gewissen Teil meiner täglichen Zeit verwende ich darauf, mich zu fragen, wie ich mich fühle. Ob ich neue Nebenwirkungen verspüre, oder ob es ein guter Tag zu werden verspricht. Gelingt es mir jedoch nicht, mich dann davon loszureißen und meine Gedanken mit einem wirklich heftigen Schwenkmanöver in eine andere Richtung zu lenken wie beim Eishockey, dann ist die Schlacht für diesen Tag verloren. Dann ist die Gefahr groß, dass Resignation, Überdruss und Angst die Oberhand gewinnen. Was bleibt in dem Fall noch? Sich ins Bett zu legen und den Kopf zur Wand zu drehen?
Als ich mich nach ungefähr drei Wochen aus dem Treibsand herausgearbeitet hatte und anfing, gegen den Tiefschlag, den die Diagnose mir versetzt hatte, Widerstand zu leisten, war mir mein wichtigstes Hilfsmittel schon gegeben: die Bücher. Nach einem Buch zu greifen und im Text zu verschwinden war immer meine Methode, mir in schwierigen Zeiten Linderung, Trost oder auch nur eine Atempause zu verschaffen. Wenn Liebesaffären zu Ende gingen, griff ich zum Buch. Als Trost nach misslungenen Theaterarbeiten oder wenn Texte nicht fertig wurden, waren die Bücher da. Als Balsam, aber mehr noch als ein Werkzeug, um die Gedanken in eine andere Richtung zu lenken. Um Kraft zu sammeln.
So war es auch jetzt. Auf meinem Tisch liegen immer Bücher,

die ich noch nicht gelesen habe. Aber diesmal passierte etwas, was ich noch nicht kannte. Ich brachte es nicht fertig, mich neuen, ungelesenen Büchern zu widmen, selbst wenn sie von Autoren stammten, für die ich mich immer interessiert hatte. Ich konnte all das Neue, Unbekannte nicht verarbeiten. Ein neues Buch zu lesen heißt, sich in den Text hineinzubegeben, als unternehme man eine Expedition. Aber ich irrte nur umher. Ich las eine Seite, nahm jedoch nicht auf, was da stand. Die Wörter waren wie geschlossene und verriegelte Türen. Ich hatte keinen Schlüssel.

Einen kurzen Augenblick machte mir dies Angst. Ließen die Bücher mich ausgerechnet jetzt im Stich, da ich sie mehr brauchte als jemals zuvor in meinem Leben?

Aber so war es nicht. Denn als ich nach einem Buch griff, das ich schon viele Male gelesen hatte, öffneten die Wörter sich wieder. Es war das Neue und Unbekannte, auf das ich mich nicht einzulassen vermochte. Doch die Texte, die ich bereits früher, vielleicht in unterschiedlichen Lebenssituationen, gelesen hatte, wirkten genauso wie immer. Ich las und lenkte die Gedanken von der Krankheit fort.

Das erste Buch, das ich öffnete, war eine der zahlreichen Versionen von Daniel Defoes *Robinson Crusoe*, die ich im Laufe der Jahre gesammelt hatte. Aus reinem Zufall nahm ich eine Ausgabe von 1892 aus dem Torsten Hedlunds Verlag in Göteborg aus dem Regal. Professor Karl Warburg hat dazu als Einleitung eine Lebensbeschreibung von Daniel Defoe verfasst. Die Übersetzung von Jean Rossander aus dem Englischen ist schwerfällig, bleibt aber dicht am Original. Außerdem finden sich in der Ausgabe die klassischen Illustrationen von Walter Paget.

Ich kenne keinen besseren Roman als *Robinson Crusoe*. Darin wird der Unterschied zwischen einer guten und einer schlechten Erzählung deutlich.

Robinson Crusoe handelt von einem Schiffbrüchigen, der viele Jahre allein mit ein paar Wildziegen auf einer einsamen Insel verbringt. Schließlich freundet er sich mit einem eingeborenen Flüchtling an, dem es gelungen ist, sich vor Kannibalen in Sicherheit zu bringen. Das Ganze spielt sich in einem Rahmen ab, der Vorzeichen des Kolonialismus erahnen lässt.

Aber in Wahrheit ist Robinson nie allein. Der Leser ist die ganze Zeit bei ihm, unsichtbar an seiner Seite. Gerade das macht die Erzählung so magisch. Wenn der Leser draußen stehen muss und nur aus der Distanz in den Text blicken darf, entsteht nie jene Nähe zwischen dem Erzählten und dem Leser, auf die alle Romane abzielen. Aber in *Robinson Crusoe* wird der Leser zur Teilnahme eingeladen. Er liegt dort im Sand, ebenso schiffbrüchig wie Robinson.

In der zweiten Klasse der Volksschule in Sveg verteilte Fräulein Manda Olsson kleine graue Schreibhefte. Wir sollten uns Märchen ausdenken und sie hineinschreiben. Nach einer Woche sollten wir unsere Märchen abliefern, ob kurz oder lang, spielte keine Rolle. Ich ging nach Hause, schloss mich auf der Toilette ein und schrieb eine Robinson-Crusoe-Version von einer Seite Länge. Stolz lieferte ich das Heft am nächsten Tag ab. Da hatte ich es bis zur letzten Seite mit Märchen und Abenteuern gefüllt. Fräulein Olsson sagte nachher, sie hätte nichts von dem, was ich geschrieben hatte, lesen können, weil ich es so schnell und schlampig gemacht hätte. Ich hatte es zu eilig gehabt. Aber ich bekam ein neues Schreibheft und eine freundliche Ermahnung, leserlich zu schreiben.

Jetzt legte ich alle ungelesenen Bücher zur Seite und baute einen Stapel mit Büchern, die ich noch einmal lesen wollte. Es drohten keine Überraschungen. Ich würde mich nur auf vertrautem und sicherem Terrain bewegen.

Das ging so lange gut, bis ich mit meiner ersten Chemothera-

pie begann. Da zeigte sich, dass als eine der Nebenwirkungen eine starke Reizung der Augenschleimhäute auftrat. Die Augen tränten ununterbrochen. Wenn ich zu viel las, legte sich eine Art von Nebeldunst vor den Text. Ich konnte die Wörter nicht deutlich sehen. Wenn ich mich eine Stunde ausruhte, ging es vorbei. Aber bald war der Dunst wieder da.
Ich begann daraufhin, Lesen mit dem Betrachten von Kunstbildbänden zu kombinieren. Auch da wählte ich Dinge, die ich schon kannte. Nie mehr als ein Bild am Tag. Ich fing mit den Künstlern an, die mir nach wie vor am meisten bedeuten, Caravaggio und Honoré Daumier. In Ihren Welten, so fremd sie uns sein mögen, fühle ich mich immer zu Hause. Ich denke manchmal daran, dass Caravaggio, der so unterschiedliche Motive wählte, nie das Meer gemalt hat. Was Daumier angeht, so kennen viele seine politischen Karikaturen, aber weniger Menschen wissen, dass er auch ein bedeutender Maler und Skulpteur war.
Jedes Bild, das mir etwas bedeutet, hat eine Geschichte zu erzählen, selbst wenn Bilder andere Türen öffnen als die geschriebenen Texte.
Ich wurde ständig daran erinnert, dass wir Menschen erzählende Wesen sind. Mehr Homo narrans als Homo sapiens. In den Erzählungen anderer sehen wir uns selbst. Jedes echte Kunstwerk beinhaltet auch eine kleine Spiegelscherbe.
Das dritte Mittel, um den Blick von der Krankheit abzulenken, war für mich ebenfalls selbstverständlich: die Musik. Fragt man Menschen, die an schweren Schmerzen oder tiefer Trauer leiden, antworten die allermeisten, dass die Musik ihnen die beste Linderung verschafft. Ich begann, meine Platten durchzusehen, und wechselte zwischen Jazz, Klassik und allem möglichen anderen von afrikanischer Volksmusik bis zu elektronischer Musik.

Am meisten hörte ich Miles Davis und Beethoven. Dann und wann auch Arvo Pärt und Blues aus dem Südstaatendelta.
Es gelang mir, der Fixierung auf die Krankheit zu entkommen, indem ich stets die Routine beibehielt. Bücher, Bilder und Musik. So war es möglich, der unerträglichen Konzentration auf die Krankheit, die Behandlung und das ständige Suchen nach Anzeichen von neuen Symptomen Widerstand zu leisten. Dadurch gewann ich auch mehr Kraft in den Momenten, in denen ich wirklich an das dachte, was mir widerfahren war. Denn ich war nicht nur ein Mensch, der von einer schweren Krankheit betroffen war. Ich war auch der, der ich vorher gewesen war, ich als ich. Es war möglich, in zwei Welten gleichzeitig zu leben.
Doch an gewissen Tagen halfen nicht einmal die Erzählungen, die Bilder und die Musik. Dann hatte ich vor lauter Müdigkeit aufgrund der radikalen, doch hoffentlich positiven Wirkung der Zellgifte im Kampf gegen Tumoren und Metastasen kaum die Kraft, mich aus dem Bett zu bewegen. An manchen Tagen trieb ich völlig schwerelos durch ein leeres und kaltes Universum, ohne Sinn, ohne Ziel. An solchen Tagen konnte ich verstehen, dass schwerkranke Menschen beschließen können, ihrem Leben selbst ein Ende zu setzen.
Ich konnte es verstehen, wusste aber gleichzeitig, dass ich selbst an eine solche Lösung weder dachte, noch sie suchen würde. Ich wollte meinen Nächsten nicht die Qual zufügen, sich ständig fragen zu müssen, ob sie nicht trotz allem mehr hätten tun können.
Nach ungefähr zwei Monaten, als ich die Hälfte der ersten Chemotherapie hinter mir hatte, fand ich eines Morgens, dass sich eine neue Form von Normalität in meinem Leben eingestellt hatte. Zwar würde nichts mehr so sein, wie es vor meiner Krebsdiagnose gewesen war. Dennoch kam es mir so vor, als

begänne das Leben eine Form anzunehmen, die ich in dunklen Augenblicken nicht für möglich gehalten hätte.
Es war heller geworden. Nicht viel, aber der tiefe Winter war vorüber. Eine viel zu frühe Amsel begann eines Morgens, von der Fernsehantenne zu singen. Ich dachte, dass ich das zu meiner Grabinschrift machen könnte:
Ich habe die Amsel gehört. Also habe ich gelebt.
Aber ich dachte immer seltener an den Tod. Er war ja dennoch da, ohne dass man ihn aus den Schatten heraufbeschwören musste. Jetzt las ich in meinen Büchern, betrachtete Bilder, hörte Musik, und all das hatte mit dem Leben zu tun.
Eines Tages, als ich ein wiedergelesenes Buch zuschlug – in diesem Fall Joseph Conrads *Herz der Finsternis* –, ging ich zu einem der Stapel neuer, ungelesener Bücher, die ich vor beinahe zwei Monaten zur Seite gelegt hatte.
Noch ging es nicht. Doch nur einige Tage später begann ich, auch Bücher von diesem Stapel zu lesen.
Das Licht war von weit her und lange unterwegs gewesen. Zuletzt war es angekommen. Zumindest in diesem Moment, vorläufig.

32.

Feuerball über Paris
1348

Eines Nachts erwache ich davon, dass ich von den riesigen Ratten geträumt habe, die ich während meiner Zeit in Paris in den sechziger Jahren sah. Besonders, wenn ich spätnachts auf dem Heimweg in die Rue Cadix die lange Rue de Vaugirard hinunterging.

Die Ratten waren so groß wie fette Katzen. Sie galoppierten davon, bevor sie in den Abflussrohren verschwanden.

Wenn ich an Ratten denke, denke ich an Katzen. Und während ich im nächtlichen Dunkel daliege, kommt mir eine Legende in den Sinn, der zufolge sich im Winter 1348 ein großer flammender Feuerball über Paris gezeigt haben soll. Wie alle unerwarteten Erscheinungen wurde dieses Ereignis sogleich als ein unheilverheißendes Omen angesehen.

Im Sommer 1348 erreichte die Pest Paris. Wie immer, wenn Epidemien drohten, war Paris besonders gefährdet. Das Gedränge in den überbevölkerten inneren Stadtteilen führte dazu, dass man sich nur vor einer Ansteckung schützen konnte, wenn man aus der Stadt floh. Aber wohin sollten die Armen, die die große Mehrheit der Stadtbevölkerung ausmachten, fliehen? Sie blieben, und sie starben.

Natürlich wusste niemand, woher die Pest kam und wie die Ansteckung sich von Haus zu Haus, von Mensch zu Mensch übertrug. Aber wie immer suchte man eine Erklärung und vor allem einen Sündenbock.

In diesem Fall verbreitete sich rasch das Gerücht, die zahlrei-

chen Katzen in der Stadt trügen die Schuld am Tod der vielen Menschen.
Ebenso gut hätten die Juden zu Sündenböcken erklärt werden können oder die Roma oder irgendeine andere Gruppe. Aber diesmal hielt man also die Katzen für die Schuldigen. Von alters her wusste man, dass Katzen und Hexen gemeinsame dunkle Geheimnisse hatten.
Also wurde ein wütender Angriff auf alle Katzen in der Stadt geführt. Kaum eine scheint ihrem Schicksal, erschlagen und in die Seine geworfen zu werden, entronnen zu sein.
Dies bedeutete natürlich, dass die wahren Verbreiter der Krankheit, Ratten und Flöhe, ihren einzigen natürlichen Feind verloren. Ihre Zahl nahm rasant zu und damit auch die Ansteckungsrate. Bald starben in Paris jeden Tag achthundert Menschen. Die Friedhöfe waren überfüllt. Es gab keine Menschen mehr, um die Toten zu begraben. Sie blieben in den Häusern und Straßen liegen und verwesten. Die Priester ließen die Sterbenden allein, sobald sie erkannten, dass sie selbst angesteckt waren und sich auf ihren eigenen Tod vorbereiten mussten.
Wer konnte, floh aus der Stadt. Die reichen Kaufleute, die Aristokraten und die höhere Geistlichkeit. Jeden Tag verließen ihre Wagen in großer Eile den Gestank und das Elend. Viele von ihnen starben dennoch. Aber ebenso viele überlebten, weil sie die Mittel und die Möglichkeit zur Flucht hatten.
Die Menschen, die in der Stadt zurückblieben und noch nicht angesteckt waren, lebten so, wie es oft geschieht, wenn der Tod unausweichlich erscheint. Sie verwandelten ihre letzten Tage in Orgien. Ein unbekannter Chronist beschreibt das Paris jener Zeit als »eine Stadt, die, was Moral und Anstand betrifft, einen totalen Zusammenbruch erlebt«.
Die Pest wütete acht Monate. Als sie schließlich langsam ab-

ebbte, war ihr die Hälfte der Einwohner von Paris zum Opfer gefallen. Auf den überfüllten Friedhöfen ragten Arme und Beine aus dem Boden und zogen nachts die Hunde an, die von den nur mit einer dünnen Erdschicht bedeckten Leichen fraßen.

Ein Jahr lang hing der Gestank von Verwesung über der Stadt. Erst um 1350 begann die feine Gesellschaft zögerlich, nach Paris zurückzukehren.

Aber die toten Katzen! Vielleicht kann man darin ein allgemeingültiges Symbol für unsere Geschichte sehen? Dass wir Katzen getötet haben, statt sie Ratten fangen zu lassen?

Der Mensch nimmt Risiken in Kauf. Risikofreude gepaart mit nie erlahmender Neugier hat uns dahin gebracht, wo wir heute stehen. Aber wenn ein drittes Moment, die Vorsicht, fehlt, kann es gefährlich werden. Vielleicht hätte es ein wenig länger gedauert, all das zu erreichen und an diesen Punkt zu gelangen. Aber vielleicht hätte das auch bedeutet, dass ein Teil der verheerenden Konsequenzen und Katastrophen, die unsere Fortschritte begleitet haben, vermieden worden wären.

Es fragt sich, wie viel von diesem Mangel an Vorsicht und Umsicht tief in der menschlichen Natur verwurzelt ist. Junge Männer fahren sich am selben Tag zu Tode, an dem sie die Führerscheinprüfung bestanden haben. Im Innersten wissen sie um die tödliche Gefahr der Geschwindigkeit. Dennoch treten sie das Gaspedal durch, wagen impulsive Überholmanöver – und plötzlich steht der todbringende Baum vor dem Kühler oder ihrem Motorrad, oder auch die kalte, harte Steinmauer.

Mädchen im selben Alter sind bedeutend vorsichtiger. Sie machen den Führerschein, bringen sich aber in der Regel nicht um. Der Grund für diese Vorsicht liegt natürlich darin, dass der biologische Ausgangspunkt für ihr Dasein auf der Erde darin besteht, Kinder in die Welt zu setzen. Dass in der Regel mehr

Jungen als Mädchen geboren werden, ist notwendig für das Gleichgewicht, weil so viel mehr Jungen als Mädchen in jungen Jahren sterben. An den Stränden der Normandie im Sommer 1944 oder auf den Schlachtfeldern in Frankreich zwischen 1914 und 1918 waren es junge Männer, die ins Sperrfeuer der Maschinengewehre liefen. Da waren keine Frauen. Niemand wäre auf die Idee gekommen, Frauen in den Krieg zu schicken, es sei denn als Krankenschwestern, Fahrerinnen oder Schreibstubenkräfte. Sie sollten zu Hause bleiben und die Granaten herstellen, mit denen man die anderen jungen Männer töten würde, die auf der Gegenseite kämpften, die man den Feind nannte.

Verlassen wir die Granatenfabriken und begeben uns in die Provinz Alberta in Kanada. In einem Gebiet beinahe von der Größe Floridas finden sich die reichsten Ölsandvorkommen der Welt. Hier wird nicht nach Öl gebohrt, sondern im Tagebau gearbeitet. In den letzten zehn Jahren haben die USA mehr Öl aus der Region um Alberta importiert als aus Saudi-Arabien.

Auf kurze Sicht und mit einem einäugigen Blick auf die Welt ist dies natürlich ein kluger politischer Beschluss. Aber die Gewinnung dieses Öls aus dem Sand hat verheerende Auswirkungen auf die Umwelt. Die Mengen giftigen Abwassers, die bei der Ölgewinnung in Alberta anfallen, sind fast doppelt so groß wie die in Saudi-Arabien.

Es gibt heute Wissenschaftler, die den kostspieligen und umweltschädlichen Ölsandabbau als Prüfstein dafür ansehen, ob wir der Erderwärmung Einhalt gebieten können oder nicht.

James Hansen, der bei der NASA bis 2013 mit Klimafragen beschäftigt war, meint hierzu: »Was die Kontrolle der Erwärmung betrifft, ist das Rennen gelaufen.«

Natürlich besteht die wichtigste Herausforderung darin, die

Nutzung fossiler Brennstoffe zu reduzieren. Dies steht für alle außer Frage, außer möglicherweise für die rabiatesten und korrumpiertesten Klimaexperten, die die Interessen der Energiekonzerne und der Industrie vertreten. Aber vielleicht ist die Ölsandgewinnung in Alberta nur ein besonders deutliches Beispiel dafür, wie wir es unterlassen, auf die Konsequenzen unserer Handlungen zu achten, bevor wir Projekte in Gang setzen, von denen wir behaupten, sie dienten dem Nutzen der Menschheit.

James Hansen arbeitete wie gesagt bei einer Abteilung der NASA. Ob er schon vor sechsunddreißig Jahren da war, weiß ich nicht. Ich halte es für wenig wahrscheinlich.

Im Jahr 1977 wurden Voyager 1 und Voyager 2 von Cape Canaveral in den Weltraum geschickt. Diese Raumsonden haben die längste Reise in der Geschichte der Menschheit gemacht, eine Reise, die noch andauert. Heute befinden sie sich in einem Abstand von rund fünfzehn Milliarden Kilometern von der Sonne, und damit in etwa so weit entfernt wie die Sonne von der Erde. Funksignale, die von unserem Planeten ausgesandt und von Voyager 1 und 2 aufgefangen werden, um anschließend zur Erde zurückgeschickt zu werden, benötigen in etwa fünfzehn Stunden für die Reise.

Aktuell bewegen sich die beiden Sonden (die ich nach dem schwedischen Kriegsschiff, das vor zweihundertfünfzig Jahren über die Meere segelte, *Reisender Mann* nennen möchte) in den Außenbezirken unseres Sonnensystems. Immer noch können sie uns Daten über den Sonnenwind und die Magnetfelder liefern, die in dem uns am allernächsten liegenden Teil des Universums herrschen. Aber jederzeit kann der *Reisende Mann* die äußerste Grenze des Sonnensystems überschreiten und in einen anderen Teil des Universums verschwinden, wo andere Magnetfelder vorherrschen werden. Wann dies geschieht, kann niemand sagen, aber es dürfte wohl bald passieren. Was in astronomischer Perspektive Monate oder Jahre heißen kann.

Unser *Reisender Mann* wird seine einsame Fahrt vor dem Wind so lange fortsetzen, wie die Sonde zusammenhält. Er wird weiter seine Signale senden und uns von den unbekannten Fahrwassern berichten, die das Universum darstellt.

Wenn ich all die wissenschaftlichen und ingenieurstechnischen Triumphe bedenke, die mit dieser Reise einhergehen, kann ich nur darüber staunen, dass wir diese Aufgabe zu bewältigen vermochten, trotz aller Hindernisse, die überwunden werden mussten, bevor die Sonden auf den Weg geschickt wurden. Das lässt mich daran glauben, dass auch der Krebs eines Tages ganz besiegt sein wird. Und dass wir fähig sind, auch den nuklearen Abfall, den wir ansammeln, auf vernünftige Weise zu entsorgen.

Während der *Reisende Mann* immer weiter in eine Welt entschwindet, von der wir nichts wissen.

Vielleicht in eine Welt, die man die Ewigkeit nennen könnte?

33.

Wie lang ist die Ewigkeit?

Ich verstehe mehr und mehr, wie entscheidend die Periode war, in der ich als sehr junger Mann in Paris wohnte. Sie hat mich in vielfacher Hinsicht geformt.

Doch nicht alle Erfahrungen waren gleich positiv.

Es gab zum Beispiel eine Frau, der ich lange Zeit den Tod wünschte.

Als nach einem Monat mein Geld ausging, fand ich schließlich eine Arbeit als Aushilfe in einer Reparaturwerkstatt für Klarinetten und Saxophone. Monsieur Simon reinigte und wechselte die Klappen aus, bevor ich die Instrumente wieder zusammensetzte.

Die kleine Werkstatt lag in einem Hinterhof hoch oben in einem Arbeiterviertel in Belleville. Es gab noch einen weiteren Angestellten, einen älteren, kugelrunden Mann, der bösartig und feige war. Wenn Monsieur Simon in der Nähe war, sagte er nichts. Aber wenn der Inhaber gelegentlich die Werkstatt verließ, um Musikgeschäfte zu besuchen und Instrumente auszuliefern oder abzuholen, erging sich der kleine runde Mann in boshaften Bemerkungen über meine Arbeit. Ich sei unpünktlich, ich sei zu langsam, ich sei untauglich. Vor allem aber arbeite ich illegal und könne jederzeit von der Polizei gefasst werden.

Ich antwortete ihm nie, weil seine kriecherische Feigheit mich an einen der Narren von Charles Dickens erinnerte. Ich vertraute vielmehr Monsieur Simon, der ein freundlicher Mann war.

Weil ich in der Nähe der Porte de Versailles wohnte, hatte ich jeden Morgen und Abend einen langen Weg zur Arbeit. Ich musste dreimal die Métro wechseln. Die Arbeit begann in der Früh um sieben Uhr, und ich schlief regelmäßig in der Métro ein. Oft passierte es, dass ich erst weit hinter einer Station aufwachte, an der ich hätte umsteigen müssen. Monsieur Simon sah mich finster oder eher ein bisschen wehmütig an, wenn ich wieder einmal eine halbe Stunde zu spät kam. Aber er sagte nie etwas.

Die Station, an der ich aussteigen musste, hieß Jourdain. Von dort war es noch ein Fußweg von zehn Minuten. Jeden Morgen begegnete ich auf dem Bürgersteig einer alten, zahnlosen Frau, die mich anstarrte. Wohin sie unterwegs war, weiß ich nicht. Weil ich stets zu unterschiedlichen Zeiten kam, hoffte ich jeden Morgen, sie nicht sehen zu müssen. Aber sie war immer da, als wüsste sie, wann ich käme. Sie war schwarz gekleidet und kaute mit ihrem zahnlosen Gaumen auf der Unterlippe.

Ich kannte sie nicht, grüßte sie nicht, wusste nicht, wer sie war. Sie hatte mir auch nichts getan. Dennoch begann ich sie zu hassen. Sie war wie eine schwarze Katze oder eine Hexe, die mir Böses wollte, indem sie mich jeden Morgen anstarrte, wenn ich vor Müdigkeit taumelnd daherkam.

Nach einiger Zeit war ich wie besessen von ihr und von der Vorstellung, sie tot zu sehen. In Gedanken tötete ich sie wieder und wieder mit Messerstichen, mit Steinen, die ich ihr an den Kopf schlug, oder indem ich sie erdrosselte.

Dreißig Jahre später besuchte ich Belleville erneut. Wieder stieg ich an der Métro-Station Jourdain aus und ging auf meinem früheren Weg hinauf zu Monsieur Simons Werkstatt. Ich fuhr zusammen, als ich glaubte, die alte Frau auf dem Bürgersteig auf mich zukommen zu sehen. Eine kleine, schwarzgekleidete Gestalt. Aber sie war es nicht. Sie war sicher tot.

Natürlich habe ich auch bei anderen Gelegenheiten Lust verspürt, Menschen, die mich verunglimpft oder sich in anderer Weise schlecht verhalten hatten, zu töten oder ihnen zu schaden. Doch das waren rasch vorübergehende Gefühlsaufwallungen, die ich in den meisten Fällen völlig vergessen habe. Ich habe allen Grund, dankbar zu sein, dass ich nicht besonders nachtragend bin.
Nur diese alte Frau auf der Straße in Belleville wurde nicht von meinem nimmermüden Zorn verschont, bis ich dreißig Jahre später zurückkehrte.
Ich glaube nicht, dieses Gefühl in einer wie auch immer gearteten rationalen Weise erklären zu können. Vielleicht war es meine Lebenssituation, die harte Plackerei, um mich in Paris über Wasser zu halten, die mich dazu brachte, meinen Hass auf diese unbekannte alte Frau zu richten. Heute denke ich zuweilen, dass es leider ein sehr menschlicher Zug ist. Ich suchte einen Sündenbock, und sie lief mir zufällig über den Weg.
Dennoch weigere ich mich, den Begriff »das Böse« in den Mund zu nehmen. Daran glaube ich nicht. Auch wenn Menschen zu allen Zeiten, unsere heutige eingeschlossen, »Böses« tun, das ist nicht dasselbe. Wer davon spricht, dass Menschen böse geboren werden, wirft uns zurück in Zeiten und Sichtweisen, als man noch an die Erbsünde glaubte. Man kam böse auf die Welt, so wie man mit Sommersprossen oder roten Haaren geboren wurde.
Ich bin in meinem Leben Menschen begegnet, die schreckliche, unerträglich barbarische Handlungen begangen haben. Ich bin Kindersoldaten begegnet, die ihre Eltern oder ihre Geschwister getötet haben. Aber sie wurden nicht böse geboren. Sie haben diese brutalen Taten begangen, weil ihnen selbst eine Waffe an den Kopf gehalten wurde. Sie hatten zu wählen

zwischen ihrem eigenen Leben und dem anderer Menschen, die zu töten sie gezwungen wurden.

Was hätte ich selbst als Dreizehnjähriger in einer solchen Situation getan? Die einzige ehrliche Antwort, die ich geben kann, lautet, dass ich es nicht weiß. Ich kann hoffen, dass ich anders gehandelt hätte. Doch sicher ist das nicht.

Selbst wenn Nachbarn auf dem Balkan einander abzuschlachten beginnen, ist kein ihnen innewohnendes, bisher nur ruhendes Böses ausgebrochen. Es sind die bösen Umstände, die die Oberhand gewonnen haben.

Es gibt immer jemanden, der darauf spekuliert und an barbarischen Übergriffen verdient.

»Die Barbarei hat immer menschliche Züge. Das macht die Barbarei so unmenschlich.«

Diesen Satz schrieb ich vor bald vierzig Jahren. Ich habe keine Veranlassung, ihn heute zu ändern.

Den Hass anderer und Gewalt durch andere habe auch ich erfahren. Nicht oft. Doch oft genug, um die Zahl zusätzlicher Leben, mit denen fast alle Menschen geboren werden, verbraucht zu haben.

Dabei bin ich nicht in besonders viele Schlägereien verwickelt gewesen. Natürlich bin ich mir mit anderen auf dem Schulhof in die Haare geraten. Meistens bekam ich Prügel, weil ich zwar schnell, aber nicht besonders stark war. Außerdem hatte ich die schlechte Angewohnheit, mich auf Prügeleien einzulassen, von denen mir klar war, dass ich dabei zwangsläufig den Kürzeren ziehen würde. Aber ich hoffte, einen Treffer landen zu können, den der andere spürte. Manchmal gelang es.

Aber diese Prügeleien waren unschuldig. Eine blutige Nase, kaum mehr.

Als ich fünfzehn Jahre alt war und einige Zeit in der schwedischen Handelsmarine arbeitete, kam ich mehrere Male nach

Middlesborough. Ich arbeitete bei der Reederei, die das schwedische Eisenerz in alle Welt verschiffte. Und Middlesborough war ein häufig angelaufenes Reiseziel. Eines Abends ging ich dort an Land, betrank mich und fand nicht zum Schiff zurück. Ich fragte ein junges Mädchen nach dem Weg. Vielleicht verstand sie mein Englisch nicht, was weiß ich. Jedenfalls kamen plötzlich ein paar junge Männer angestürmt und beschuldigten mich, sie angesprochen zu haben, als wäre sie eine Prostituierte. Das hatte ich nicht getan. Dennoch bezog ich Prügel, und irgendwie kamen mir dabei meine Schuhe abhanden. Ich fand auf Strümpfen zum Schiff zurück, es regnete, und meine Augenbrauen und Lippen waren blutverschmiert. Aber das war nicht so schlimm. Als ich an Bord ging, traf ich den dritten Steuermann, einen Norweger, der nur ein wenig ironisch grinste und vorschlug, dass ich bei meinem nächsten Landgang im Regen doch lieber Schuhe anziehen sollte.

Einige Male war es jedoch ernst. Bei einer Gelegenheit war ich überzeugt, dass ich sterben würde.

Es war in Lusaka, der Hauptstadt Sambias. Im Frühjahr 1986. Eines späten Abends wollte ich nach einem Restaurantbesuch mit meinem Wagen zu dem Haus der norwegischen Entwicklungshilfe zurückfahren, in dem ich übernachtete. Wie üblich hielt ich sorgfältig nach hinten Ausschau. Es war nicht ungewöhnlich, dass allradgetriebene Autos von der Straße gedrängt und unter Androhung von Waffengewalt geraubt wurden. Ich konnte kein verdächtiges Auto sehen, als ich von der Hauptstraße in das Villenviertel einbog, in dem ich wohnte.

Aber ich hatte mich getäuscht. In einem der Wagen, die mich überholt hatten, kannte man das Ziel meiner Fahrt. Man musste seit dem frühen Abend das Haus beobachtet haben.

Wie gewöhnlich hielt ich vor dem Eingangstor in der Mauer

und hupte zweimal. Das war das Signal für die Wachen, das Tor zu öffnen, damit ich hineinfahren konnte.
Es kam häufig vor, dass sie schliefen oder dass es ein wenig dauerte, bis sie aufmachten. Diesmal war ich froh, dass sie nicht allzu schnell waren. Die Wachen begannen gerade, die Torflügel zu öffnen, doch als sie sahen, was passierte, taten sie das einzig Richtige. Sie blieben stehen und verhielten sich still. Hätten sie Lärm gemacht, wäre eine Schießerei unvermeidbar gewesen.
Ein Wagen fuhr dicht hinter mir auf und versperrte den Weg. Plötzlich wurde mir durch das offene Wagenfenster ein Revolverlauf an die Schläfe gedrückt. Ich tat, was man in solchen Situationen tun musste. Ich zeigte meine Hände, ohne hastige Bewegungen zu machen.
Aber die Gefahr, einen Schuss in den Kopf zu bekommen, war tatsächlich sehr groß, das war mir klar. Es war die Regel, wenn Räuber zuschlugen. In Sambia stand damals die Todesstrafe darauf, überhaupt nur eine Waffe zu zeigen, auch wenn sie ungeladen war oder eine Attrappe. Die sambischen Gerichte verhängten nicht nur Todesstrafen, sondern vollstreckten die Urteile auch. Das hatte dazu geführt, dass Räuber, die Häuser oder Autos überfielen, ihre Opfer häufig erschossen. Sie schienen zu meinen, dass es keine Rolle spielte, ob sie die Waffen abfeuerten oder nicht. Wurden sie gefasst, würden sie sowieso sterben. Die Waffe an meiner Schläfe war echt, das spürte ich. Ich wurde aus dem Wagen gezerrt und konnte noch wahrnehmen, dass der Schwarze, der den Revolver in der Hand hielt, blutunterlaufene Augen hatte und stark nach Cannabis roch. Das war ebenfalls nichts Ungewöhnliches. Es ist nicht sonderbarer, als dass schwedische Bankräuber oft Drogen nehmen, bevor sie zuschlagen. Auch diese Männer haben Angst, ehe sie eine Bank überfallen.

Als ich zu Boden gezwungen wurde, war ich mir sicher, dass ich sterben würde. Und ich dachte, dass es eine seltsam sinnlose Art zu sterben war. Außerdem zu früh. Ich war noch nicht einmal vierzig Jahre alt.

Aber ich kann mich nicht erinnern, dass ich eine lähmende oder anderweitig panische Todesangst verspürt hätte. Da war nur eine Schicksalsergebenheit. Und der Duft von feuchter afrikanischer Erde. Gegen die mein Gesicht gepresst wurde.

Vielleicht dachte ich, dass es das Letzte wäre, was ich wahrnehmen sollte. Der Duft feuchter afrikanischer Erde. Aber plötzlich startete der Wagen mit quietschenden Reifen und verschwand.

Hinterher kam natürlich die Reaktion. Ich begann zu zittern, mein Puls hämmerte, und ich schlief ein paar Tage nicht. Aber ich kann mich nicht erinnern, gegenüber dem Mann, der mir die Waffe an den Kopf gedrückt hatte, Hass verspürt zu haben. Meine Dankbarkeit dafür, dass die Kugel nicht abgefeuert worden war, überwog.

Es gibt einen Epilog zu diesem Ereignis. Eines Tages, etwa einen Monat später, kam eine Benachrichtigung von der Polizei, dass man den Wagen sichergestellt hatte, der gerade über die Grenze zum Kongo gebracht wurde und dort verkauft werden sollte. Einer der Räuber war bei der Gelegenheit erschossen worden. Ich wurde gebeten, den Mann auf einem Polizeifoto zu identifizieren.

Auch wenn ich sein Gesicht nur für wenige Sekunden wahrgenommen hatte, wusste ich sofort, dass er es war. Ich erfuhr, dass er neunzehn Jahre alt gewesen war und mit großer Wahrscheinlichkeit schon drei oder vier Personen getötet hatte.

Das Leben ist kurz. Während der Tod sehr, sehr lang dauert.

»Wie lang ist die Ewigkeit?«, fragt das Kind.

Wer beantwortet die Frage?

34.

Zimmer Nummer eins

Die Chemotherapie erhielt ich immer im selben Zimmer auf der onkologischen Abteilung des Sahlgrenska Universitetssjukhus. Es war ein schon etwas schäbiges, aber stets sehr sauber geputztes Zimmer. Der Besucherstuhl, der in der einen Ecke eingeklemmt stand – der Raum war klein und eng –, hatte einen hellblauen Bezug, und die Armlehnen waren abgewetzt. Das einzige Fenster des Raums saß hoch oben in der Wand.

Vom Bett aus konnte ich durch das hohe Fenster einen kleinen Zipfel des Himmels sehen, der in diesen Wintermonaten meistens grau war.

Die Prozedur begann damit, dass mir eine der Krankenschwestern eine Nadel in einen Arm oder eine Hand einführte. Weil ich tief liegende Venen habe, die nicht gern Blut abgeben und sich außerdem gegen Nadeln wehren, die hineingepiekt werden, konnte es bis zu einer halben Stunde dauern, bevor die Kanüle, durch die Zellgifte eingeführt werden sollten, fixiert war. Manchmal kam es vor, dass eine der Krankenschwestern ihre Versuche aufgab und eine der Kolleginnen bat, ihr Glück zu versuchen. Die Venen rollten weg oder platzten, aber am Ende saß die Kanüle da, wo sie sollte.

Die Chemotherapeutika kamen in Plastikbeuteln. Meistens waren es fünf davon. Einer der Beutel war rot. Als ich nach dem Grund fragte, begriff ich sofort, dass ich mir die Antwort selbst hätte denken können. Der Inhalt war lichtempfindlich. Also konnte man keinen durchsichtigen Beutel nehmen.

Kurz vor halb zehn betrat ich das Zimmer Nummer eins. Ungefähr fünf Stunden später war ich fertig. Der Inhalt der Beutel hatte sich mit meinem Blutkreislauf vereinigt. Die meiste Zeit war ich allein im Raum. Niemand musste kontrollieren, dass es tropfte, wie es sollte. Dann und wann fragte jemand nach, ob ich auf der Toilette gewesen sei. Es war wichtig, dass die Nieren ordnungsgemäß arbeiteten.

Das taten sie. Ich trank Wasser und Tee. Nach einer Stunde stand ich auf, nahm das Gestell mit, an dem die Beutel hingen, und ging zur Toilette. Die Nieren funktionierten.

Dann und wann sah ich einen einsamen Vogel vor dem Fenster vorüberfliegen. Vielleicht hatten Vögel eigene Krankenhäuser, dachte ich. Aber kann ein gewöhnlicher kleiner schwedischer Vogel an Krebs erkranken? Ich weiß es immer noch nicht.

Während meiner dritten Chemotherapie bekam ich unerwarteten Besuch in Zimmer Nummer eins. Ich lag auf dem Bett und war eingenickt. Eben hatte eine der Krankenschwestern den dritten Beutel angeschlossen, den mit dem lichtempfindlichen Inhalt. Ich hörte, wie die Tür aufging.

Aber es war keine der Krankenschwestern. Da stand eine junge Frau, kaum älter als zwanzig Jahre. Ich hatte sie vorher noch nie gesehen und dachte, sie wäre vielleicht eine der Hilfsschwestern, die ich noch nicht kannte. Aber sie war nicht gekleidet wie jemand, der im Krankenhaus arbeitet.

Mir wurde klar, dass sie Patientin war wie ich. Sie stand da und sah mich an. Ihre Augen glänzten, ihre Bewegungen waren langsam. Als verlangte ihr jeder Schritt, jede Handbewegung eine nahezu unüberwindliche Anstrengung ab. Sie war sehr mager, ihr Gesicht war blass, ihre Augenhöhlen waren tiefschwarz, als wäre ihr die Müdigkeit wie mit Mascara aufgetragen worden.

Dann erkannte ich, dass sie eine schwarze Perücke trug. Es waren nicht ihre eigenen Haare.

Chemotherapien oder Bestrahlungen haben fast immer Haarausfall zur Folge. Ich selbst war davon verschont geblieben. Ich verlor zwar Haare, aber sie fielen mir nicht in dicken Büscheln aus und bedeckten das Kissen, wenn ich am Morgen aufwachte. Ich hatte bemerkt, dass Menschen, die von meiner Krankheit wussten, einen Blick auf meinen Kopf warfen. Haarausfall und Krebs hingen immer zusammen.
Das hatte dazu geführt, dass ich selbst verstohlen die Köpfe der Mitpatienten ansah, wenn ich in der Klinik war. Manche trugen Perücken, während andere sich nichts aus ihrer Kahlköpfigkeit machten. Ich stellte mir vor, dass es für Frauen schwieriger sein müsste. Aber das war ein Vorurteil. Es waren mehr Männer als Frauen, die ihren Haarausfall unter Perücken verbargen.
Das Mädchen stand da und blickte mich an wie jemand, der plötzlich aus dem Schlaf und aus einem Traum erwacht ist.
Sie sah nicht schwedisch aus. Was immer das heißen mag. Ihr Gesicht wies semitische Züge auf. Aber natürlich konnte sie in Schweden geboren sein. Unser Land gründet sich auf Einwanderung und Auswanderung. Wir kommen alle von irgendwoher. Ich selbst kann meine Abstammung zumindest nach Frankreich und Deutschland zurückverfolgen.
Ich nickte ihr zu, lächelte und fragte, ob sie jemanden suche. Sie schien mich nicht zu verstehen, schwankte ein wenig und setzte sich, nein, sie fiel eher auf den Besucherstuhl mit seinen abgewetzten Armlehnen. Dann lehnte sie sich zurück und schloss die Augen.
Plötzlich begriff ich, dass sie sehr krank war. Die Erde zog schon an ihr, so jung sie auch war. Ihre Müdigkeit war reine Erschöpfung. Wie sie dort auf dem Stuhl saß, wirkte sie kaum noch lebendig. Sie war schon halb aus dem Leben gegangen.
Aufs Neue öffnete sich die Tür. Eine etwa fünfzigjährige Frau trat ein. Sie warf nur einen Blick zu mir herüber, bevor sie das

Mädchen auf dem Stuhl vorsichtig am Arm fasste. Sie sprach Arabisch. Ich verstand nicht, was sie sagte, aber mir war klar, dass sie die Mutter des Mädchens war.

Auch ihr Vater kam herein, ein kleiner, schüchterner Mann mit zerfurchtem Gesicht. Auch er nahm kaum Notiz von mir, wie ich da auf dem Bett am Tropf hing. Alles drehte sich um ihre Tochter. Unendlich behutsam halfen sie ihr auf und stützten sie, als sie das Zimmer verließen.

Mich gab es nicht. Alles drehte sich um die kranke Tochter.

Die Tür wurde geschlossen. Es hallte, als wäre eine schwere Kirchentür ins Schloss gefallen. Der Tod war zu Besuch gewesen, dachte ich und gestand mir ein, dass die Begegnung mit dem Mädchen und seinen Eltern mir Angst gemacht hatte. Warum hatte das Mädchen die Tür zu Zimmer Nummer eins geöffnet? Was für eine Botschaft hatte sie für mich? Schickte der Tod seine Kuriere in verschiedene Richtungen aus?

Als eine der Schwestern kam, um den nächsten Beutel anzuschließen, konnte ich nicht anders, als ihr von dem unerwarteten Besuch zu erzählen. Ich sagte, ich hätte den Eindruck, das Mädchen sei schwer krank.

Die Schwester nickte, während sie den Beutel wechselte und kontrollierte, dass die Flüssigkeit richtig durch die Verbindungsstücke der Plastikschläuche tropfte. Dann bestätigte sie, dass das Mädchen schwer krank war. Sie sagte es auf eine Art und Weise, die mich verstehen ließ, dass der Tod nicht mehr lange auf sich würde warten lassen.

Ich fragte nicht, an welcher Art von Krebs das Mädchen litt. Keiner spricht über andere Patienten. Alle haben ihre Integrität.

Aber ich konnte nicht umhin, eine Frage zu stellen, die nicht direkt mit der Krankheit des Mädchens zu tun hatte.

»Warum kam sie in das Zimmer Nummer eins?«

Ich nahm an, dass es darauf keine Antwort gäbe. Doch es gab eine.

»Sie hat hier gelegen, als in dem Zimmer, in dem sie sonst liegt, ein Leck in der Wasserleitung war. Es war kein Platz für sie in der Pflegeabteilung frei. Sie war eine Woche hier, bevor sie in ihr Zimmer zurückkonnte.«

Und dann sagte die Schwester, wie in Klammern, als sollte ich das eigentlich gar nicht wissen:

»Ihr Gehirn ist von der Krankheit angegriffen. Manchmal verschwindet sie. Ihre Eltern suchen nach ihr, bis sie sie finden. Sie sind immer hier. Das Mädchen ist ihr einziges Kind. Die anderen Kinder sind in einem Krieg umgekommen, vor dem sie geflohen sind.«

Mehr erfuhr ich nicht. Ob die junge Frau einen Gehirntumor hatte, oder ob ihre geistige Verwirrung auf etwas anderem beruhte, weiß ich nicht. Es ist auch nicht wichtig. Als sie in mein Zimmer kam, war sie auf dem Weg irgendwohin, ohne zu wissen, wohin.

Obwohl ich dort auf dem Bett lag, war der Raum für sie vollkommen leer gewesen.

Ich habe sie oder ihre Eltern nie wiedergesehen. Ich weiß nicht einmal, wie sie hieß. Ob sie noch lebt, weiß ich auch nicht.

Aber jedes Mal, wenn ich in Zimmer Nummer eins zurückkehre, um eine Chemotherapie oder eine Bluttransfusion zu erhalten, wenn meine Blutwerte so schlecht geworden sind, dass ich kaum aufrecht stehen kann, ohne das Gleichgewicht zu verlieren, glaube ich, sie dort auf dem Besucherstuhl mit den abgewetzten Armlehnen sitzen zu sehen.

Etwas wollte sie, dieser vom Tod ausgesandte Kurier. Aber ich weiß immer noch nicht, was für eine Botschaft sie zu übermitteln hatte.

35.

Der Weg nach Salamanca
Teil I

Es war das Jahr 1985. Ich war siebenunddreißig Jahre alt. Zwei Tage zuvor war ich um vier Uhr am Morgen von der Algarve im Süden Portugals losgefahren. Ich war auf dem Weg zurück nach Schweden. Die erste Nacht schlief ich über einer Werkstatt an einer Tankstelle nördlich von Lissabon, die ein Zimmer vermietete, in dem es nach Diesel und Motoröl roch. Der Wagen, den ich fuhr, war klein und leicht. Ich brauchte ihn über Nacht nicht in eine zu Garage stellen, weil ihn kaum einer stehlen würde. Auch würde niemand das Auto aufbrechen, weil es fast leer war. Alles, was ich besaß, hatte Platz in einer Tasche, die ich mit aufs Zimmer nahm.

Am Tag darauf fuhr ich weiter nach Norden. Es war August und sehr warm. Es herrschte dichter Verkehr, weil die Ferien in Europa gerade angefangen hatten und die Menschen aus den Großstädten in den Süden fuhren, an die Riviera, die spanische Costa del Sol und eben die Algarve. Ich war mit einem fast fertigen Buchmanuskript auf dem Weg nach Hause. Von einem Kellner in einem Café in Albufeira hatte ich eine Wohnung gemietet, wo ich mit Blick auf das Meer hatte schreiben können.

Es war eine gute Arbeitsphase gewesen. Einen Monat lang gastierte in der Nähe ein Zirkus. Ich gewöhnte mich an die Musik und den Beifall. Die letzte Vorstellung sah ich mir an. Am Tag darauf packten der Zirkus und ich unsere Sachen zusammen und fuhren davon.

Im Autoradio hörte ich Nachrichtensendungen, die eine ging in die nächste über. Nichts von Gewicht schien passiert zu sein. Und zugleich schien alles von Gewicht passiert zu sein. Wie so oft waren die Nachrichten nahezu unbegreiflich.
Ich hatte mir vorgenommen, südlich von Porto nach Osten abzubiegen und über die Berge nach Spanien hineinzufahren. Wo ich übernachten würde, wollte ich mir später überlegen. Aber ich hatte vor, weit zu fahren.
Zu dieser Zeit war ich Theaterleiter und machte mir viele Gedanken darüber, wie ich im Leben zu meinen Entscheidungen kam. Im Rückspiegel konnte ich sehen, dass ich braungebrannt war. Aber meine Gedanken waren weiß. Bleich, sollte ich sagen. Den ganzen Sommer über hatte ich eine nagende Unruhe mit mir herumgetragen. Wie sollte ich es schaffen, Chef eines so schwer zu lenkenden Unternehmens zu sein, wie ein Theater es ist und wohl auch sein muss?
Ich fuhr auf der kurvenreichen Straße über die Berge an der Grenze zwischen Portugal und Spanien. Am Nachmittag erreichte ich die endlosen Ebenen im Westen Spaniens. Kilometer um Kilometer auf einer schnurgeraden Strecke durch eine vertrocknete Landschaft. Einmal zählte ich über dreißig Kilometer, bevor die Straße eine kleine, kaum merkbare Richtungsänderung aufwies. Doch danach ging es weiter endlos geradeaus.
Irgendwo hielt ich an und setzte mich in den Schatten eines vertrockneten Baums. Ich aß von meinem mitgeführten Proviant und wedelte eine Weile gegen die Fliegen an, bevor ich weiterfuhr.
Am Abend, als es schon dunkel geworden war, erreichte ich Salamanca. Ich war sehr weit gefahren, von der Tankstelle am Stadtrand von Lissabon. Also beschloss ich, in Salamanca zu übernachten. Ich kurvte eine Weile auf gut Glück durch die

Innenstadt, bevor ich ein Hotel fand, das nicht zu teuer aussah. In unmittelbarer Nähe lag auch ein Parkplatz.
Das schmale Zimmer war vermutlich einst ein Flur im Haus einer wohlhabenden Familie gewesen, das später in ein Hotel umgewandelt worden war. Aber das Bett war bequem. Ich duschte, zog mich um und legte mich darauf. Von irgendwoher drangen die Stimmen zweier Menschen herein, die beinahe friedlich miteinander stritten. Ich schnappte vereinzelte Wörter auf. Anscheinend stritten sie sich um das, worum sich alle Menschen streiten: um Geld.
Ich schlief eine Weile und träumte von dem langen Weg, den ich während des Tages zurückgelegt hatte. Aber der Traum war sonderbar. Es war nicht genau die Reise, die ich einige Stunden zuvor gemacht hatte. Zwar war es dasselbe Auto, auch die Landschaft war die gleiche. Sogar die Nachrichten im Autoradio waren eine Wiederholung dessen, was ich gehört hatte. Aber ich war nicht allein im Auto. Jemand saß auf dem Sitz neben mir. Vermutlich auch jemand auf der Rückbank. Aber ich drehte mich nicht um, um zu sehen, wer es war.
Ich steuerte den Wagen. Aber ich war auch derjenige, der auf dem Beifahrersitz saß. Ich selbst als Teenager. Keiner von uns sagte ein Wort. Dann und wann warf ich einen Blick auf die jüngere Ausgabe meiner selbst. Ich erkannte ihn natürlich. An seine Spiegelbilder pflegt man sich zu erinnern.
Als ich schließlich aufwachte, blieb ich im Bett liegen und versuchte zu verstehen, was der Traum mir hatte sagen wollen. Ich glaube, dass alles, was man träumt, immer von einem selbst handelt, auch wenn man von anderen Menschen träumt. Der Traum wollte mir mitteilen, dass ich als junger Mann immer noch wichtig für mich war. Nach und nach war ich auch davon überzeugt, dass die Person auf der Rückbank ebenfalls ich gewesen war. Aber vielleicht hatte ich nicht gewagt hin-

zusehen, weil ich das als alter Mann hätte sein können? Ich weiß es nicht.

Es war Essenszeit, kurz vor neun Uhr am Abend. Ich stand auf und überlegte, ob ich den Rezeptionisten, einen alten Mann mit Klumpfuß, nach einem Restaurant in der Nähe fragen sollte. Aber als sein Telefon klingelte, ließ ich es sein und trat auf die Straße. Es war ein warmer Abend. Die Dunkelheit war so seidenweich, wie man es nur in Südeuropa und in Afrika erleben kann. Ich streifte durch die Straßen. Die Abendgeräusche waren die gleichen wie überall. Lachende oder allgemein laute junge Menschen, Autos, bellende Hunde, dröhnende Musik aus einer Bar. Und Kirchenglocken, die plötzlich durch den Geräuschteppich drangen.

Jener Abend in Salamanca hatte etwas Zeitloses. Ich verspürte die Leichtigkeit, die sich einstellt, wenn ich mich an einem Ort befinde, wo absolut niemand weiß, wer ich bin und wo ich bin.

Ich erinnere mich noch, dass ich dachte: von Sveg nach Salamanca. Eine lange Reise, von einem verschneiten und melancholischen Norrland in die alte spanische Stadt Salamanca. Die Reise hat viele Jahre gedauert. Niemand hätte vorhersagen können, dass ich einmal an einem warmen Augustabend hier spazieren gehen und nach einem Restaurant suchen würde.

Ich blieb vor verschiedenen Restaurants stehen, ging dann aber immer weiter. Schließlich entschied ich mich für eine Gaststätte, die für die Menschen in der Nachbarschaft ein Stammlokal zu sein schien und gut besucht war. Kein Restaurant, das in erster Linie auf Touristen eingestellt war. Ich bekam einen kleinen Tisch in einer Ecke. Sowohl der Stuhl, auf dem ich saß, als auch der Tisch vor mir wackelten. Aber ich ließ es auf sich beruhen. Der Kellner, schwarz und weiß gekleidet, kam zu mir und empfahl das Kalbsschnitzel. Es sei das beste Gericht des Abends, erklärte er. Als er merkte, dass ich kein Spanisch sprach, ihn aber dennoch einigermaßen verstand, nahm er sich die Zeit, deutlich zu reden. Er riet zu einem Wein aus der Gegend. Ich nahm alle Vorschläge an. Der Kellner war um die sechzig, ungefähr so alt, wie ich jetzt bin, da ich dies schreibe. Er hatte schütteres Haar, einen grauen Schnurrbart und eine auffallend große und spitze Nase. Er bewegte sich zwischen den Tischen und den zahlreichen Gästen, ohne bei all dem, was er bewältigen musste, gehetzt zu wirken.

Ich aß mein Kalbsschnitzel, trank den Wein, der allerdings ein bisschen sauer war, und hinterher Kaffee. Die Gäste brachen allmählich auf, mehr und mehr Tische leerten sich. Die lange Autofahrt und die angespannte Aufmerksamkeit auf den endlosen Geraden hatten mich müde im Kopf gemacht. Ich kann mich nicht erinnern, einen einzigen Gedanken gedacht zu haben.

Plötzlich entstand an einem Tisch ein Streit. Ein älterer Mann und eine jüngere Frau beschwerten sich lautstark beim Kellner. Mit dem Nachtisch, den er ihnen gerade serviert hatte, war etwas nicht in Ordnung. Der Mann schob ihn entrüstet von sich und erklärte, glaube ich, dass er ungenießbar sei, ja, dass es skandalös sei, so etwas überhaupt anzubieten. Der Kellner stand schweigend da und hörte zu. Er hatte nicht den Kopf gesenkt wie ein Schuljunge, der sich schämt, sondern hielt den Blick unverwandt auf das Paar am Tisch gerichtet. Als der Mann keine Worte mehr zu finden schien, übernahm die junge Frau. Ihre Stimme war schrill, und ich meinte, so viel zu verstehen, dass sie im Grunde nur das wiederholte, was der Mann vorher gesagt hatte.

Die ganze Zeit über balancierte der Kellner sein Tablett auf der einen Hand. Darauf waren Gläser und Kaffeetassen, die er von den Tischen abgeräumt hatte.

Dann ging alles sehr schnell. Die Frau mit ihrer schrillen Stimme hatte noch nicht aufgehört zu schimpfen, da hob der Kellner plötzlich das Tablett über seinen Kopf und warf es auf den Boden, sodass Gläser und Tassen zersplitterten. Dann band er sich in aller Ruhe seine weiße Schürze ab und ließ sie auf den Fußboden fallen. Und ging. Er verließ das Restaurant in Hemdsärmeln, ohne sich umzudrehen, und war weg.

Das Schweigen im Restaurant war kompakt. Der Koch war aus der Küche gekommen. Der Mann, der an der Kasse saß, hatte sich nicht gerührt. Jetzt rief er nach einem Schwarzen, der mit Spülhandschuhen an den Händen aus der Küche kam und anfing, die Scherben aufzulesen. Der Mann an der Kasse erhob sich und bedauerte den wenigen noch verbliebenen Gästen gegenüber das Vorgefallene. Alle beeilten sich, mit dem Essen fertig zu werden und zu bezahlen. Am Ende war nur noch ich da. Der Schwarze fegte die letzten Scherbenreste zusammen. Ich bezahlte bei dem Mann an der Kasse. Er hob die Hände in einer resignierten Geste. Aber er sagte nichts.

Ich trat hinaus in die kastilische Nacht. Auf dem Weg zurück ins Hotel überquerte ich die Plaza Mayor, einen der größten Plätze, die ich je gesehen habe. Es waren noch viele Jugendliche unterwegs, kein Wunder, ein Fünftel der Einwohner von Salamanca sind Studenten.

Gerade als ich in eine Seitenstraße zu meinem Hotel einbog, sah ich den Kellner, der sein Tablett und seine Schürze hingeworfen hatte. Er stand vor dem erleuchteten Schaufenster eines Reisebüros. Er rauchte und schien tief in Gedanken versunken zu sein. Ich blieb stehen und betrachtete ihn. Im Schaufenster hingen Reklameschilder für Reisen in alle Welt. Ob er sich diese Angebote ansah oder nur nachdachte, weiß ich natürlich nicht.

Als er seine Zigarette zu Ende geraucht und den glimmenden

Stummel mit dem Absatz ausgetreten hatte, ging er davon und verschwand im Schatten zwischen zwei Straßenlaternen. Ich habe ihn nie wiedergesehen.

In jener Nacht lag ich lange wach. Ich spürte das heftige Bedürfnis, einen Entschluss zu fassen. Als hätten der plötzliche Aufbruch des Kellners, als er genug hatte, und sein entschiedener Auszug aus dem Restaurant mich selbst vor eine Herausforderung gestellt. Ich stand mitten im Leben, war also in jener Lebensphase, von der man sagt, in ihr seien sowohl die Risiken wie auch die Möglichkeiten am größten.

Deutlicher als je zuvor erkannte ich, dass ich aufs Neue entscheiden musste, was ich aus meinem Leben machen wollte. Das kurze Leben, das von zwei Ewigkeiten, zwei großen Dunkelheiten umgeben ist. Die mir zugemessene Zeit war nicht mehr so lang wie zehn Jahre zuvor.

In dieser Nacht in der alten keltischen Stadt, als ich bis zur Morgendämmerung wachlag, warf ich mein symbolisches Tablett zu Boden, riss mir die Schürze ab und ging hinaus in die warme Nacht.

Ich dachte daran, dass alle wirklich wichtigen Erzählungen von Aufbruch handelten. Sei es vom Aufbruch einzelner Menschen oder vom Aufbruch ganzer Gesellschaften, ob aufgrund von Revolutionen oder Naturkatastrophen. Zu schreiben, nahm ich mir vor, musste heißen, mit meiner Taschenlampe die dunklen Ecken auszuleuchten und nach bestem Vermögen das offenzulegen, was andere zu verbergen versuchten.

Es gibt immer zwei Typen von Erzählern, die ständig miteinander ringen. Der eine schaufelt zu und verbirgt, während der andere aufgräbt, um zu enthüllen.

In der Morgendämmerung schlief ich ein paar Stunden. Als ich aufwachte, hatte ich Halsschmerzen und Fieber. Die Vorstellung, die zweihundert Kilometer bis Madrid und von da

aus nach Norden zur Küste und weiter nach Frankreich zu fahren, war mir zuwider. Ich beschloss, noch eine Nacht in dem nicht allzu teuren Hotel zu bleiben.
Am Abend ging ich zurück zu dem Restaurant. Aber ich ging nicht hinein. Durchs Fenster konnte ich sehen, dass an diesem Abend ein anderer Kellner dort arbeitete.
Am Tag danach setzte ich meine Reise fort. Es war ein langer Weg von Sveg nach Salamanca gewesen. Aber es gab auch eine Reise, die in Salamanca ihren Anfang nahm, und von deren Ende ich noch nichts wusste.
Das Tablett wird auf den Boden geworfen. Porzellan und Glas zersplittern.
Ein Aufbruch findet statt. Eine Frage wird gestellt.

36.

Der Mann, der von seinem Pferd stieg

Die Krankheit hat mich zerstreuter gemacht als gewöhnlich. Ich weiß nicht, wie viel Zeit ich jeden Tag mit der Suche nach Brillen, Papieren, Telefonen, Pillenschachteln, Büchern und halb gegessenen Äpfeln verbringe.

Aber ich habe viele Jahre nach einem Baum gesucht, ohne im Geringsten vergesslich oder zerstreut zu sein.

Er soll irgendwo an der alten Landstraße zwischen Cambridge und London stehen. Angeblich gibt es sogar eine Gedenktafel, die darüber informiert, dass an eben dieser Stelle einst ein junger Mann von seinem Pferd stieg und sich in den Schatten des Baums setzte, um einen lebensentscheidenden Beschluss zu fassen.

Ich habe den Baum nie gefunden. Hauptsächlich, weil ich mir nie die Zeit genommen habe, ernsthaft zu suchen. Das bereue ich. Aber ich weiß, dass der Baum noch immer dort steht, als Gedenkstätte für einen Menschen, den die Geschichte weitgehend vergessen hat.

Er hieß Thomas Clarkson. Als sein Vater starb, war Thomas sechs Jahre alt. Von da an lebte er in ärmlichen Verhältnissen, erhielt jedoch Unterstützung, um an der theologischen Fakultät der Universität Cambridge zu studieren. Niemand zweifelte daran, dass er hochbegabt und tiefgläubig war. Seine Laufbahn als Geistlicher in der anglikanischen Kirche schien vorhersehbar zu sein.

Das minimale Stipendium, das Thomas Clarkson erhielt,

reichte nur für das Allernotwendigste. Er war ständig gezwungen, sich nach neuen Geldquellen umzusehen, um seinen Lebensunterhalt bestreiten zu können.
Eines Tages sah er die Ausschreibung für einen Wettbewerb, bei dem die Teilnehmer einen Essay über die Sklaverei schreiben sollten. Dies war im Jahr 1785. Die Französische Revolution würde die Sklaverei bald für unmenschlich erklären. Überall in England erhoben vor allem die Quäker immer lauter ihre Stimme dagegen, dass Menschen andere Menschen besitzen und unter harten Arbeitsbedingungen bis aufs Letzte ausnutzen konnten.
Thomas Clarkson beschloss sogleich, sich an dem Wettbewerb zu beteiligen. Ihn lockte nicht in erster Linie das Thema, sondern die Möglichkeit, eine Geldsumme zu gewinnen, die ihm helfen würde, sein Studium zu bestreiten. Clarkson reiste nach Liverpool und führte Interviews mit Kapitänen und Reedern von Sklavenschiffen. Heimlich traf er Sklaven, die geflohen waren und jetzt unter äußerst schwierigen Umständen in den Slumvierteln lebten.
Nicht alle waren gleichermaßen daran interessiert, mit ihm zu sprechen. Der Sklavenhandel verzeichnete jährlich hohe Umsätze. Diejenigen, die sich daran bereicherten, waren nicht bereit, ihre lukrativen Einkünfte aufs Spiel zu setzen. Einmal versuchten Unbekannte, Clarkson von einem Wellenbrecher ins Meer zu werfen.
Aber Thomas Clarkson konnte nicht länger die Augen vor den Tatsachen verschließen. Langsam rückte der Gedanke an die verlockende Preissumme in den Hintergrund. Stattdessen erkannte er, wie grausam das Leben der afrikanischen Sklaven auf den Zuckerrohrplantagen in der Karibik oder den Baumwollfeldern in den amerikanischen Südstaaten war.
Clarkson schrieb an den Abenden im Licht einer kleinen Öl-

lampe. Aus den Schatten kamen die Stimmen, die er gehört, und die Gesichter, die er gesehen hatte. Da waren die arroganten Reeder, die die Afrikaner schlicht als eine Handelsware wie jede andere betrachteten. Sie seien zwar lebende Wesen, doch das seien Ziegen und exotische Tiere auch. Clarkson erinnerte sich an die Aussage der Kapitäne auf den Sklavenschiffen, wonach Brutalität und harte Disziplin notwendig waren, damit die Ladung schwarzer Menschen kein Chaos und keine Unordnung anrichtete, damit sie nicht meuterten oder sich im kollektiven Selbstmord ins Meer stürzten.
Aber vor allem dachte er an die Sklaven, denen die Flucht gelungen war und die jetzt mit der Angst lebten, eingefangen und ihren »Besitzern« wieder zugeführt zu werden. Daran, wie man sie auspeitschte, bevor man sie auf ein neues Schiff setzte, einem Ziel entgegen, wo sie in einer Auktion versteigert werden würden.
Thomas Clarkson schrieb seinen Essay und reichte ihn bei der Jury ein. Als er einige Zeit später erfuhr, dass er gewonnen hatte und zu der feierlichen Zeremonie eingeladen war, bei der seine Schrift präsentiert werden sollte, wusste er nicht, ob er hingehen sollte. Vielleicht sollte er in seiner Dankesrede von dem Schatten sprechen, den der Sklavenhandel mit seinem ungerechten menschlichen Leid auf die britische Nation warf?
Er nahm seinen Preis und die damit verbundene Ehrung entgegen. Aber er sagte nichts von dem, was er eigentlich dachte.
Thomas Clarksons erstes Pastorat war in London. An einem Tag im Frühjahr stieg er auf sein Pferd und machte sich auf den Weg in die Hauptstadt. Es war ein schöner Tag. Aber seine Unruhe wuchs, je mehr er sich London näherte.
Mittags hielt er an und stieg vom Pferd. Er befand sich in der Nähe von Wadesmill in Hertfordshire. Dort setzte er sich in

den Schatten des Baumes, nach dem ich zweihundert Jahre später suchen sollte, ohne ihn zu finden. Sein Pferd graste. Es war ein friedlicher Tag, aber in Thomas Clarksons Innerem tobte ein Sturm. Er sah ein, dass er einen Entschluss fassen musste.

Clarkson gab später weder schriftlich noch mündlich Auskunft darüber, wie lange er dort im Schatten des Baumes gesessen hatte, bis er seinen lebenswichtigen Entschluss fasste. Der Abstand zwischen Cambridge und London beträgt rund fünfundsechzig englische Meilen. Also kann er kaum Zeit gehabt haben, viele Stunden unter dem Baum zu sitzen.

Als er schließlich aufstand, sein Pferd wieder sattelte und weiterritt, hatte er seine Entscheidung getroffen. Eigentlich hatte er das schon viel früher getan. Aber in diesem Augenblick formulierte Thomas Clarkson seinen Entschluss für sich selbst und vor dem Gott, an den er zeitlebens glaubte.

Er wollte nicht Pastor werden. Er wollte sein Leben der Aufgabe widmen, mit all seinen Kräften für die Abschaffung der Sklaverei und die Freilassung sämtlicher Sklaven zu kämpfen. Der Zufall, der ihn an einem literarischen Preisausschreiben teilnehmen ließ, hatte sein Leben auf den Kopf gestellt.

Thomas Clarkson wurde dem Versprechen, das er sich selbst gegeben hatte, nie untreu. Und er lebte lange genug, dass er den Abolition Act, der den Sklavenhandel und den Besitz von Sklaven im britischen Imperium für ungesetzlich erklärte, noch erlebte.

Sein Leben war nie einfach und oft gefährlich. Die mächtigen Feinde, denen er schon bei seinem ersten Besuch im Sklavenhändlermilieu von Liverpool begegnet war, hörten niemals auf, ihn zu bekämpfen. Er wurde zum Opfer zahlreicher Überfälle und Mordversuche. Aber Thomas Clarkson lebte, nachdem er seinen Entschluss gefasst hatte, noch einundsechzig

Jahre und starb schließlich eines natürlichen Todes. Er wusste, dass sein Leben all die Anstrengung wert gewesen war, der er sich unterzogen hatte.

Heute ist Thomas Clarkson so gut wie vergessen. Abgesehen von der Gedenktafel, die ich nicht gefunden habe, gibt es keine eigentliche Stätte der Erinnerung an ihn. Die eine oder andere Büste, hier und da ein Gemälde und natürlich die Erinnerung, die für immer eingeschrieben ist in das Buch über die Menschen, die den Sklavenhandel schließlich zu Fall brachten.

Thomas Clarkson zählt zu der schattengleichen Menge von Helden, die die besten Vertreter der Menschheit ausmachen. Sie sind auf den unterschiedlichsten Gebieten tätig gewesen, Männer, Frauen, überraschend häufig außerdem Kinder und Jugendliche. Sie haben große Gefahren in Kauf genommen, und sie haben die Angst besiegt, die sie alle oft gehabt haben müssen.

Aber was ich schreibe, stimmt nicht ganz. Denn Sklavenhandel gibt es noch immer auf der Welt. Auch wenn Thomas Clarkson und seinesgleichen die Wurzelfäden jenes Sklavenhandels durchtrennt haben, der von diversen Rechtssystemen sanktioniert wurde, ist die brutale Verlockung, mit Menschenhandel Geld zu verdienen, nicht verschwunden. Auch heutzutage ist Sklavenhandel in der Welt weit verbreitet. Jetzt dreht es sich nicht um die Zuckerrohrernte auf den Inseln der Karibik oder um das Pflücken von Baumwolle auf den glühend heißen Feldern im Süden der USA. Jetzt ist die Triebkraft hinter dem Sklavenhandel häufig das Geld, das man an Prostitution, Kinderarbeit unter unerträglichen Bedingungen und Saisonarbeit wie dem Pflücken von Tomaten, Beeren und Nüssen verdient, unter Umständen, die an Sklavenarbeit erinnern. Die Betroffenen haben keine Rechte, werden nicht selten um ihren Lohn geprellt und leben getrennt von ihren Familien.

Die Prostitution auf der Welt hat heute ein schlimmeres Ausmaß erreicht als vielleicht jemals in der Geschichte der Menschheit. Die Ausgebeuteten sind oft sehr jung und werden mit Gewalt gezwungen, sich zu fügen.

Jetzt treten andere Menschen vor. Gegen Gewalt und Unterdrückung zu kämpfen ist nicht nur ein Recht, das wir haben, sondern eine Möglichkeit. Um Unrecht unter keinen Umständen zu akzeptieren.

Auch heute brauchen wir Menschen, die von ihren Pferden steigen, um sich in den Schatten eines Baumes zu setzen und wichtige Entscheidungen zu treffen.

Irgendwo gibt es sie immer. Trotz allem.

37.

Während das Kind spielt

Ich bin nicht religiös und bin es auch nie gewesen. Als Kind versuchte ich, ein Abendgebet zu sprechen, aber es kam mir immer wie eine Unwahrheit vor.

Jetzt, da ich Krebs habe, bin ich oft erstaunt über Menschen, die in ihrem Glauben Trost finden. Ich respektiere sie, aber ich beneide sie nicht.

Dennoch bin ich mir einer Sache sicher, als ob ich trotz allem eine diffuse religiöse Überzeugung mit mir herumtrüge. Die Menschen, die vielleicht in vielen tausend Jahren nach einer langen, schweren Eiszeit auf der Erde leben, werden im Besitz einer elementaren Lebensfreude sein.

Ohne sie überlebt der Mensch nicht. Die Seele der Menschheit wäre amputiert.

Wir können so viele Überlebensstrategien entwickelt haben, wie wir wollen, aber die elementare Kraftquelle, die uns erfolgreich macht, sind unsere Lebenslust und Lebensfreude. Wenn man diese mit einer ständig lebendigen Neugier und Wissbegierde paart, erhält man ein Bild der vollkommen einzigartigen Fähigkeit des Menschen.

Tiere begehen nicht Selbstmord. Menschen tun es, wenn ihnen die Lebensfreude abhandengekommen ist, oft aufgrund eines schweren körperlichen oder seelischen Schmerzes. Wer der erste Mensch war, der seinem Leben vorzeitig ein Ende setzte, ist eine sinnlose Frage, weil sie nicht beantwortet werden kann. Aber dass Selbstmord den Menschen durch den Aufstieg und den Niedergang der Zivilisationen wie ein Schatten begleitet hat, lässt sich in umfassender Weise dokumentieren. Auch wenn Kleopatra wahrscheinlich keine Schlange benutzte, von der sie sich beißen ließ, können wir sicher sein, dass sie Selbstmord beging. Durch die Geschichte hindurch haben sich unzählige Menschen erhängt, ertränkt, erschossen oder vergiftet. In vielen Fällen können wir verstehen, warum ein Mensch das Leben als unerträglich empfindet, in anderen Situationen stehen wir ratlos und fragend da, erschrocken darüber, wie wenig wir über den plötzlich Verstorbenen wussten.

Albert Camus hat in einem berühmten Textfragment geschrieben: »Es gibt nur ein wirklich ernstes philosophisches Problem: den Selbstmord. Die Entscheidung, ob das Leben sich lohne oder nicht, beantwortet die Grundfrage der Philosophie.«

Die Antwort auf diese Frage ist die Lebenslust.

Woraus diese Lebensfreude und Lebenslust eigentlich besteht, darüber wissen wir heute bedeutend mehr als vor nur dreißig oder vierzig Jahren. Letztlich handelt es sich dabei um chemische Prozesse. Ob wir es wollen oder nicht, geht es auch bei unseren geistigen Erlebnissen um verschiedene messbare physiologische Abläufe.

Der zuvor erwähnte junge Mann, der beschlossen hatte, Hirnforscher zu werden, wird diese Prozesse zu verstehen und sie zu durchdringen versuchen. Es sind mühsame Expeditionen, und ihre Ergebnisse sind schwer zu deuten. Aber unser Wissen um die innersten Prozesse, die uns zu Menschen machen, nimmt mit jedem Tag zu.

Viele wollen nichts davon hören, dass selbst der leidenschaftlichsten Verliebtheit letztlich ein chemischer Prozess zugrunde liegt. Liebe und erotische Leidenschaft müssen etwas anderes sein, denken wir. Diese chemischen Prozesse, die als magische Quelle in der Phase der Verliebtheit an die Oberfläche treten, führen zu bestimmten Handlungen, angefangen vom Überreichen von Geschenken bis hin zum Schreiben von Gedichten, zu unendlicher Schlaflosigkeit, Eifersucht oder unmäßiger Freude. Aber am Beginn stehen Abläufe in Zellen und chemische Prozesse, die darüber entscheiden, wie wir uns fühlen und wie wir denken, wie wir lieben und wie wir unter der Erniedrigung der Eifersucht leiden.

Es ist für mich schwer einzusehen, dass diese chemischen Prozesse eine Abwertung der menschlichen Leidenschaften zur Folge haben sollten. Im Gegenteil, muss ich sagen. Michelangelo hätte nicht schlechter gemalt, wenn er gewusst hätte, was wir heute über die wunderbaren, unsichtbaren Vorgänge wissen, die die wichtigsten Ereignisse und Entschlüsse in unserem Leben steuern.

Aber die Lebensfreude und die Lebenslust? Ich stelle mir vor, dass man sie auf folgende Weise beschreiben kann: Ein Kind sitzt allein da und spielt. Es ist völlig versunken in sein Spiel und seine Gedanken. Und es singt vor sich hin. Einen wortlosen, summenden Gesang.

Das Kind ist wie eine Insel in einem Meer, in dem die Dünung friedlich an den Strand rollt. Es existieren keine dunklen Wolkenfelder, keine Bedrohungen, keine Angst und kein Schmerz. Das Leben ist nur ein einziges angenehmes Erlebnis von Spiel und Summen.

Die Zeit ist stehengeblieben. Sie existiert nicht. Die Wände des Zimmers sind weich und wogend. Hinauszusehen oder in sich hineinzusehen ist dasselbe.

Das Kind spielt und summt. Das Leben ist vollkommen.

Vielleicht gibt es Gefühle, die so stark sind, dass sie ganz einfach nicht mit Worten ausgedrückt werden können, sondern gesungen werden müssen? Das Summen des Kindes erzählt das Gleiche wie der portugiesische Fado-Sänger oder die Sopranis-

tin, wenn sie die Arie der Königin der Nacht aus der *Zauberflöte* singt.
Ohne Lebensfreude und Lebenslust gibt es keine Menschen. Wer seiner Würde beraubt wurde und darum kämpft, sie zurückzugewinnen, kämpft ebenso sehr für sein Recht, die Lebenslust zurückzuerobern. Auch die Menschen, die versuchen, aus Kriegsgebieten und verarmten Agrargesellschaften ins reichere Europa zu gelangen, und tot an den Stränden von Lampedusa und Sizilien angetrieben werden, waren auf dem Weg, die Lebensfreude zurückzugewinnen.
Man spricht von vielen der illegal nach Europa kommenden Emigranten zuweilen verächtlich als von »Glückssuchern«.
Natürlich sind sie das. Das sind wir alle. Auch wenn das Wort »Glück« abstoßend geworden ist, nachdem es auf sentimentale und kommerzielle Weise entwertet wurde, so sucht doch jeder nach der Möglichkeit für ein anständiges und auf Lebenslust gegründetes Leben.
Warum haben sich Millionen von Europäern vor einhundertfünfzig Jahren auf den Weg nach Nord- und Südamerika gemacht? Aus genau den gleichen Gründen.
Das summende Kind sitzt immer da, am Strand oder im Garten oder auf dem Bürgersteig, spielend und wortlos singend.
Es gibt keine Menschlichkeit oder irgendeine Zivilisation ohne dieses summende Kind. In der kargen Welt der Biologie besteht der Sinn des Lebens lediglich darin, dass wir uns in dem ständig anhaltenden Reihentanz der Generationen vermehren. Bei einer etwas weiter reichenden Definition des Lebenssinns aber sollte man sagen, dass jede Generation die Schuldigkeit hat, alle unbeantworteten Fragen an eine neue Generation weiterzugeben, die ihrerseits versuchen muss, die Antworten zu finden, die zu finden uns verwehrt geblieben ist.
Eines Tages wird dieser Reihentanz, der tief in den Nebeln der

Geschichte begann, als wir die Schimpansen hinter uns ließen und unseren eigenen Weg einschlugen, natürlich zu Ende gehen. So viel wissen wir über unsere Geschichte, dass alle Arten früher oder später aussterben oder in etwas ganz anderes übergehen. Es gibt keinen Grund anzunehmen, dass dies unsere Art nicht treffen wird. Dass wir das erfolgreichste Produkt der Evolution sind, rettet uns kaum davor, eines Tages auszusterben.
Niemand weiß, wann oder wie. Man kann vielleicht ahnen, dass wir uns aufgrund der uns innewohnenden destruktiven Kräfte selbst auslöschen werden. Aber wir können es nicht mit Sicherheit wissen. Ein Verrückter mit Zugang zu einem großen Kernwaffenarsenal kann schon heute mit einem einfachen Knopfdruck alles zu Ende bringen.
Gegen das, was ich hier schreibe, könnte man etwas ins Feld führen, das ich die »Geschichte der Barrikade« nennen möchte. Bei allen Revolten oder Revolutionen ging es letztlich darum, dass Menschen am Boden einer Gesellschaft ihr Recht auf Lebenslust und Lebensfreude einforderten. Oft werden diese Revolten brutal niedergeschlagen von Menschen, die meinen, das Recht zu haben, über die Lebensbedingungen anderer Menschen zu bestimmen.
Nach der Studentenrevolte 1968 in Paris haben die französischen Behörden die Straßen im Umkreis der Sorbonne asphaltiert. Heute kann man dort keine Pflastersteine mehr herausreißen. Aber nichts kann Menschen, die revoltieren, daran hindern, andere Möglichkeiten zu finden, um ihre Barrikaden zu errichten.
Während das Kind spielt und seine wortlose Melodie summt.

38.

Elena

Aber nicht alle Kinder spielen.

Hier ist eine Geschichte von zwei Kindern, die ihre ganze Zeit damit verbrachten zu überleben.

Vor ungefähr fünfzehn Jahren lebten zwei Brüder auf der Straße unmittelbar vor dem Theater in Maputo, wo ich arbeite. Der eine war etwa fünf Jahre alt. Wenn man ihn nach seinem Alter fragte, wusste er es nicht genau. Aber sein Bruder, um den er sich kümmerte, war drei, das konnten wir gemeinsam ausrechnen.

Ein Fünfjähriger kümmerte sich also um einen Dreijährigen.

Eine Zeitlang schliefen sie in einem länglichen Kühlschrankkarton, den sie gefunden hatten. Das war, bevor neue Kühlschränke, in Plastikfolie gewickelt, geliefert wurden. Als die großen Kartons verschwanden, verloren auch viele Straßenkinder ihre Häuser.

Sie schliefen zusammengedrängt in dem Karton. Morgens wusch der ältere Bruder den jüngeren. Aber die Kleider konnten sie natürlich nicht wechseln. Ich habe nie Menschen getroffen, weder früher noch später, die so vollständig ohne Eigentum waren. Sie lebten in den Fußspuren des Franz von Assisi, auch wenn sie ihn natürlich nicht kannten.

Tagsüber zogen sie durch die Straßen und bettelten. Viele waren natürlich gerührt von den beiden Brüdern, doch weil die Stadt voll war von obdachlosen Straßenkindern, die wie Ratten oder Straßenhunde lebten, waren die Jungen beim Betteln nicht besonders erfolgreich. In der Abenddämmerung tauchten sie wieder vor dem Theater auf und verschwanden in ihrem Karton.

Sie lebten mehrere Jahre lang dort auf der Straße. Wenn das Wetter zu schlecht war, ließen wir sie im Theater schlafen. Wir gaben ihnen Kleidung, die sie sofort in etwas Essbares umwandelten, indem sie sie für Brotrinden an andere Straßenkinder verkauften. Obgleich sie völlig abhängig waren von dem, was andere Menschen ihnen gaben, hatte zumindest der ältere Bruder eine eigentümliche, aber ganz selbstverständliche Würde. Es schien, als wüsste er sehr genau, dass er glanzvoll eine unmögliche Aufgabe bewältigte: Vater oder Mutter für seinen Bruder zu sein, obwohl sie zusammen kaum acht Jahre alt waren.

Ich sah sie jedoch nie spielen. Ihr Leben war Überleben und nicht viel mehr. Es lag ein finsterer oder vielleicht eher verbissener Ernst über dem Willen des Älteren, seinen kleinen Bruder einigermaßen sauber zu halten und dafür zu sorgen, dass er jeden Tag etwas zu essen bekam. Für Spiel war weder Zeit noch Gelegenheit.

Oft waren sie schweigsam. Wenn der ältere Bruder mit dem jüngeren redete, sprach er immer leise, dicht an seinem Ohr, als hätte er ihm große Vertraulichkeiten und Geheimnisse mitzuteilen, die nur für ihn gedacht waren.

Eines Tages kamen Menschen von einer katholischen Mission und holten die Jungen. Wenige Wochen später waren sie wieder zurück auf der Straße. Aber da war ihr Karton verschwunden. Das Haus war von anderen obdachlosen Kindern beschlagnahmt worden. Zeitweilig schliefen sie auf einer Treppe, bevor es ihnen gelang, einen anderen Karton aufzutreiben. Einen kleineren diesmal, weil eine Gefrierbox darin verpackt gewesen war.

Eines Nachmittags kamen sie mit einem zotteligen Hunde-

welpen im Schlepptau. Gott weiß, wo sie ihn herhatten. Er musste sich mit den zwei Brüdern in den Karton zwängen.
Eines Tages war der Welpe wieder verschwunden, ebenso plötzlich, wie er gekommen war. Jemand hatte gesehen, wie die Jungen ihn für ein halbes Hähnchen an ein anderes Straßenkind verkauften.
Ich versuchte, mit den Kindern zu reden. Doch der Ältere wachte wie ein Habicht über seinen jüngeren Bruder. Er ließ keinen, dem er nicht vertraute, in seine Nähe. Und er vertraute wohl niemandem. Straßenkinder haben selten Veranlassung dazu, erwachsenen Menschen zu vertrauen. Es gibt schließlich Gründe dafür, dass Kinder von ihren Eltern getrennt werden und in einem Karton auf der Straße landen.
Straßenkinder gibt es, seit die frühen Zivilisationen begannen, die Stammesgesellschaft aufzubrechen. Straßenkinder sind auch nicht nur ein Phänomen der ärmsten Städte und Länder auf der Welt. Auch in den reichsten Metropolen gibt es Kinder, die auf der Straße leben.
In all meinen Jahren in Maputo habe ich beharrlich versucht, mich mit Straßenkindern anzufreunden. Es funktionierte mehr oder weniger gut. Manchmal konnte es Jahre dauern, einen Kontakt herzustellen, der nicht nur aus erlogenen Antworten auf meine Fragen bestand. Oft starben diese Kinder vorher, weil ihr Leben so brutal war. Einige schnüffelten sich zu Tode, andere starben an Malaria oder Durchfallkrankheiten. Eines wurde erschlagen.
Mit diesen beiden Brüdern konnte ich mich irgendwann unterhalten. Ich begriff, dass sie zu der großen Gruppe derer gehörten, die untragbaren Familienverhältnissen freiwillig den Rücken kehren. Dass Löwenmännchen, die ein Rudel übernehmen, die Nachkommen des früheren Rudelführers totbeißen, dazu gibt es ein Pendant im Leben der Menschen. Wenn

ein Mann eine Frau heiratet, die bereits Kinder hat, kann es vorkommen, dass er diese aus dem Haus jagt. Oder er macht ihnen das Leben so unerträglich, dass sie freiwillig gehen. Und die Mütter sind abhängig und können nicht protestieren. Das könnte Hunger oder sogar den Tod bedeuten. Oder die Prostitution wird zu ihrer einzigen Rettung.

Nicht ein einziges Mal habe ich auf der Straße jemanden gesehen, der ein Angehöriger der Jungen hätte sein können. Sie lebten in einem Vakuum, ohne Vergangenheit und ohne Zukunft. Die beiden hatten buchstäblich nur einander. Ein leeres und wüstes Universum begann gleich jenseits ihres Straßenhorizonts.

Gleichzeitig war es eine große und innige Liebesgeschichte. Wenn der jüngere Bruder Bauchschmerzen hatte, streichelte der ältere ihm zärtlich über das schmutzige Haar. Die Gesten von Liebe und Fürsorge scheinen mir ererbt zu sein, nicht erlernt.

Ich fand nie heraus, wie sie hießen. Der ältere Junge sagte, er heiße Joao, wechselte jedoch plötzlich zu Armando, als wäre das die einfachste Sache der Welt. Der jüngere Bruder hieß vielleicht George oder Vitor. Gewissheit bekamen wir nie. Und ein Nachname existierte nicht. Selbstverständlich hatte keiner von ihnen einen Ausweis.

Eines Tages waren die beiden Brüder fort. Der Karton war leer und durchnässt, bald wurde er von anderen benutzt. Was aus den Jungen geworden ist, weiß ich nicht. Sie müssen neun und sieben Jahre alt gewesen sein, als sie verschwanden. Ich sah sie nie wieder, obwohl ich oft nach ihnen suchte, wenn ich zu Fuß oder mit dem Auto in der Stadt unterwegs war. Keiner, den ich fragte, wusste, wohin sie gegangen waren. Sie waren einfach nicht mehr da.

Etwas sagt mir jedoch, dass sie leben und dass sie heute erwachsen sind. Obwohl Straßenkinder oft ein kurzes Leben haben, glaube ich, dass diese beiden Brüder überlebt haben. Gerade weil sie einander hatten.

Es gibt auch andere Straßenkinder, die durchkommen. Vor einigen Jahren traf ich ein Mädchen, das Elena hieß. Sie war einst als Neugeborenes von katholischen Nonnen im Rinnstein gefunden worden. Hätte sie eine halbe Stunde länger dort gelegen, wäre sie gestorben. Ihre Mutter hatte sie kurz vor Tagesanbruch am Straßenrand abgelegt und war verschwunden. Man fand sie nie. Und vielleicht suchte man auch nicht besonders intensiv, weil man wusste, es war aussichtslos.

Elena landete in einem Kinderheim, wo sie aufwuchs, in die Schule ging und die Möglichkeit zu einem anständigen Leben bekam.

Als ich sie traf, war sie achtzehn Jahre alt und wollte gerade an der Universität beginnen. Ich fragte, was sie studieren wolle.

»Ich will Anwältin werden«, antwortete sie. »Und ich will mich auf die Rechte von Kindern spezialisieren. Davon verstehe ich nämlich einiges. Mein Leben hat in einem Rinnstein begonnen.«

Ich denke stets an Elena, sobald die beiden verschwundenen Brüder mir in den Sinn kommen.

Natürlich.

39.

Wecken nach Platon

Es gibt Menschen, die meinen, dass Gott eine Uhr ist.
Aber eine Uhr, die stillsteht. Die einmal ging, aber jetzt stehengeblieben ist. Vielleicht weil die Feder nicht aufgezogen wurde oder das Pendel nicht schwang. Oder ganz einfach, weil Gott nie eine eigene Uhr nötig hatte, da er selbst die Zeit ist.
Für diese Menschen ist Gott der Uhrmacher. Sein Himmel ist eine kleine Schweiz, wo er in seiner Uhrmacherwerkstatt umhergeht und zusieht, wie die Engel Uhren herstellen, die sie anschließend auf magischen Wegen in die Seelen der Menschen befördern.
Gott ist die Zeit, während den Menschen die Möglichkeit gegeben ist, sie zu messen, sich von ihr ängstigen zu lassen oder sie zu verehren.
Zeit zu messen, Zeit zu berechnen, genaue Zeitpunkte festzulegen, damit beschäftigen sich Menschen schon sehr lange, auf jeden Fall viele Tausende von Jahren. Das können wir an archäologischen Funden ablesen. Aber wahrscheinlich sind Menschen mit einem entwickelten Gehirn schon immer von dem fasziniert gewesen, was vermutlich einst nicht einmal einen Namen hatte: der »Zeit«. Anfänglich diente die Natur selbst als Messinstrument. Die Sonne ging im Osten auf und im Westen unter. Aber nicht genau an der jeweils gleichen Stelle und nicht zur gleichen Zeit wie im Monat zuvor. Die Zeit wurde gemessen, indem man Übereinstimmungen und Unterschiede verglich, die sich von Jahr zu Jahr wiederholten. Niemand konnte sich etwas anderes vorstellen, als dass der

Atem und der Wille der Götter für diese Variationen verantwortlich waren, die das Jahr über kamen und gingen.
Die ersten von Menschen angefertigten Zeitmesser waren Sonnenuhren. Die Natur und die Wanderung des Schattens erzählten von der Regelmäßigkeit, die Sonne und Welt aufwiesen. Ritzte man Kerben in einen Kreis auf einer Felsklippe, konnte man sehen, dass der Schatten immer wieder denselben Gang nahm. Dann wurden diese Kerben mit anderen für die Veränderung des Wetters und der Temperaturen kombiniert. Und man konnte an ihnen ablesen, wann man säen oder sich auf die Jagd nach bestimmten Tieren begeben musste.
Man erkannte auch, dass Tiere keine Sonnenuhr hatten. Sie kümmerten sich nicht um das Atmen der Götter. Was wohl bedeuten musste, dass sie völlig ohne Seele waren.
Noch heute würden wir es als Tierquälerei betrachten, einem Affen eine Armbanduhr anzulegen oder einem Pferd eine Kuckucksuhr auf den Rücken zu binden.
In unserer Vorstellung leben Tiere ein absolut zeitloses Dasein. Nur wir sind uns dessen bewusst, dass Zeit und Raum nicht voneinander zu trennen sind. Die Zeit ist der eigentliche Raum. Wir können die Zeit nicht sehen, doch sie ist da und durchdringt und lenkt unser Dasein.
Von den Toten sagen wir zuweilen, dass sie »aus der Zeit« gegangen sind, was im Grunde genommen natürlich Unsinn ist. Es ist lediglich eine poetische Umschreibung dafür, dass unser Herz als die biologische Uhr, die wir alle in uns tragen, aufgehört hat zu schlagen.
Ich muss es nicht mit anhören, aber es wäre mir peinlich, wenn einer meiner Angehörigen bei meinem Tod sagen würde, ich sei »aus der Zeit« gegangen. Ich habe nie in der Zeit gelebt, sondern versucht, mitten in meinem eigenen Leben und dem anderer zu leben.

In Afrika habe ich erlebt, dass viele schöne Frauen an ihren Armen Uhren trugen, die nicht funktionierten. Sie hatten diese Kreationen nicht als Zeitmesser, sondern als Schmuck angelegt.

Auch das hat mich einiges über die Zeit gelehrt. Und dass die Zeit nicht immer alles beherrschen sollte.

Von dem großen Philosophen Platon wird erzählt, dass er sich vor zweitausend Jahren eine raffinierte Konstruktion ausdachte, um seine Schüler in der Akademie am Morgen pünktlich zu wecken. Er benutzte eine der frühesten Methoden, die Zeit zu messen, nämlich Wasser. Mithilfe zweier Schalen, etwas Metallschrott und regelmäßig tropfendem Wasser schuf er eine absolut zuverlässige Weckvorrichtung. Wenn die erste der Schalen gefüllt war, ergoss sich das Wasser in die zweite, in der der Schrott lag. Diese Schale kippte um, der Schrott fiel heraus und traf mit lautem Gepolter auf eine Unterlage. Bei diesem Krach wurde jeder wach.

Der Tag hatte begonnen.

Platon konstruierte Wecker. Aber er machte sich auch viele Gedanken über das Wesen der Zeit. Verfolgt man die Geschichte der Philosophie, findet man keinen bedeutenden Denker, der nicht viel Mühe darauf verwendet hätte, über dieses Phänomen nachzugrübeln. Was ist Zeit? Was ist der Gang der Zeit? Was ist der Sinn der Zeit? Von Aristoteles bis Wittgenstein haben sich alle Philosophen mit großem Variationsreichtum über die Zeit geäußert. Doch was die Zeit eigentlich für den einzelnen Menschen bedeutet, hat noch keiner erklären können.

Die Zeit gehört dir, kann man sagen. Dir allein und keinem anderen. Was du damit machst, muss deshalb deine Entscheidung sein. Du kannst auf die Zeit pfeifen oder sie als Gefährten mit auf deine lebenslange Reise nehmen, die mit der Heimkehr in das gleiche Dunkel endet, das auch der Ausgangspunkt war.

Aber die Zeit ist nicht nur mit Zeigern gemessen worden. Ein gebräuchliches Bild, das in vielen schwedischen Wohnungen noch immer an der Wand hängt, war die berühmte Alterstreppe. Die frühesten Beispiele in unserem Land wurden im 17. Jahrhundert geschaffen. Am meisten verbreitet sind die Bilder in Kurbitsmalerei aus dem späten 18. Jahrhundert.

Die Treppe ist wie eine Brücke gebaut. Ganz links steht die Wiege, ganz rechts tun zwei Hundertjährige den Schritt von der letzten Stufe in den Tod. In der Mitte der Treppenbrücke, ganz oben, steht der Mensch in seiner vollendeten Reife: der Fünfzigjährige.

Natürlich entstand das Bild zu einer Zeit, als die Gesellschaft ganz anders aussah. Man könnte eine neue Version des Bildes malen, die unsere heutige Gesellschaft darstellt, aber dennoch vom Leben und der Zeit erzählt, die einander an der Hand halten.

Der Herzschlag ist natürlich das bekannteste Symbol dafür, wie die Zeit in uns allen tickt. Mit ein paar mehr Schlägen, als die Minute Sekunden hat, schlägt das Herz zwischen Geburt und Tod seine Milliarden Schläge.

Was auch immer die Zeit ist, wir leben mit ihr stets in der Vergangenheit. Im gleichen Augenblick, in dem ich das Wort, das ich hier schreibe, denke und niederschreibe, hat die Zeit es bereits in die Vergangenheit gerückt. Was wir auch tun, erinnern oder wovon wir träumen, es gibt kein Jetzt. Auf diese Weise leben wir immer mit einem Fuß in einer Zeit, die vergangen ist und nie wiederkommt.

Die Zeit und unsere Fähigkeit, sie zu messen, können uns auch Geheimnisse offenbaren. Die Zeit kann eine Waage sein, auf der wir unsere Handlungen wiegen.

Während ich dies schreibe, können wir in Zeitungen lesen, dass ein Stück des Grönlandeises, das über tausendfünfhundert Jahre brauchte, um sich zu bilden, binnen weniger als fünfundzwanzig Jahren geschmolzen ist. So stark hat die zunehmende Menge von Kohlendioxid in der Atmosphäre das klimatische Gleichgewicht gestört. Niemand kann mehr leugnen, dass es wärmer geworden ist. Das alte Eis schmilzt. Und niemand kann abstreiten, dass menschliches Handeln dies verursacht hat.

Die Zeit wird also zu einem Instrument, mit dem wir die Konsequenzen unseres Handelns messen können.

Und die Zukunft? Wird es überhaupt noch jemanden geben, der dann den Gang der Zeit misst?

Oder ist die Uhr für immer stehengeblieben?

40.

Winternacht

Ich misstraue Menschen, die behaupten, niemals Angst zu haben. Ich glaube, dass sie lügen. Sie belügen weniger andere als sich selbst.

Die größte Angst, die Menschen haben, ist die Angst zu sterben. Die Gelegenheiten, bei denen ich mich in Lebensgefahr glaubte, sind inzwischen recht zahlreich. Aber wirklich gefährlich war es nicht öfter, als ich an meinen zwei Händen abzählen kann.

Einmal war ich kurz davor, am Steuer einzunicken, und konnte gerade eben noch einem tutenden Laster ausweichen, der mich sonst zermalmt hätte. Ich fuhr auf einen Parkplatz und stieg aus. Es war Winter, fast drei Uhr in der Früh. Ich stand da, während vereinzelte Wagen auf der Straße vorbeifuhren. Langsam kroch mir die Angst in den Nacken. Es war wirklich haarscharf gewesen. Wie ein kurzes Augenzwinkern. Geradewegs ins Dunkel hinaus, mit sechsunddreißig Jahren und ein paar Monaten.

Aber ich habe Schlimmeres erlebt. Und dabei ging es gar nicht um mich selbst. Ich erinnere mich an eine Nacht in Kitwe in Sambia, als über Funk der herzzerreißende Notruf einer Inderin einging, die in ihrer Wohnung überfallen worden war. Sie war überzeugt davon, dass die Räuber sie töten würden. Weder ihr noch mir gelang es, die Polizei zu erreichen. Ihre panische Stimme zu hören war das Schlimmste, was ich je erlebt habe.

Ich dachte damals, das weiß ich noch, dass sich die Inderin

fühlen musste wie ich, als ich überfallen worden war. Es war eine schreckliche Art zu sterben. So jung, so unnötig, sein Leben zu verlieren. Für ein paar sambische Geldscheine, eine Armbanduhr und einen Toyota Landcruiser, der schon bessere Tage gesehen hatte.

Die Angst schützt uns, sie warnt uns und hilft uns vielleicht auch, das Unerträgliche zu ertragen.

Angst und Vergessen gehören zusammen. Aber nicht mehr als Erinnerung und Angst.

Hätten wir die Angst nicht nötig gehabt, um als Art zu überleben, hätten wir sie auch nicht verspürt.

Genauso verhält es sich mit der Phantasie und der Vorstellungskraft, die ebenfalls wunderbare Überlebensinstrumente sind.

41.

Erleichterung

Im Frühstadium meiner Krebsbehandlung wurden zahlreiche Untersuchungen vorgenommen. Unter anderem wurde mein Kopf geröntgt. Der Tag, an dem Eva und ich zur Klinik gingen, um das Ergebnis zu erfahren, war einer der schlimmsten während dieser Krankheit. Hatte der Krebs mein Gehirn erreicht? In diesem Fall wäre mein Leben wohl ziemlich bald vorbei.
Aber Mona, die damals meine Ärztin war, sagte, sie hätten im Gehirn nichts gefunden. Eva drückte meine Hand ganz fest und sagte zu Mona: »Danke! Danke!«
Ich fühlte in diesem Augenblick eine sehr große Erleichterung. In Gedanken kehrte ich zu jener Bootsfahrt mit den Flusspferden zurück, die mich leicht hätten töten können. Aber meine Gedanken bewegten sich auch noch weiter zurück zu einem Fußballspiel in Fredrikstad in Norwegen.
Ich saß hoch oben auf einer Tribüne. Plötzlich entdeckte ich ganz unten einen kleinen Jungen, der zu der Tribüne hinaufschaute. Sein Gesicht verzog sich vor Schmerz, und er begann zu weinen. Ich verstand sofort, warum. Er hatte sich ein Eis oder eine Wurst gekauft, und als er jetzt zurückkam, fand er seinen Vater oder seine Begleitperson nicht wieder. Auf eine erschreckende Weise war er in dieser Menschenmasse völlig einsam und verloren. Ich wollte schon zu ihm hinuntergehen, als sein Vater ihn entdeckte, aufstand und ihm zuwinkte.
Die Erleichterung des Jungen vergesse ich nie.
Im Jahre 1972 beendete ich das erste Buch, das ich an einen Verlag schicken wollte. Ich hatte zuvor drei verschiedene Manu-

skripte geschrieben, die ich nicht gut genug fand. Und ich hatte mir vorgenommen, nichts einzuschicken, von dem ich mir nicht sicher war, dass es angenommen und veröffentlicht werden würde. Das war natürlich nicht nur ein hochmütiger, sondern auch ein tollkühner Vorsatz. Niemand kann so etwas von vornherein wissen.

Ich ging mit dem Manuskript zum Briefkasten, zögerte jedoch lange, bis ich es hineinplumpsen ließ. Es war an einem Frühlingsabend. Ich kann die Szene noch vor mir sehen. Allein am Briefkasten. Das Manuskript im braunen Umschlag. Die Zukunft fiel in einen dunklen Kasten. Wohin würde sie führen?

Ich wartete bis zum Ende des Sommers. Es waren lange Monate. Das Schweigen schien nicht enden zu wollen. Aber eines Tages im August rutschte eine Postkarte mit einem Foto des Dichters Dan Andersson durch meinen Briefschlitz. Der Verleger, an den ich mein Manuskript geschickt hatte, schrieb mir, man habe es jetzt gelesen und beschlossen, es als Buch herauszubringen.

Was empfand ich da? Ich weiß noch, dass ich nackt am Briefschlitz stand und dass der Fußboden unter meinen bloßen Füßen kalt war. Spürte ich Freude? Jubel? Ich erinnere mich an eine große Erleichterung, die wie ein warmer Schauer durch meinen Körper rieselte. Ich hatte mich nicht getäuscht. Das Manuskript war gut genug, um veröffentlicht zu werden.

Ich setzte mich auf den Fußboden und holte tief Luft. Dann atmete ich aus.

Die Erleichterung hat mich mein Leben lang begleitet, sie war mindestens ebenso bedeutsam wie das Gefühl von Freude. Nach jeder Premierenvorstellung an einem Theater, die einigermaßen gut aufgenommen wurde, habe ich in erster Linie Erleichterung verspürt. Die Freude und vielleicht sogar eine

Spur von Stolz waren weniger wichtig und vor allem von kurzer Dauer.

Rezensionstage für neue Bücher können quälend sein. Sind die Kritiken einigermaßen ordentlich, ist die Erleichterung wieder da. Geht es weniger gut, kann ich mich ein, zwei Tage schlecht fühlen. Doch dann verschwindet das Unbehagen. Auch hier tritt schließlich eine Art Erleichterung ein.

Ein Mann, der im Jahre 1797 eine grenzenlose Erleichterung empfunden haben muss, war Edward Jenner, ein Landarzt in der englischen Grafschaft Gloucestershire. Auf einem Porträt kann man sein Gesicht betrachten. Er hat einen fülligen Mund, klare, offene Augen und eine große Nase. Aus seinem Gesichtsausdruck spricht etwas Überzeugendes. Er scheint voll Selbstvertrauen zu sein.

Das Porträt wurde nach 1797 gemalt. Da hatte er seine große und lebensentscheidende Erleichterung im Alter von siebenundvierzig Jahren bereits hinter sich.

Jenner war in Berkeley geboren, wo er auch sein ganzes späteres Leben tätig sein sollte. Er hatte einem ortsansässigen Arzt assistiert und später seine Ausbildung als Mediziner in London erhalten. Als Dreiundzwanzigjähriger kehrte er frisch examiniert in sein Heimatdorf zurück, wo sein Vater Pastor war.

In seiner Praxis im ländlichen Berkeley begegnete Jenner allen Arten von Menschen, doch die meisten waren Bauern, die Felder bewirtschafteten und Viehzucht betrieben. Er lernte ihre Krankheiten kennen, machte sich aber auch ihr Wissen darüber zu eigen, warum bestimmte Menschen erkrankten und andere nicht.

Vor allem eine ständig wiederkehrende Erzählung setzte sich in seiner Erinnerung fest. Es war die Behauptung, dass die vielen Melkerinnen, zumeist junge Frauen, die zuvor an Kuhpocken erkrankt waren, nicht an den ansteckenden, tödlichen Pocken erkrankten. Jenner grübelte darüber nach und begann zu ahnen, woran das lag. Aber sollte er es wagen, seine Annahme, von der er mehr und mehr überzeugt war, in einem Versuch zu testen? Was wäre, wenn er sich irrte? Er würde das Leben eines Menschen aufs Spiel setzen, obendrein musste es ein Kind sein, denn Kinder waren am härtesten von den wiederkehrenden Pockenepidemien betroffen.

1796 unternahm er einen Versuch an einem achtjährigen Jungen namens James Phipps. Er infizierte den einen Arm des Jungen mit Eiter von Kuhpocken. Als der Junge später mit den eigentlichen Pocken infiziert wurde, zeigte sich, dass er immun war.

Was Edward Jenner empfunden haben muss, als der Junge nicht erkrankte und starb, kann nur die höchste Form von Erleichterung gewesen sein. Er hatte recht gehabt. Und er hatte es gewagt, an dem Jungen den ersten Versuch einer Impfung durchzuführen.

Jenner durchlebte das, was Schopenhauer später als die drei Phasen der Wahrheit beschreiben sollte. Zuerst wurde er verlacht, dann wurde er bekämpft, und schließlich wurde seine Wahrheit als Selbstverständlichkeit betrachtet.

In einer satirischen Zeichnung vom Beginn des 19. Jahrhunderts sehen wir Menschen, deren Köpfe zu Kuhköpfen geworden sind, nachdem sie Jenners »Vaccination« (vom Lateinischen *vacca*, Kuh) unterzogen wurden.

Schon 1797 hatte Jenner einen Bericht über den Fall des James Phipps an die Royal Society gesandt. Dort war er mit dem Hinweis, seine Beweise seien unzureichend, auf Ablehnung gestoßen. Jenner fuhr fort mit seinen Impfungen, unter anderem an seinem kaum einjährigen Sohn. 1798 legte Jenner der Royal Society erneut einen Bericht mit seinen Resultaten vor. Es sollte jedoch noch einige Zeit dauern, bis seine revolutionie-

rende Forschung und seine Versuche die Mauer der Vorurteile und Zweifel zu durchbrechen vermochten. Schließlich ließ sich nicht länger abstreiten, dass Impfungen vielen Menschen das Leben retteten. Jenner wurde berühmt. Die Wahrheit hatte gesiegt. Wieder muss er große Erleichterung verspürt haben. Er widmete sich fortan dem Studium weiterer Möglichkeiten von Impfungen, beschäftigte sich aber auch mit den damit verbundenen Risiken.
Edward Jenner lebte bis zum Jahr 1823. Ich stelle mir vor, dass er dann und wann James Phipps wiederbegegnete – oder zumindest an ihn dachte –, dem er die Möglichkeit zu leben, statt an den Pocken zu sterben, geschenkt hatte.
Erleichterung ist eines unserer stärksten Gefühle.

42.

Verirrt

Einmal verirrte ich mich in einem dichten und wild gewachsenen Wald in Västergötland. In der hereinbrechenden Dämmerung tanzte ich ein gespensterhaftes Ballett mit mir selbst zwischen den Bäumen. Ich war dreizehn Jahre alt und einige Monate zuvor aus Härjedalen nach Borås gezogen.

Borås war für mich eine große Stadt. An meinem ersten Sonntagmorgen dort ging ich früh aus dem Haus und hatte zwei Vorsätze: Ich wollte herausfinden, wie viele Kinos es in der Stadt gab. Und ich wollte zurückfinden in die Södra Kyrkogatan, in der ich zu dem Zeitpunkt wohnte. Ich entdeckte an jenem Morgen sechs Kinos. An fünf Namen erinnere ich mich noch heute, der sechste ist mir entfallen. Vielleicht war es das Palladium?

Später in jenem Frühjahr machten wir einen Schulausflug. Es war Ende April oder Anfang Mai. Die Abende waren noch kalt, aber schon hell. Was der Grund für den Ausflug war, weiß ich nicht mehr genau. Wir fuhren mit dem Bus. In meiner Erinnerung sehe ich halb verwischte Gesichter der Schulkameraden von damals. Wir hielten mitten im Wald bei einer Art gelbem Tagungszentrum. Ein sehr kleiner runder Mann mit einer runden Brille erzählte uns mit schriller Stimme etwas über die västergötländische Geschichte. Eine alte Pfeilspitze wanderte von Hand zu Hand.

Danach spazierten wir durch den Wald zu irgendeiner Ruine. Meine Erinnerung ist in diesem Punkt sehr undeutlich. Der Mann mit der runden Brille war nicht mehr dabei. Jetzt beglei-

tete uns stattdessen eine grauhaarige Frau, die von Varnhem redete. Aber wir befanden uns nicht in Varnhem, da bin ich mir sicher. Es war weiter weg, in Richtung Skara und Lidköping.
Dann war Schluss. Einer der Lehrer, die dabei waren, erklärte, dass wir uns in dreißig Minuten beim Tagungszentrum versammeln würden. Am besten sei es, auf dem gleichen Pfad zurückzugehen, auf dem wir gekommen waren. Aber man könne auch Abkürzungen nehmen, wenn man den Mut hatte.
Das Letzte war natürlich ein Witz. In den Wäldern von Västergötland gab es keine Raubtiere. Bären und Wölfe waren dort schon vor mehr als hundert Jahren verschwunden.
Ich beschloss, eine Abkürzung zu nehmen. Bis zu dem gelben Tagungsgebäude waren es vielleicht zwei Kilometer. Die Richtung kannte ich. Ich freute mich darauf, als Erster anzukommen und dastehen und abwarten zu können, wann meine Klassenkameraden eintrafen. Ich schlug sogleich ein hohes Tempo an, und nach nur wenigen Metern hatte mich der Wald verschluckt. Er war dichter und hügeliger, als ich ihn mir vorgestellt hatte. Aber die Strecke, die ich zurücklegen musste, war nicht weit. Ich lief um einige kleine Hügel herum, fand Lücken zwischen den Felsblöcken, die im Wald verstreut lagen, und wusste, dass ich bald das gelbe Haus zwischen den Bäumen erblicken würde.
Aber es tauchte kein Haus auf. Zuerst beschlich mich ein undeutliches Gefühl, dann kam die Einsicht: Ich hatte mich verirrt. Und keine Ahnung, wo ich mich befand. Der Wald war still. Nur ein schwaches Rauschen in der Dämmerung war zu hören. Keine entfernten Stimmen von Schulkameraden, keine Autos, nichts. Weil es bewölkt war und Regen in der Luft lag, konnte ich nicht ausmachen, wo die Sonne stand. Zuerst versuchte ich, in meinen eigenen Fußspuren zurückzugehen, um den Weg zu finden. Aber es gab kaum Spuren auf dem Boden.

Ich konnte nicht erkennen, woher ich gekommen war. Die Bäume und die Felsblöcke sahen alle gleich aus und boten mir keine Hinweise.

Ich konnte sehr nah an dem Weg sein, auf dem ich gekommen war, oder auch sehr weit davon entfernt. Der Teufel war mir auf leisen Sohlen gefolgt und hatte alle Spuren verwischt.

Ich ging der Reihe nach in verschiedene Richtungen und prägte mir Felsblöcke mit speziellen Merkmalen oder das Wurzelgeflecht umgestürzter Bäume ein. Aber es half nicht. Ich vermutete, dass ich den üblichen Fehler von Menschen machte, die sich verirrt hatten. Ich glaubte, geradeaus zu gehen, bewegte mich aber im Kreis.

Wie lange ich umherirrte, weiß ich nicht. Ich fragte mich, ob man inzwischen angefangen hatte, nach mir zu suchen. Oder ob man nicht genau nachgezählt und gar nicht bemerkt hatte, dass ich fehlte. Ich hatte keinen besten Freund, der mich vermissen würde. Dafür war ich noch nicht lange genug in der neuen Stadt mit den sechs Kinos.

Ich glaube nicht, dass ich an diesem Abend zu irgendeinem Zeitpunkt richtige Angst hatte. Vielleicht war die einbrechende Dämmerung beängstigend, weil die Zeit, den richtigen Weg zu finden, immer knapper wurde. Aber ich bin mir nicht sicher. Ich suchte weiter, weil es das Einzige war, was ich tun konnte.

Plötzlich hörte ich Stimmen. Ich hielt inne und horchte. Ein Mann und eine Frau sprachen miteinander. Sie sprachen Finnisch. Die Stimmen kamen näher. Da entdeckte ich einen Weg, der unmittelbar an der Stelle vorbeiführte, an der ich mich befand. Ich hockte mich hinter einen umgestürzten, halb verrotteten Baum und sah einen Mann und eine Frau von etwa vierzig Jahren, die Papiertüten mit Lebensmitteln trugen. Ich erinnerte mich jetzt, dass wir auf dem Weg zu dem Tagungs-

zentrum an einigen neu gebauten Mietshäusern vorbeigefahren waren, die wie in den Wald geworfen wirkten. Der Gedanke hatte mich gestreift, dass dort wohl all die finnischen Näherinnen wohnten, die bei Algots arbeiteten.
Als die Finnen verschwunden waren, folgte ich dem Weg und fand das Tagungszentrum. Der Bus war weg. Das gelbe Haus schien verlassen zu sein. Aber dann trat ein Mann auf die Treppe. Er rauchte Pfeife. Vermutlich hatte er meine knirschenden Schritte auf dem Kies gehört.
»Der verlorene Sohn«, sagte er. »Hast du dich verlaufen?«
»Ja, so war es wohl.«
»Weil du eine Abkürzung genommen hast?«
»Ich habe mich verirrt.«
»Abkürzungen können gefährlich sein«, sagte er. »Man kann schneller ankommen. Man kann sich aber auch verlaufen und nie ankommen.«
»Hat jemand nach mir gesucht?«
»Sie haben eine Zeitlang gewartet. Dann habe ich gesagt, ich würde dich schon wiederfinden.«
Er nahm die Pfeife aus dem Mund und pfiff leise. Ein Hund kam aus dem Haus.
»Stella findet alles«, sagte er. »Sie hat einen phantastischen Spürsinn. Ich hatte vor, noch eine halbe Stunde zu warten, bevor ich sie loslassen wollte. Aber jetzt bist du von selbst zurückgekommen. Ich rufe deinen Lehrer an, und dann bestelle ich dir ein Taxi. Das bezahlt die Schule.«
Ich hatte das Ereignis im Wald schnell vergessen. Ein paar Witzeleien meiner Klassenkameraden und ernste, hochgezogene Augenbrauen meines Lehrers, das war alles. Ich selbst habe wohl nie daran gedacht, dass die Geschichte es wert wäre, sich an sie zu erinnern.
Viele Jahre später fing ich jedoch plötzlich an, von dem gelben

Tagungszentrum und meinem Umherirren im Wald zu träumen. Im Traum war das Erlebnis furchteinflößend. Der Mann und die Frau, die auf dem Waldweg Finnisch sprachen, wurden zu bedrohlichen Gestalten, die mir etwas antun würden, wenn sie mich erblickten. Die Bäume des Waldes und der weiche Boden verbargen alte Fallgruben, die sich jederzeit wieder auftun konnten. Als ich zum Tagungszentrum kam, war es verlassen. Alles war verschlossen. Ich kam nicht hinein. Und es wurde sehr kalt. Als wäre nicht Frühling, sondern tiefer Winter mit starkem Frost.

Der Traum wiederholte sich ein ums andere Mal. Ich konnte seine Botschaft nur so deuten, dass es doch in gewisser Weise ein traumatisches Erlebnis gewesen war. Aber in meinem Innersten glaubte ich nicht an diese Erklärung.

Jetzt, da ich an Krebs erkrankt bin, verstehe ich das Gefühl der Orientierungslosigkeit. Ich befinde mich in einem Labyrinth ohne Ein- oder Ausgänge. An einer schweren Krankheit zu leiden heißt, sich im eigenen Körper nicht mehr zurechtzufinden. Es geht etwas vor, das man nicht kontrollieren kann.

Vor einigen Jahren habe ich nach dem alten Tagungszentrum gesucht. Ich brauchte ein paar Stunden, um es zu finden. Es lag noch immer ebenso gelb da, obwohl die Farbe teilweise abblätterte. Das Gebäude gehörte jetzt einer Freikirche. Ich streifte eine Weile umher. Den Waldweg gab es nicht mehr. Er war durch einen breiteren Weg ersetzt worden, der in eine andere Richtung führte. Doch die Bäume und die Felsblöcke schienen die gleichen zu sein. Und die Mietshäuser im Wald waren ebenfalls dieselben wie vor vielen Jahren.

Ich fragte mich, was wohl aus der finnischen Näherin und ihrem Mann geworden war. Lebten sie noch?

Ich weiß es natürlich nicht.

So viele Fragen. So wenige Antworten.

43.

Der Weg nach Salamanca
Teil II

Es kommt immer noch vor, dass ich im Traum die lange gerade Strecke nach dem Grenzübergang im Gebirge zwischen Portugal und Spanien zurücklege.

Im Traum ist der Weg nach Salamanca ebenso lang. Der Traum scheint die Abstände nicht zu verringern.

Die Erinnerung an den Tag und die Nacht in Salamanca besteht nicht nur aus der Episode mit dem Kellner, der plötzlich genug hatte und die Schürze fallen ließ. Es gibt noch ein weiteres, ebenso merkwürdiges Erinnerungsbild.

Es geschah am Tag danach. Auch diese Geschichte spielte sich in einem Café ab. In einem Hinterzimmer, dessen Wände mit kolorierten Fotos schöner Rassepferde bedeckt waren, wurden einige wenige Gerichte serviert.

Ich setzte mich an einen Tisch auf dem Bürgersteig. Es war kurz nach der Frühstückszeit, und viele Stühle waren frei. Ich bestellte eine Tasse Kaffee und begann in Gedanken, meine weitere Reise zu planen. Wenn irgend möglich, wollte ich versuchen, an diesem Tag bis Lyon zu fahren. Aber ich sah rasch ein, dass ich dann schon vor mehreren Stunden hätte aufbrechen müssen. Also beschloss ich, an diesem Tag nur die französische Grenze zu überqueren. Ich hatte es nicht eilig.

Eile ist beinahe immer der Ausdruck eingebildeter menschlicher Bedürfnisse.

Plötzlich bemerkte ich eine Dame von etwa sechzig Jahren, die allein an einem Tisch saß. Vor ihr stand ein großes Glas

Milch. Daneben ein Glas Sherry. Ich sah, wie sie den Sherry in die Milch goss und diese dann mit einem langen Löffel umrührte.
Sie war elegant gekleidet, trug funkelnde Armbänder und Halsketten. Ob sie echt waren, konnte ich nicht erkennen. Aber ich entdeckte, dass sie Angst hatte, so große Angst, dass ihre Hände zitterten. Das konnte ich sogar von meinem Tisch aus sehen.
Falls es nicht Angst war, musste sie starke Schmerzen haben, überlegte ich. Etwas beunruhigte sie.
Sie war vollständig von ihren Gefühlen in Anspruch genommen. Den Straßenverkehr und die Menschen auf dem Bürgersteig schien sie nicht wahrzunehmen. Ihre zitternden Hände markierten die Grenze zu einer Welt, die nicht die ihre war.
Sie rührte ihr Milchglas nicht an. Ich weiß immer noch nicht, was mich an ihr so faszinierte. Vielleicht ihre Unerreichbarkeit und meine Neugier, was sie wohl dazu veranlassen mochte, sich von der Welt abzukapseln.
Ein Polizeiauto fuhr mit heulenden Sirenen die Straße entlang. Auch darauf reagierte sie nicht.
Ich hatte vielleicht zehn Minuten dagesessen und sie beobachtet, als ein Kellner zu ihr trat und etwas sagte. Sie stand mit einer heftigen Bewegung auf. Das Milchglas geriet ins Schwanken, doch der Kellner bekam es gerade noch zu fassen. Die Frau war schon im Inneren des Cafés verschwunden. Als ich mich umwandte, konnte ich durch das Fenster sehen, dass sie zur Theke geeilt war und einen Telefonhörer ergriff, den ihr der Mann an der Kasse reichte. Sie hörte zu, ohne selbst etwas zu sagen. Dann und wann verschwand sie aus meinem Blickfeld, wenn Menschen vor dem Fenster vorbeigingen.
Das Gespräch war kurz. Sie legte den Hörer auf und sank auf einen Stuhl. Ich hatte jetzt eine Erklärung bekommen. Sie

hatte auf eine Nachricht gewartet, vor der sie Angst hatte. Jetzt hatte sie diese erhalten, und sie war so schlimm, wie sie befürchtet hatte.

Aber ich irrte mich. Dort in dem Café in Salamanca lernte ich, dass der Ausdruck von Freude und der Ausdruck von Trauer manchmal identisch sein können. Freude kann sich als Erleichterung zeigen, Trauer als Resignation. Die Gesten sind in beiden Fällen gleich.

Die Dame kehrte zu ihrem Tisch und dem Glas mit der Milch zurück, die sie mit Sherry gewürzt hatte. Sie setzte sich und trank das halbe Glas. Ihre Hände hatten aufgehört zu zittern. Ihr ganzes Gesicht strahlte Erleichterung aus. Selten habe ich einen Menschen eine so stille und gleichzeitig jubelnde Freude ausdrücken sehen. Eine erwartete Todesbotschaft war vielleicht nicht gekommen. Die Furcht vor einer Krankheitsdiagnose war vielleicht der großen Freude gewichen, dass man gesund war.

Plötzlich hatte sie es eilig. Sie legte das Geld auf den Tisch, ließ das noch halb gefüllte Glas Milch stehen, stand auf und verschwand die Straße hinunter.

Da tat ich etwas, was mich immer noch verwundert. Dass ich neugierig sein kann bei Dingen, die mich im Grunde nichts angehen, räume ich gern ein. Neugier ist für mich eine Quelle der Inspiration. Ich winkte den Kellner zu mir und fragte in meinem schlechten Spanisch, ob er wisse, wer die Frau gewesen sei. Der Kellner nickte.

»Señora Carmen«, sagte er. »Sie kommt sonst immer mit ihrem Mann. Er ist sehr krank. Aber sie hat gerade am Telefon erfahren, dass er nicht stirbt. Jetzt geht sie zu ihrem Hutgeschäft und öffnet den Laden. Ich freue mich für sie. Die beiden haben keine Kinder. Sie haben nur einander.«

Ich bezahlte und verließ das Café. Eine Stunde später war

es mir gelungen, mich aus dem komplizierten Straßennetz der Stadt herauszumanövrieren und Kurs gen Norden zu nehmen.

Dies geschah vor fast dreißig Jahren. Ich bin nie wieder nach Salamanca zurückgekehrt. Aber manchmal denke ich, dass ich es tun sollte. Eine Pilgerreise. Wir haben alle unsere Wallfahrtsorte, die nicht notwendigerweise mit religiösen Gedanken und Gefühlen zu tun haben.

In Salamanca sah ich einen Menschen, der aufbegehrte und einen Aufbruch wagte. Aber ich sah auch die stille, beinahe unsichtbare Freude einer Frau, die erfuhr, dass sie nicht allein sein würde.

Damals war ich siebenunddreißig Jahre alt. Jetzt bin ich schon beinahe doppelt so alt. Vieles im Leben ist noch ungewiss. Natürlich gibt es keinen Zweifel daran, dass ich mehr als mein halbes Leben hinter mir habe. Auch nicht daran, dass die wichtigsten Entscheidungen meines Lebens gefallen sind. Ich werde keinen neuen Lebensweg mehr einschlagen. Verschiedene Aufbrüche sind natürlich denkbar. Aber ich kann ganz ruhig zu mir selbst sagen: So war und ist mein Leben.

Ich werde nie wieder nach Salamanca zurückkehren. Andere Menschen werden an einem Cafétisch sitzen und jemandem zusehen, der Milch mit Sherry trinkt. Oder eine kleine Gaststätte besuchen, in der ein Kellner plötzlich genug hat und seine Schürze fortwirft.

Zu altern heißt, rückwärts zu blicken. Die Erinnerung an Ereignisse und Menschen kann man auf verschiedene Weise erleben. Wie wenn man zu einem Buch zurückkehrt, das man schon viele Male gelesen hat. Man findet immer etwas Neues.

Seitdem ich an Krebs erkrankt bin, kommt es mir so vor, als würde ich immer öfter etwas Unerwartetes in den auftauchenden Erinnerungsbildern entdecken. Erst jetzt sehe ich den Kell-

ner und Señora Carmen mit dem Milchglas vollkommen deutlich. Vorher waren die Konturen unscharf. Das sind sie nicht mehr.
Sie sind zu Momentaufnahmen von großer Deutlichkeit geworden. Die Schürze des Kellners ist in der Luft hängen geblieben wie ein abgerissener Flügel. Señora Carmens zitternde Hände spreizen sich wie Klauen.
Das Leben ist ein großer Tumult mit unaufhörlichen Schwankungen zwischen dem, was uns ängstigt, und anderem, was uns Freude bereitet. Im besten Fall gelingt es uns, im Verlauf unseres Lebens gute Erinnerungen zu schaffen. Auch wenn es in unserer Welt allzu viele Menschen gibt, die zu vergessen gezwungen sind, um überhaupt leben zu können.
Ich werde nie nach Salamanca zurückkehren. Dennoch kommt es mir so vor, als wäre ich ständig auf dem Weg dorthin. Insgeheim.

Teil III

DIE MARIONETTE

44.

Auf dem Lehmboden

Ich saß einmal an einem Totenbett, auf dem ein siebzehnjähriges Mädchen lag und aus dem Leben dämmerte.

Das Bett war eine mit einem schmutzigen Laken bezogene Matratze. Da es im Raum sehr warm war, war das Mädchen nur mit einem dünnen Tuch bedeckt. Die Matratze lag direkt auf dem Lehmboden.

Es gab keine Elektrizität. Als ich den Raum betrat, hielt ich eine flackernde Kerze in der Hand.

Die Mutter und die Geschwister des Mädchens saßen vor dem kleinen Haus um ein Feuer, über dem sie ihr Essen zubereiteten, ein Eintopfgericht aus Reis und Gemüse.

Keiner von ihnen schien ganz zu begreifen, dass die älteste Schwester dort drinnen im Sterben lag. Sie hofften, ich würde nach ihr sehen und ihnen sagen, dass sie bald wieder gesund werden würde.

Sie war HIV-infiziert. Jetzt war sie an Aids erkrankt. In dem armen afrikanischen Land, in dem sie und ich lebten, gab es keine Möglichkeit, sie zu retten. Es war vor der Zeit der Protease-Hemmer.

Sie hatte einen Freund, der in Südafrika arbeitete. Von ihm war sie angesteckt worden. Und jetzt würde sie sterben.

Ich hockte mich vor sie hin. Sie lag mit offenen Augen im Dunkeln und hatte den Blick in eine weite Ferne gerichtet. Aber vielleicht sah sie gar nichts. Sie war so kraftlos, dass ihre Mutter und ihre Geschwister sie tragen mussten, wenn sie zur Latrine wollte.

Ich dachte daran, wie ich sie zum ersten Mal gesehen hatte. Drei Jahre zuvor. Da war sie vierzehn Jahre alt gewesen. Schon damals war sie sehr schön gewesen.
Jetzt war sie nicht mehr schön. Sie war ausgemergelt. Ihr Gesicht war von unzähligen Wunden nach Herpesinfektionen bedeckt. Ihre Haare hatten begonnen auszufallen.
Es sind jetzt zwanzig Jahre vergangen, seit sie dort auf dem Fußboden lag, den Blick in eine geheimnisvolle Ferne gerichtet. In meiner Erinnerung ist es ein verblichenes Schwarz-Weiß-Foto. Langsam zerfällt das Bild ihres Gesichts.
Im Lauf der Jahre habe ich dann und wann an sie gedacht. Wie alt sie wäre, wenn sie noch leben würde. Was sie täte, wie sie aussähe.
Ich habe an sie gedacht, wie ich an andere Menschen gedacht habe, die gestorben sind. Nie habe ich begriffen, warum man mit den Toten keinen Umgang mehr haben oder mit ihnen nicht mehr befreundet sein kann, nur weil sie als lebende Wesen nicht mehr existieren. Solange ich mich an sie erinnere, leben sie.
Carlos Cardoso, der großartige afrikanische Journalist, wurde vor fünfzehn Jahren in Maputo auf offener Straße erschossen. Er hatte das organisierte Verbrechen herausgefordert, das mit hochgestellten Politikern zusammenarbeitete. Sie verurteilten ihn zum Tode und richteten ihn hin.
Mit Carlos spreche ich beinahe täglich. Die Gespräche spielen sich in meinem Kopf ab. Aber für mich ist er noch da und hat weiterhin große Bedeutung als einer meiner engsten Freunde.
In diesem Frühjahr, als ich die erste chemotherapeutische Grundbehandlung gegen meinen Krebs bekam, dachte ich auch oft an das Mädchen, das dort auf dem Fußboden gestorben war. Öfter als früher. Ich fragte mich, ob ich in ihrem Tod meinen eigenen sah. Auch wenn ich kaum auf einem Lehm-

boden, in einem dunklen Raum mit einer Kerze als einziger Lichtquelle meine Tage beschließen würde.
In der Erinnerung kehrte ich ständig zu jenem Abend zurück, an dem ich sie das letzte Mal gesehen hatte. Vielleicht wollte ich mir selbst etwas erzählen?

Niemand hatte mich gebeten, das kleine Dorf in der Nähe von Maputo zu besuchen, in dem sie wohnte. Ich hatte sie und ihre arme Familie kennengelernt, als ich durch Zufall einer ihrer jüngeren Schwestern begegnet war, die bei einem schrecklichen, durch Fahrlässigkeit verursachten Grubenunglück beide Beine verloren hatte. Über sie, die Sofia heißt, schrieb ich später einige Bücher. Als ich Sofia und ihre Familie besuchte, war die ältere Schwester Rosa, die jetzt im Sterben lag, meistens draußen auf dem abgelegenen Feld und arbeitete in der Gemüsepflanzung, von der die Familie lebte.
An dem Abend, an dem ich in das Dorf hinausfuhr, hatte ich mich gerade in meiner von Schimmel angegriffenen Wohnung in Maputo auf die Proben vorbereitet, die wir am Tag darauf im Theater abhalten wollten. Wir arbeiteten an einer Version von *Lysistrate.* Alles Griechische hatten wir aus der Geschichte gestrichen, doch die zugrunde liegende Handlung von den Frauen, die zum Liebesstreik greifen, um ihre Männer zum Friedensschluss zu zwingen, war heute genauso aktuell wie vor zweitausend Jahren, als Aristophanes sein geniales Stück schrieb.
Die Angst kam aus dem Nichts. Plötzlich wusste ich, dass ich noch an diesem Abend ins Dorf fahren musste. Und ich fuhr.
Schließlich begriff ich, warum ich gegenwärtig so oft an Rosa denke. Ich erinnerte mich daran, dass ich mich neben sie auf den Fußboden setzte und die Kerze auf der Erde festdrückte. Wir sagten nichts. Nur das Stimmengemurmel ihrer Familie,

die vor der Hütte ums Feuer saß, war zu hören. Und ihr keuchender Atem, als ob jeder Atemzug ihr eine kaum zu bewältigende Anstrengung abverlangte. Ich versuchte mir vorzustellen, woran sie dachte und was sie dort im Dunkeln wohl sah, mit ihren klaren und gleichzeitig so müden Augen.
Als sie mir schließlich das Gesicht zuwandte und mein Blick dem ihren begegnen konnte, hörte ich mich eine Frage stellen.
»Hast du Angst vor dem, was dich erwartet?«
Ich hätte mir die Zunge abbeißen mögen. Man fragt keinen sterbenden Menschen, der siebzehn Jahre alt ist und noch keine Möglichkeit gehabt hat, richtig zu leben, ob er Angst hat.
Ich glaube, sie lächelte, als sie antwortete.
»Nein«, sagte sie. »Ich habe keine Angst. Wovor sollte ich Angst haben? Bald bin ich wieder auf den Beinen. Bald bin ich gesund.«
Eine Woche später war sie tot. Eine ihrer jüngeren Schwestern war per Anhalter mit einem Lastwagen in die Stadt gekommen und stand vor dem Theater, als ich die Proben beendet hatte. Mit ihrer leisen, schüchternen und murmelnden Stimme berichtete sie, dass Rosa gestorben war.
Ich war natürlich nicht erstaunt. Dennoch musste ich weinen. Einige der Schauspieler, die aus dem Bühneneingang traten, bekamen Angst. Sie hatten mich noch nie weinen sehen. Vielleicht dachten sie, dass weiße Männer nicht weinen?
Heute, da ich gegen den Krebs kämpfe, verstehe ich, dass ich mir die gleiche Frage stelle, die ich damals Rosa stellte. Wie viel Angst habe ich? Und leugne ich auch, dass der Tod als Möglichkeit stets nahe ist, wenn die Diagnose Krebs heißt?
Ich weiß es nicht. Aber wenigstens versuche ich, mir selbst gegenüber ehrlich zu sein. Angst habe ich schon. Plötzlich kommen aus dem Nichts wilde Sturmwogen und schlagen an meine inneren und äußeren Küstenlinien.

Ich habe versucht, einen Widerstand aufzubauen gegen das Beängstigende. Im schlimmsten Fall, wenn der Krebs sich ausbreitet und nicht aufzuhalten ist, werde ich sterben. Dagegen kann man nichts anderes tun, als den gleichen Mut zu zeigen, der auch notwendig ist, um ein anständiges Leben zu führen. Eines der wichtigsten Argumente für diese Würde und den Versuch, die Ruhe zu bewahren, ist der Umstand, dass ich trotz allem nicht siebzehn Jahre alt bin und sterben werde, bevor ich überhaupt richtig gelebt habe. Mit sechsundsechzig Jahren habe ich länger gelebt, als sich die meisten Menschen auf der Welt auch nur träumen lassen können. Ich habe ein langes Leben gelebt, auch wenn sechsundsechzig Jahre heute nicht mehr das Gleiche sind wie gestern.

Wenn ich in einem alten Almanach von 1964 blättere und unter der Rubrik »Verstorben« nachschaue, wurde die Mehrheit der Toten zwischen sechzig und siebzig Jahre alt. Es sind auch Achtzigjährige dabei, aber bei weitem nicht so viele wie heute. Was Angst macht, ist natürlich die Möglichkeit, dass der Tod qualvoll sein kann.

Aber es gibt heute weniger Grund, sich davor zu fürchten, als vor zehn Jahren. Nur wenige Schmerzen kann man heute nicht kontrollieren.

Außerdem gibt es einen letzten Ausweg, der, wenn ich daran denke, in gewisser Weise beruhigt. Wenn ein unerträglicher Schmerz nicht gedämpft werden kann, habe ich die Möglichkeit, mich sedieren zu lassen. Dann stehle ich mich schlafend aus dem Leben und aus der Welt. Besser das, als Selbstmord zu begehen. Das möchte ich meinen Angehörigen zuliebe nicht. Wäre ich alleinstehend, könnte es vielleicht eine Alternative sein, aber so nicht.

Meine eigentliche Angst ist eine ganz andere. Absurd, kindisch. Ich habe Angst davor, so lange tot zu sein. Diese Angst ist sinnlos, beinahe peinlich. Im Tod gibt es keine Zeit, keinen Raum, nichts. Mein Anteil am Reihentanz des Lebens ist dann beendet, und ich bin von der letzten Stufe der Alterstreppe gefallen. Aber vielleicht ist das die letzte Gewissheit? Dass meine Angst auf einer sinnlosen Vorstellung beruht, der Tod könnte tatsächlich an das Leben erinnern? Dass die gleichen Gesetze und das gleiche Bewusstsein gelten könnten? Was ja nicht zutrifft.

Ich werde nie erfahren, ob Rosa wirklich keine Angst hatte. Ob sie aufrichtig war, als ich meine unverschämte und unsensible Frage stellte. Ich werde nie wissen, ob sie sich selbst etwas vormachte oder ob sie eine ehrliche Antwort gab.

Es kommt mir so vor, als ob das siebzehnjährige afrikanische Mädchen mir behilflich wäre, Fragen zu beantworten und mich durch die schwer zu bewältigenden Fahrwasser zwischen Leben und Tod hindurchzunavigieren.

Während ich dies schreibe, habe ich gerade meine vierte Chemotherapie in der sogenannten Grundbehandlung hinter mich gebracht. In einigen Tagen werde ich erfahren, ob die Zellgifte angeschlagen haben oder nicht.

Natürlich bin ich unruhig und angespannt. Manchmal, vor allem nachts, erwache ich in nahezu panischer Unruhe. Dann stehe ich auf und gehe hinaus in das kalte Frühjahrsdunkel. Ein Austernfischer, der die Dämmerung nicht abwarten kann, ruft vom Strand herauf.

Oft dauert es nur einen kurzen Moment, bis ich meine Ruhe wiederfinde, eine fragile Ruhe zwar, aber immerhin eine Ruhe. Und dann habe ich ab und zu das Gefühl, dass Rosa ganz in meiner Nähe ist. Nicht als Gespenst oder Wiedergängerin, nicht als guter oder unheilvoller Geist. Sondern lediglich als Erinnerung und eine von mir unbearbeitete Trauer.

Und am wichtigsten von allem: eine Erinnerung an das, was damals auf dem Lehmboden geschah.

45.

Auf leisen Pfoten von Dunkel zu Dunkel

Wir können uns nur an die Vergangenheit erinnern. Die Zukunft gibt uns keine Erinnerungen.

Dies ist eine Selbstverständlichkeit, die niemand anzweifeln muss. Die Zeit ist ein Pfeil, der nur in eine Richtung schießt. Vorwärts. Wir können sie nicht umdrehen und verlangen, dass der Pfeil rückwärts fliegen soll. Zeitmaschinen existieren nicht. Mathematische und theoretische Lehrsätze können zuweilen modellartig die Frage der Rückkehr in das Vergangene philosophisch angehen. Das Spiel, bei dem man verhindert, dass Großvater und Großmutter sich begegnen, weshalb man selbst nie geboren wird. Aber das sind nur Gedankenspiele. Tatsächlich kann ich mich nicht ungeboren machen.

Die Gedanken, die ich denke, würde es nicht geben, wenn eine Zeitreise möglich wäre. Meine Erinnerungen würden nicht existiert haben und damit auch nie ausgelöscht werden können.

Fragen, die die Zeit und das Universum betreffen, sind die größten und schwierigsten. Die schärfsten Hirne grübeln darüber nach. Die chemischen Prozesse im Gehirn, die das Wesen des Denkens ausmachen, laufen auf Hochtouren. Dann und wann eröffnen sich neue, wunderbare Erkenntnisse.

Es gibt vieles, was man nicht wusste, als ich jung war, was man aber heute weiß. Beispielsweise ist die Frage der Bedeutung der schwarzen Löcher im Universum ganz neu. Die Kartierung der menschlichen DNA ist ein weiterer wissenschaftlicher Durch-

bruch, den sich vor fünfundsiebzig Jahren niemand hätte vorstellen können.
Alles Denken dreht sich letztlich um den Versuch, einen Sinn zu entdecken hinter der einfachen biologischen Forderung, uns zu vermehren. Zum einen, damit die Menschheit überdauert, zum anderen, damit unsere noch unbeantworteten, vielleicht noch nicht einmal formulierten Fragen an die Forscher neuer Generationen weitergegeben werden können.
Wir alle stellen uns Fragen. Das haben wir gemeinsam. Ich kenne niemanden, der noch nie in einer kalten Winternacht seine Aufmerksamkeit auf die Sterne gerichtet und sich nach dem Sinn und dem Verlauf des Lebens gefragt hätte. So gesehen kann man mit Recht behaupten, dass Viktor Rydbergs Gedicht *Tomte Tummetott* eine philosophische Betrachtung ist, die sich mit den Erzählungen der großen Denker messen kann.
Viele geben auf, hören auf zu fragen, zucken mit den Schultern und führen ihr tägliches Leben weiter, als gäbe es keine Rätsel. Manche geben schon in jungen Jahren auf, andere bleiben hartnäckig bis ins Alter. Aber am Ende kommt das philosophische Achselzucken. Ich kann es verstehen. Für Milliarden von Menschen auf der Welt ist es außerdem ein unerreichbarer Luxus, sich Zeit zum Denken nehmen zu können.
Dies ist eine der empörendsten Ungerechtigkeiten in der Welt, in der wir leben. Dass manche Leute Zeit zum Denken haben, während anderen diese Möglichkeit nicht offensteht. Nach dem Sinn des Lebens suchen zu dürfen sollte in die Allgemeine Erklärung der Menschenrechte aufgenommen werden – als eine Selbstverständlichkeit.
Manche finden ihre Wahrheit in einer Religion. Andere wiederum starren zu den Sternen hinauf. Ich selbst sah einmal, als ich Kind war und in einer kalten Winternacht keinen Schlaf fand, einen einsamen Hund durch den Lichtkegel einer

schwankenden Straßenlaterne laufen und danach wieder in die Dunkelheit verschwinden. Manchmal denke ich, dass alle meine Fragen über Leben und Tod, über Vergangenheit und Zukunft, mit diesem einsamen Hund zu tun haben, der auf leisen Pfoten von Dunkelheit zu Dunkelheit lief.

Unsere Fähigkeit, uns Fragen zu stellen, macht uns zu Menschen. So gesehen ist der nächtliche Sternenhimmel auch ein Spiegel, in dem wir unsere eigenen Gesichter erblicken. Ich stelle mir vor, dass mein Gesicht am wahrhaftigsten ist, wenn ich von Fragen erfüllt bin.

In meiner Welt sind Wahrheiten immer provisorisch. Keiner meiner Gedanken ist in meinem Leben unverrückbar geblieben. Wahrheiten sind wie Schiffe, die auf dem Meer schaukeln. Man muss sie in die richtige Richtung steuern. Sie an Untiefen und Unterwasser-Riffen vorbeinavigieren. Das Tempo oder die Anzahl der gehissten Segel variieren.

Ein Schiff, das von einer Reise zurückkehrt, ist ein anderes Schiff als jenes, das einst in See stach. Auch die Wahrheit reist in meinem Kopf und in meinem Leben mit. Damit diese Wahrheiten überleben, muss ich sie manchmal in Frage stellen und eine Veränderung suchen.

Als ich zwanzig Jahre alt war, stellte mich der Angriffskrieg der USA gegen Vietnam vor eine wichtige und in vieler Hinsicht richtungweisende Entscheidung. Ich sah es damals als richtig an, die amerikanische Kriegsführung zu bekämpfen, und ich habe diese Meinung nicht geändert. Aber als der Krieg beendet und die amerikanischen Truppen vertrieben waren, griff Vietnam sein Nachbarland Kambodscha an. Da war es ebenso berechtigt, Vietnam zu verurteilen, wie es zuvor berechtigt gewesen war, die amerikanischen Truppen zu bekämpfen.

Zu meiner Verwunderung verwandelte sich in diesem Augenblick bei vielen die rationale Betrachtungsweise in eine sentimentale: Wie konnte ich das tapfere vietnamesische Volk kritisieren? Leute warfen sich weinend auf das Sofa und waren der Meinung, die Vietnamesen hätten selbstverständlich das Recht, Kambodscha anzugreifen.

Ich kam damals zu einer grundlegenden Einsicht. Manchmal muss die Wahrheit auf den Kopf gestellt werden, um wieder auf die Füße zu kommen.

Bertolt Brecht hat einmal geschrieben: »Das Denken gehört zu den größten Vergnügen der menschlichen Rasse.« Ich stimme ihm zu. Während eines Spaziergangs oder an einem Arbeitstisch durch konzentriertes Denken eine Aufgabe zu lösen ist befreiend und energiefördernd. Und nicht zuletzt lustvoll.

Alle Gedanken sind möglich. In der Welt der Gedanken gibt es weder Zäune noch Gräben oder Minenfelder. Alles ist eine freie Landschaft.

Tyrannen und Diktatoren wissen das. Sie fürchten die Freiheit des Gedankens. Also greifen sie zu diversen Methoden, um die Menschen zu zwingen, mehr oder weniger bewusst Selbstzensur zu üben. Gräben im Gehirn zu ziehen, die vorher nicht da waren.

Ich weiß, was Selbstzensur bedeutet. Vor fünfundzwanzig Jahren entschieden wir uns im Theater in Maputo mehrfach, auf eine Inszenierung zu verzichten. Wir hatten rationale Argumente. Es würden keine Leute kommen, wir hatten keine Schauspieler für genau diese Rollen, außerdem waren das Stück und das Thema, das wir im Sinn hatten, gar nicht so wichtig, wie wir gedacht hatten. Wir trugen viele Argumente zusammen, damit der Beschluss, den wir fassten, als klug gelten konnte. Doch im Innersten wussten wir alle, dass wir Selbstzensur betrieben. Es bestand die Gefahr, dass die Machthaber nicht positiv auf unsere Inszenierung reagieren würden. Wir könnten Probleme bekommen. Im schlimmsten Fall könnte das Theater geschlossen werden. Ich selbst lief Gefahr, unter die sogenannte »24/20«-Regelung zu fallen, was bedeutete, dass ich das Land binnen vierundzwanzig Stunden verlassen müsste. Und mein Gepäck dürfte zwanzig Kilo nicht übersteigen!

Ob wir richtig entschieden haben oder nicht, darüber kann man diskutieren. Ich frage mich heute noch. Aber das Theater besteht weiterhin. Es wurde nie bedroht oder geschlossen. Heute können wir auch offen darüber sprechen, dass es die Selbstzensur war, die unsere Beschlüsse fasste, nicht unser freier und ungebundener kreativer Wille.

Die größte Herausforderung ist der Wille, neue Gedanken auszuprobieren. Nicht zu zögern, die Wahrheiten anderer in Frage zu stellen und eigene Wege zu gehen.

Ein Beispiel: Wenn ich eines Tages den Auftrag eines Theaters erhielte, ein Stück über einen Streik zu verfassen, würde ich wahrscheinlich ein Stück über einen Streikbrecher schreiben. Das bedeutet, dass ich mich dem Thema von einer unerwarteten Seite annähern würde. Die den Streik betreffenden Fragen würden bestenfalls als Einstieg dienen, der wiederum zu andersartigen Überlegungen führen könnte. Neue Gedanken, neue Schlussfolgerungen.

In verschiedenen Industriezweigen gehen wichtige Entdeckungen oft von der Werkstatt aus, nicht von den Etagen, in denen Ingenieure dafür bezahlt werden, sich Problemlösungen auszudenken. Eines Tages klopft ein Werkstattarbeiter an die Tür des Direktors und präsentiert einen Vorschlag zur Verbesserung des Produktionsprozesses, der diesen schneller und kostengünstiger macht.

Dass wir unser Denkvermögen entwickelt haben, hängt natürlich mit der Frage des Überlebens zusammen. Denn letztlich wollen wir nichts anderes als das. Wir wollen leben, nicht

sterben. Jedes Mal, wenn ich einen Menschen in Mülltonnen wühlen sehe, finde ich diesen einfachen Grundsatz bestätigt: Wir wollen leben. Um jeden Preis.
Vielleicht kann man die Argumentation auch umdrehen? Unser Denken dreht sich im Grunde darum, dass wir um jeden Preis vermeiden wollen zu sterben. Das Leben ist etwas, das wir trotz allem kennen. Der Tod ist uns fremd, auch wenn wir wissen, dass die Körper verwesen und am Ende nur Knochen übrig bleiben.
Aber wir denken auch daran, was der Tod bedeutet. Gibt es andere Welten? Oder nur das Dunkel?
Das bedeutet auch, dass wir früher oder später vor der Wand stehen, von der ich schon gesprochen habe. Was gab es vor der Zeit und dem Raum? Was gab es, bevor es überhaupt irgendetwas gab?
Sind »das Nichts« und »die Ewigkeit« das Gleiche?
Meine Großmutter väterlicherseits wurde beinahe hundert Jahre alt. In ihren letzten Jahren wurde sie zeitweise von starker Todesangst befallen. Dann legte sie sich aufs Bett und schloss die Augen. Sie drückte die Lider fest zu wie ein Kind, das glaubt, sich unsichtbar machen zu können.
Ich setzte mich einmal auf ihre Bettkante. Da schlug sie vorsichtig die Augen auf. Ich fragte sie, was sie quälte, obwohl ich es wusste.
»Der Tod«, sagte sie. »Ich sehe ihn vor mir. Dann gilt es, nichts zu denken. Alle Gedanken wegzuschieben und nur zu versuchen, den Augenblick zu ertragen. Das ist das Einzige, was ich tun kann. Bis der nächste Anfall kommt.«
Vielleicht ist dieser Gedanke der schwerste von allen? Überhaupt nicht zu denken?

46.

Mantua und Buenos Aires

Einmal vor vielen Jahren besuchte ich Mantua in Italien. Ich nahm an einem Literaturfestival teil. Es war ein warmer Frühlingstag. Ein wenig zerstreut suchte ich nach einem Restaurant. Plötzlich befand ich mich auf dem größten Platz der Stadt. Menschen sammelten sich in einem Kreis, in dessen Mitte in Kürze eine Straßentheatervorstellung stattfinden sollte. Ich blieb stehen und dachte, ich könnte mir auf jeden Fall den Anfang ansehen.

Ich blieb die gesamte Vorstellung über. Sie dauerte fünfzig Minuten. Als ich mich danach umblickte, konnte ich feststellen, dass die meisten Menschen, die zu Beginn dagestanden hatten, bis zum Ende geblieben waren. Viele waren ebenso ergriffen wie ich. Der auf dem Steinbelag des Platzes ausgelegte Hut füllte sich schnell.

Zwei Schauspieler hatten die gesamte Vorstellung bestritten. Ein junger Mann und eine ebenso junge Frau. Ihre Kostüme sollten mittelalterliche Narrenkleider darstellen. Beim ersten Anblick hatte mich das skeptisch gemacht. Ich hatte schon allzu viele Aufführungen gesehen, bei denen die Illusion mittelalterlicher Taschenspieler nichts anderes war als peinliche Imitation.

Aber es zeigte sich schnell, dass diese beiden jungen Schauspieler ihre Kostüme auszufüllen verstanden. In einer Art zeitlosem Niemandsland führten sie eine Liebesgeschichte mit sowohl tragischen als auch komischen Untertönen auf. Sie sprachen nicht viel, weil der Platz von Verkehrslärm umgeben war. Ringsum lagen außerdem Cafés, die ihre Musik nicht leiser stellten. Aber mit Einfallsreichtum und erstaunlicher Phantasie überwanden sie den Lärm und schufen eine bemerkenswerte Nähe zum Publikum. Die Vorstellung hatte viele Überraschungsmomente, die für ununterbrochene Spannung sorgten. Ich stand nicht einfach da und wartete auf das Ende, sondern fragte mich die ganze Zeit: Was passiert als Nächstes? Die jungen Schauspieler stellten die Liebe mit all ihren Schwierigkeiten äußerst ergreifend dar. Ihr Spiel hatte nichts Prätentiöses. Sie waren die ganze Zeit glaubwürdig.

Als die Vorführung zu Ende ging, war mir klar, dass ich gerade einer der besten Theateraufführungen meines Lebens beigewohnt hatte. Während die Zuschauer sich zerstreuten, blieb ich stehen und sah zu, wie die jungen Schauspieler ihre wenigen Requisiten zusammenpackten. Dann hockten sie sich in den Schatten eines Baums und zählten die Münzen im Hut. Sie waren auch privat ein Paar. Vor Freude über den Inhalt des Hutes fielen sie sich in die Arme und verharrten einen Moment fest umschlungen.

Ich war unschlüssig, ob ich zu ihnen gehen und ihnen sagen sollte, wie sehr mir ihre Vorstellung gefallen hatte. Als ich mich endlich über den Platz auf sie zubewegte, war es zu spät. Sie waren schon aufgestanden und zu einem kleinen, zerbeulten Auto gelaufen. Ich sah sie um die Straßenecke verschwinden.

Noch lange ärgerte ich mich darüber, ihnen nicht gedankt zu haben. Wie oft hatte ich meinen Mangel an Begeisterung verborgen und Schauspielern trotzdem für eine Vorstellung gedankt. Hier hatte ich wirklich geliebt, was ich gesehen hatte. Aber als ich ihnen danken wollte, waren sie fort.

Ich weiß nicht, wer die beiden waren, wie das Stück hieß oder wer es geschrieben hatte. Ich weiß nur, dass die beiden Schau-

spieler sehr jung und sehr begabt waren. Ihre Aufführung ist immer noch eines meiner größten künstlerischen Erlebnisse.
Seit fünfzehn Jahren begleitet mich noch eine weitere faszinierende Erinnerung an eine Theatervorstellung. Auch sie sah ich durch Zufall.
Ich war in Buenos Aires, um über meine Bücher zu sprechen. Die Stadt hatte ich bis dahin nur einmal besucht, doch viel zu kurz. Damals hatte ich auch für das Buch recherchiert, an dem ich gerade schrieb. Jetzt hatte ich mehr Zeit und nahm mir einen ganzen Abend frei.
Als ich am Abend das Hotel in der Innenstadt verließ, trat ich in den südamerikanischen Herbst hinaus. Ich suchte nach einem Restaurant, wo ich so spät noch essen konnte.
Es bedurfte nur weniger Schritte, bis ich entdeckte, dass überall in Hauseingängen und unter erleuchteten Schaufenstern Obdachlose lagen oder kauerten. Nicht nur einzelne Menschen, sondern in vielen Fällen ganze Familien. Ich lief praktisch durch die Schlaf- und Wohnzimmer von Menschen. Von der Finanzkrise in Argentinien wusste ich zwar, aber dass sie so erbarmungslos Menschen traf, die schon vorher am Existenzminimum gelebt hatten, darauf war ich nicht vorbereitet.
Es war ein bedrückendes Erlebnis. Ich bog in eine Seitenstraße ein, wo die Bürgersteige so schmal waren, dass keine Menschen darauf liegen und schlafen konnten. Ziellos streifte ich umher und betrat schließlich ein kleines, hauptsächlich von Argentiniern besuchtes Restaurant.
Was ich aß, weiß ich nicht mehr. Aber die Kellnerin hinkte und arbeitete mit einer Effektivität, wie ich sie vorher noch nicht erlebt hatte.
Gegen elf Uhr bezahlte ich und ging. Ich schlug die Richtung zu meinem Hotel ein. Nach einer Weile befand ich mich in der Nähe der Kreuzung Avenida Corrientes und Avenida Callao.

Eine Menschenansammlung versperrte den Weg. Die Leute standen im Kreis und betrachteten etwas, das in der Mitte vor sich ging. Aus einem Lautsprecher hörte ich argentinische Tangomusik. Mühsam arbeitete ich mich durch die Menge, bis ich sah, warum sie sich versammelt hatte.
Auf der Straßenkreuzung tanzten vier Paare Tango. Sie waren nach verschiedenen Moden des 20. Jahrhunderts gekleidet. Und sie waren sehr gut. Sie tanzten nicht nur, sondern führten gleichzeitig ein Stück auf, in dem sich Eifersucht und andere Leidenschaften mischten. Zwei der Tänzer waren mindestens siebzig Jahre alt. Ein anderes Paar war kaum älter als zwanzig. Sie wechselten die Partner und die Tanzstile. Die schwankenden Straßenlaternen bildeten die einzige Lichtquelle für die Vorstellung. Die Tänzer hatten für ihren Auftritt genau den richtigen Platz gewählt. Die Zuschauer standen außerhalb der Lichtkegel, die Tanzenden wurden von dramatischem und wechselndem Lichtschein beleuchtet, während sie sich aus der größten Helligkeit in den Halbschatten bewegten, je nachdem, was sie durch ihren Tanz erzählen wollten.
Keiner sprach ein Wort. Manchmal hielten sie inne, wie in einer eingefrorenen Bewegung. Dann tanzten sie weiter, wechselten den Tanzpartner und erzählten dabei eine Geschichte von Fluch und Freude der Leidenschaften.
Ihre Vorführung war ganz hervorragend. Technisch brillante Tänzer, mit schauspielerischen Fähigkeiten, die sich durch die wechselnden Landschaften des Tangos bewegten.
Eine der Tänzerinnen, die allerjüngste, hatte eine besondere Ausstrahlung. Anfangs wusste ich nicht, woran das lag. Dann wurde mir klar, dass sie blind war. Aber dennoch schloss sie die Augen, wenn der Mann, mit dem sie tanzte, die Augen schloss.
Nach der Vorstellung ging ich dorthin, wo sie stand und sich

den Schweiß vom Gesicht wischte. Sie war genauso erschöpft und verschwitzt wie die anderen und freute sich mit ihnen darüber, dass es in den Hüten klirrte und knisterte, die ihre Kollegen der Reihe nach herumtrugen. Alle außer ihr.
Wie in Mantua lebten die Akteure von dem, was die Zuschauer in die Hüte legten. Ich dachte an jenem Abend an die Tausenden von Hüten, die jeden Tag von Straßenkünstlern herumgetragen oder auf den Boden gestellt werden. Manche von ihnen sind wunderbar begabte, wirklich große Künstler, wie die jungen Schauspieler auf dem Platz in Mantua und die Tänzer hier in Buenos Aires.
Es war nach Mitternacht, als die Vorstellung zu Ende ging. Einer der männlichen Tänzer sprach mit seiner Frau, die ein kleines Kind im Arm hielt. Die Tänzer waren müde. Über eine Stunde lang intensiv Tango zu tanzen verlangt eine gute Kondition und durchtrainierte Muskeln. Ich weiß nicht, wie viele Vorstellungen sie an diesem Abend gegeben hatten. Zwei? Vielleicht hatte ich die dritte gesehen?
Ich wanderte durch die Nacht zurück, vorbei an den schlafenden Familien, die zusammengerollt auf den Bürgersteigen lagen. Die Luft war kühl. Ich wusste, dass ich mich der Tangotänzer wegen an Buenos Aires erinnern würde. Aber ebenso würde ich mich an die Familien erinnern, die auf der Straße schliefen.
Die Straßenkreuzung, wo die Tangotänzer aufgetreten waren, hatte einer Höhle geglichen. Die Hauswände, die in die Dunkelheit aufragten, das bleiche Licht der Straßenlaternen, der Klang der zwischen den Hauswänden hallenden Musik.
Manchmal weiß man, dass ein Erlebnis für immer im Gedächtnis haften bleiben wird.
Etwas, das durch nichts ersetzt werden kann.

47.

Der dumme Vogel

In der Mitte der achtziger Jahre war ich einmal auf der Suche nach einer Schreibmaschine.

Ich wohnte in Sambia, an der Grenze zu Angola, und auf meiner Suche nach der Schreibmaschine reiste ich bis nach Mauritius.

Ein norwegischer Schriftsteller hatte sie dort zurückgelassen. Meine eigene Schreibmaschine war kaputtgegangen, und niemand konnte sie reparieren. Ich wusste, dass die Schreibmaschine sich in einem Hotel mit dem eigentümlichen Namen »Die koloniale Kokosnuss« befand. Es gehörte einem Franzosen, der seinerzeit zusammen mit Michel Foucault in Paris Philosophie studiert hatte. An einem Hang, der zum Meer hin abfiel, war je ein Exemplar aller existierenden Kokospalmarten gepflanzt. Daher der Name.

Der Besitzer, der gleich am Abend meiner Ankunft zur Begrüßung erschien, erwies sich als ein Freund der kolonialen Ordnung alter Zeiten. Ob er aufrichtig oder ironisch war, gelang mir nie herauszufinden. Er lebte allein in einem Haus neben dem Hotel. Bei verschiedenen Gelegenheiten lud er mich zu sich ein. Stets nach Mitternacht. Philosophische Diskussionen waren seine große Freude. Wir saßen bis zur Morgendämmerung beisammen und waren uns, soweit ich mich erinnern kann, nie über irgendetwas einig. Aber wir stritten uns nicht. Es lag etwas Friedliches und Unwirkliches über diesen nächtlichen Gesprächen.

Die grüne Schreibmaschine war tatsächlich da. Ich hatte vorgehabt, sie mit nach Sambia zu nehmen. Doch sie war zu schwer. So benutzte ich sie nur während der zehn Tage, die ich auf der Insel verbrachte.

Ich mietete einen Wagen und unternahm damit Ausflüge in die Region Pamplemousses und zu dem dort gelegenen großen Botanischen Garten. Schweres, feuchtes Grün bedeckt die Insel. An vielen Stellen breiten sich weitläufige Zuckerrohrplantagen aus. Die Bevölkerung ist eine Mischung aus Afrikanern und Indern. Außerdem gibt es natürlich seit der Kolonialzeit eine Gruppe Weißer, vor allem Franzosen. Erst vor gut fünfzig Jahren erlangte Mauritius die Unabhängigkeit und etablierte sich als selbständige Republik.

Als Letztes besuchte ich die Hauptstadt Port Louis, um einen Streifzug durch die Straßen der Stadt zu machen. Ich war neugierig auf das Leben der einheimischen Bevölkerung, hatte aber außerdem noch ein ganz bestimmtes Ziel. Ich wollte das Museum besuchen, in dem ein Skelett der *Dronte*, einer ausgestorbenen Vogelart, zu sehen ist. Wenn ich mich richtig erinnere, gab es dort auch eine Rekonstruktion, die zeigte, wie der Vogel mit Fleisch an den Knochen und Federkleid ausgesehen hatte.

Es ist ein merkwürdiges Erlebnis, vor einer Art zu stehen, die einst existiert hat, aber jetzt ausgestorben ist. Doch die Dronte starb nicht wie die Dinosaurier vor Millionen von Jahren. Noch vor vierhundert Jahren gab es lebende Exemplare des Vogels.

Der Name »Dronte« kommt vom englischen »dodo«, das seinerseits vom portugiesischen »doudo« herzuleiten ist, was ganz einfach »dumm« bedeutet. Portugiesische Seeleute, die nach Mauritius gelangten, wo dieser flügellose Vogel lebte, bemerkten, dass er keine Angst vor Menschen hatte, weil er diesen aufrecht gehenden Lebewesen nie zuvor begegnet war. Also konnte man ihn leicht erschlagen. Man brauchte ihn nicht zu jagen, nicht in Schlingen zu fangen, nicht zu schießen. Man konnte ganz ruhig auf die Dronte zugehen und ihr mit einem Knüppel auf den Kopf schlagen oder ihr den Hals umdrehen. Die Dronte wusste nicht, was gut für sie war.

Der Vogel war groß. Eine erwachsene Dronte konnte mehr als zwanzig Kilo wiegen. Wenn es an Nahrung mangelte, gingen die Seeleute einfach an Land und sammelten die für die Mahlzeit benötigten Vögel ein. Das Fleisch galt nicht als schmackhaft, ließ sich aber essen, wenn es sonst nichts gab. Außerdem konnte man die Eier essen und den Vogel seiner Daunen berauben.

Die Dronte lebte nur auf Mauritius. Dass sich auf isolierten Inseln einzelne Tierarten entwickelt haben, ist ein weltweites Phänomen. Weil die Dronte keine natürlichen Feinde hatte, bevor Menschen die Insel betraten, verlor sie ihre Flugfähigkeit.

Der Vogel wurde in sehr kurzer Zeit ausgerottet. Noch Ende des 16. Jahrhunderts wurde von einer großen Anzahl der Tiere auf Mauritius berichtet. Zweihundert Jahre später war die Art praktisch ausgestorben. Einzelne lebende Exemplare wurden nach England gebracht, andere wurden von malenden Seeleuten abgebildet.

Am Aussterben der Dinosaurier waren die Menschen nicht beteiligt. Es existierten ganz einfach noch keine Menschen. Anders bei der Dronte. Da waren es die Menschen, die den »dummen« Vogel ausrotteten.

Heute sind mehrere tausend verschiedene Tierarten vom Aussterben bedroht. Die Menschen veranstalten keine Treibjagden mehr, um Kröten, Hirsche oder Tiger zu vernichten. Aber die Nashörner werden ausgerottet, weil Asiaten der Vorstellung anhängen, die Einnahme des zermahlenen Horns habe eine aphrodisierende Wirkung. Es wäre eine kluge Maßnahme, den

Nashörnern ihre Hörner abzusägen, damit das Wildern dieser Tiere sinnlos wird. Die Nashörner leiden dabei nicht besonders. Wenn nicht dramatisch eingeschritten wird, werden unsere Enkelkinder Nashörner nur noch in Tierparks sehen können.

Die Ausrottung von Tieren ist ein Preis für unsere Art zu leben. Und die Ausbeutung des Erdballs schreitet mit unverminderter Geschwindigkeit voran, auch wenn das Problembewusstsein heute unendlich viel höher ist als vor zehn oder zwanzig Jahren.

Natürlich gibt es auch Widerstand. Menschen tun sich in Gruppen zusammen und rufen zur Verteidigung der Vielfalt auf. Ihr Argument lautet ganz einfach, dass wir uns selbst und die Entwicklung der Menschheit ärmer machen, wenn wir die Zahl der Mitreisenden auf der Erde vermindern.

Kann eine Vogelart oder eine spezielle Kröte so wichtig sein? Ja. Wenn es um die Vielfalt geht, gibt es keine Einschränkung.

Natürlich ist nicht alles gut, was im Namen der Verteidigung der Vielfalt geschieht. Vieles ist schlecht durchdacht und kontraproduktiv. Die Befreiung von Nerzen aus schwedischen Farmen hat dazu geführt, dass die Tiere inzwischen große Teile des Seevogelbestands der Ostsee wie Eider- und Samtenten vernichtet haben. Die Nerze rauben ihre Eier. Sie sind kein natürlicher Bestandteil der Fauna in der Inselwelt von Östergötland und Småland. So gut man es auch mit den Nerzen gemeint hat, die in ihren Käfigen saßen, es gibt einem nicht das Recht, die Seevögel dem Tod auszusetzen, deren Anzahl unter anderem durch die Jagd im Frühjahr und Herbst reguliert wurde. Man befreit nicht ein Tier, um ein anderes auszurotten. Wer kann auf eine solche Idee kommen? Nur ein Mensch!

Ich bleibe in der Schärenwelt. In meiner Jugend und noch viele Jahre danach verbrachte ich wie schon erwähnt jeden

Sommer auf einer Insel in den Schären von Östergötland. Angeln gehörte zu meinen Lieblingsbeschäftigungen. Die Vorstellung, der Barsch könnte eines Tages aus den inneren Schären völlig verschwunden sein, war uns gänzlich fremd. Der Barsch verschwunden? Ebenso gut hätte der Mond aufhören können, nachts zu scheinen.

Im Sommer 2013 sah ich einen einzigen Barsch. Er war nicht viel länger als fünf Zentimeter. Im Jahr davor sah ich keinen einzigen.

Das Gleiche gilt für unseren größten Käfer, den Hirschkäfer. Auf der Insel, von der ich spreche, wachsen beinahe ausschließlich Eichen. Die Hirschkäfer sind nie zahlreich gewesen, aber es gab sie. Man brauchte nicht lange zu suchen, um einen zu finden. Heute sind sie fort.

Auf der ganzen Welt kann man diese schleichende Ausrottung von Tieren und Pflanzen beobachten. Tiger und Nashörner bekommen große Aufmerksamkeit, der Hirschkäfer weniger. Aber es sind die gleichen Ursachen, denen die Tiere zum Opfer fallen, unabhängig von ihrer Größe, Wildheit oder Schönheit. Wir Menschen und unsere unaufhaltsame Lust, das zu konsumieren, was die Erde uns eigentlich nur in begrenztem und genau abgemessenem Maße geben kann, sind dafür verantwortlich.

Ein Zweikampf wird ausgetragen. Zwischen denen, die auf unterschiedliche Weisen versuchen, Tiere und Pflanzen vor dem Aussterben zu bewahren und der wahnwitzigen Ausbeutung der Erde Einhalt zu gebieten, und jenen, die den Blick abwenden und meinen, dass alle Menschen auf der Welt, die ein Auto besitzen wollen und das Geld haben, eines zu kaufen, dies auch dürfen sollten.

Wie viele neue Autos werden in China täglich auf die Straßen gebracht? Vierzigtausend? Mehr? Und was haben diese Käufer

von ihrem Auto, wenn die Straßen trotz der vielspurigen Autobahnen so verstopft sind, dass man sich kaum vorwärtsbewegen kann?
Unter all den Vergleichen und Bildern, die am deutlichsten die Horrorwelt beschreiben, in der wir leben, gibt es ein Bild, an das ich immer wieder denken muss. Es ist das Foto, das von einem Flugzeug oder einem Hubschrauber aus über dem Autobahnnetz am Rand von Los Angeles aufgenommen wurde. Ein ähnliches könnte man sicher in der Nähe jeder beliebigen Metropole der Welt machen, Shanghai, São Paolo oder Mexico City. Die gewundenen und gleichzeitig ineinander verflochtenen Fahrspuren erinnern an das Fließband in Charlie Chaplins Film *Moderne Zeiten*. Die kleinen, ameisengleichen Autos stehen in Schlangen zusammengedrängt. Und über allem liegt der übelriechende Atem der modernen Stadt.
Auf gewisse Weise hängen diese Autobahnen, die Abgase und die ausgerottete Dronte zusammen.
Unsere Fortschritte sind atemberaubend. Aber die Waagschalen mit dem konstruktiven und dem destruktiven Inhalt geraten immer mehr aus dem Gleichgewicht.
Heute spricht man davon, dass mit moderner DNA-Technik ausgestorbene Tiere wiedererschaffen werden könnten. Doch was ist das anderes als ein hoffnungsloser Traum, der verbirgt, was geschehen ist und immer weiter geschieht?
Der Tod existiert. Wie auch die Auslöschung. In der rationalen Welt kehrt niemand von den Toten zurück.
Das Skelett der Dronte ist alles, was uns von diesem Vogel bleibt, der keine Überlebensmöglichkeit hatte, nachdem die ersten Seeleute in Mauritius an Land gegangen waren.
Die Dronte wusste nicht, was ein Feind war. Und deshalb galt sie natürlich als dumm.

48.

Wer wird dann noch da sein, um das Echo zu hören?

In eine Höhle einzutreten ist wie in einem dichten Wald zu verschwinden. Das Licht ändert sich. Es wird dunkler, in der Höhle am Ende völlig finster. Geräusche, die dich vorher umgeben haben, nehmen ab, und es wird still.
Aber im Inneren der Höhle entsteht auch ein anderes Phänomen, das unsere Phantasie zu allen Zeiten beschäftigt hat.
Das Echo. Du kannst flüstern, und das Echo kommt wesentlich lauter zu dir zurück. Bewegst du dich auch nur einige wenige Schritte in die eine oder andere Richtung, verändert sich das Echo. Es kann von vielen Seiten gleichzeitig kommen. Oder es wandert in einer Kreisbewegung um dich herum. Das Echo lebt.
Dass Menschen, die vor vielleicht vierzigtausend Jahren lebten, sich vorstellten, das Echo wäre die Stimme des Übernatürlichen, ist nicht verwunderlich. In der tiefen Dunkelheit im Höhleninneren begannen die Felswände zu sprechen. Man konnte keine Körper und Gesichter sehen, aber die Stimmen waren da. Und sie sprachen die gleiche Sprache wie die Menschen.
Aber das Echo ist noch verblüffender. Vor ungefähr dreißig Jahren machten Archäologen eine wunderbare Entdeckung.
Der Musikforscher Iégor Reznikoff wanderte mehrfach in der Mitte der 1980er Jahre allein in den französischen Höhlen von Arcy-sur-Cure im Burgund. Es ist ein Höhlensystem mit einer großen Anzahl Felsmalereien, die mindestens achtund-

zwanzigtausend Jahre alt sind. Reznikoff machte die Beobachtung, dass die meisten Malereien im tiefsten Inneren der Höhlen liegen, in ihren dunkelsten und am schwersten zugänglichen Kammern. Er beobachtete auch, dass es sich in vielen anderen Grotten ebenso verhielt. Warum hatten die Maler nicht Stellen gewählt, an denen das Licht besser und die Arbeitsverhältnisse einfacher waren?
Er ging im Dunkeln umher und redete, laut und leise, manchmal flüsternd, manchmal singend. Die ganze Zeit horchte er auf das Echo und seine Veränderung. An den Punkten, wo das Echo einen sehr speziellen Charakter hatte, zündete er eine seiner Lampen an. Wie sich herausstellte, häuften sich an eben diesen Stellen die Felsmalereien. Das konnte ganz einfach kein Zufall sein. Er untersuchte Höhlensystem um Höhlensystem, suchte im Dunkeln nach Echos mit einer besonderen Qualität und zündete seine Lampe an, wenn er meinte, etwas gefunden zu haben. Den Ergebnissen zufolge, die er später präsentierte, funktionierte diese Vorgehensweise jedes Mal. Das Echo und die Felsmalereien gehörten zusammen.
Er stellte auch fest, dass es möglich war, die Motive mit der spezifischen akustischen Form des Echos in Zusammenhang zu bringen. Wenn der Widerhall laut war oder aus vielen Echos aus unterschiedlichen Richtungen bestand, konnte er sicher sein, dass eine Herde Büffel oder Mammute auf einer kleinen Fläche versammelt war. Als wollte die Herde ausbrechen.
Wenn das Echo anderweitig verändert war, konnten einzelne Farbpunkte oder eine Linie von Punkten an der Felswand erscheinen, vielleicht sogar ein Handabdruck.
Dieses Phänomen ist nicht auf Europa beschränkt. In verschiedenen Schluchten in Utah oder Arizona wiederholt sich das gleiche Muster. Die Malereien an den Felswänden passen zu dem jeweiligen Charakter des Echos.

Wir können nicht sicher sein, weshalb die Höhlenmalereien entstanden und weshalb das Echo eine so große Rolle dabei spielte. Die Höhlenmalereien aus jener Epoche sind Abbildungen der Wirklichkeit, Tiere, Hände, Boote. Aber sie sind nicht vergleichbar mit dem Löwenmenschen. Die Höhlenmaler kann man nicht als Künstler in dem Sinn bezeichnen, den wir in das Wort legen. Sie benutzten ihre Kreativität nicht, um Gegenstände zu erschaffen, die es gar nicht gibt. Abstraktionen, die voraussetzen, dass der Betrachter des Kunstwerks selbst die Fähigkeit besitzt, Assoziationen bezüglich seiner Bedeutung zu entwickeln.

Die Höhlenmaler wurden vom Echo beeinflusst. Ihre Entscheidung, wo und was sie malen wollten, steht in einem direkten Verhältnis zum variierenden Klang des Echos. Aber bedeutet das, dass die Höhlenmaler das Echo als eine Form von Musik auffassten? Darauf können wir keine Antwort geben. Wir wissen jedoch, dass zur gleichen Zeit, als die Höhlenmaler auf ihre Echos hörten, andere Menschen Flöten herstellten, auf denen sie spielen konnten.

Die Menschen, die vor vierzigtausend Jahren lebten, konnten das Echo nicht erklären. Auf einer offenen Ebene entstand kein Echo. Es waren Felswände oder Höhlen dafür notwendig. Vermutlich glaubten sie, dass es magische Wesen wären, Geister, die sich im Fels befanden und zu ihnen sprachen, indem sie ihre Geräusche zurückwarfen, aber verzerrt, verändert, manchmal bis zur Unkenntlichkeit deformiert.

Die Menschen damals haben wohl auch festgestellt, dass Geräusche weite Strecken über offenes Wasser zurücklegen konnten. Auch da bestand ein magischer Zusammenhang mit unsichtbaren Wesen, die über das Leben der Menschen bestimmten.

Das Echo bedeutete Magie und Göttlichkeit. Wir können es

nicht beweisen, aber wir können uns vorstellen, dass auch Klänge angebetet wurden wie beseelte Klippen oder Bäume. Sehr früh in der Menschheitsgeschichte mag es Priester gegeben haben, deren Aufgabe es war, dem Echo zu huldigen.
Man kann den Gedanken noch einen Schritt weiterverfolgen. Die Höhlen, in denen das Echo besonders eigentümlich war, könnten als Kathedralen oder sogar in der einen oder anderen Form als Theater gedient haben, von Fackeln erleuchtet, wodurch das Spiel von Schatten und Licht die Tierbilder zum Leben erweckte, fast so, als hätten sich die Tiere von den Wänden befreit. Die Menschen könnten sich dort versammelt haben, um sie anzubeten, während das Echo die vielen Stimmen in einen eigenartigen überirdischen Chor verwandelte. Vielleicht bewegten sich die Menschen in rhythmischen Tänzen, entweder alle gemeinsam oder nur diejenigen, die den Ritualen vorstanden.
Die Zeremonien müssen jedoch nicht von finsterem Ernst geprägt gewesen sein. Vielleicht waren die Anbetungsrituale Momente voller Lebenslust und Freude? Man kann sich gut vorstellen, dass unsere Vorväter düster und schwermütig waren, weil ihr Leben so hart und die Ernährung nicht gesichert war, ebenso wenig wie das Überleben.
Das Echo ist in den Höhlen noch ebenso vorhanden wie die Felsmalereien. Das Gefühl von Magie liegt nahe. Obwohl wir ein solches akustisches Phänomen heute erklären können, darf man wohl kaum behaupten, dass das Erleben der Menschen damals weniger wert gewesen wäre. Vielleicht war es genau umgekehrt? In den magischen Augenblicken, wenn das Echo zwischen den Felswänden hallte, schöpften sie Kraft und Mut zum Überleben, in einer Art und Weise, wie wir sie uns heute nicht vorstellen können.
Was in diesen Höhlen vor sich ging, können wir nur vermuten.

Entsprachen solche magische und religiöse Rituale eher dem, was wir heute als »Festlichkeit« bezeichnen?
Wahrscheinlich waren die Menschen damals nicht sehr viel anders als wir. Man könnte den Satz vielleicht sogar umdrehen und sagen: Wir sind wie sie. Wir sind und bleiben dieselbe Familie.
Wie verhielten sich unsere frühen Vorfahren zu dem Gegenteil von Geräusch und Echo, zum Schweigen? War es auf eine beruhigende Art und Weise wichtig, oder war es erschreckend? Sahen sie, weil sie in einer Welt lebten, die schon an sich so viel stiller war als unsere, die Stille vielleicht sogar als selbstverständlich an? Es gab keine Städte, keine Maschinen, keine Fahrzeuge oder Musikverstärker. Die Welt war still, abgesehen von den Geräuschen der Natur. Dem Sausen des Windes, dem Heulen des Sturms, dem Zwitschern der Vögel.
Heute wird die Stille immer seltener. Manchmal denke ich, auch die Stille ist von der Ausrottung bedroht.
Das Echo wird uns Menschen jedoch überleben. Auch wenn unsere Stimmen nicht mehr da sind, werden Steine sich lösen und mit einem Dröhnen fallen, das sich durch das Echo fortpflanzt.
Wer wird dann noch da sein, um es zu hören?

49.

Das salzige Wasser

Einmal ließ ich auf einer Insel einen Brunnen bohren. Der Brunnen, der hundert Jahre zuvor gegraben worden war, bot nicht mehr genügend Wasser. Da die Insel nicht in einem Binnensee mit Süßwasser lag, sondern von Meer umgeben war, entschied ich mich dafür, erfahrene Brunnenbohrer damit zu beauftragen. Sie erwiesen sich als verblüffend geschickt im Ablesen der geologischen Beschaffenheit der Schärenfelsen und im Auffinden des exakt richtigen Punktes, um auf Süßwasser zu stoßen, ohne Gefahr zu laufen, dass Salzwasser oder Brackwasser aus dem Bohrloch hochkäme. Statt auf technische Ausrüstung verließen sie sich ausschließlich auf ihre Erfahrung.

Sie luden ihre Bohrmaschine auf eine alte, umgebaute Kuhfähre und kamen frühmorgens an einem Septembertag zur Insel hinaus. Es war windstill, der Himmel klar, der Frost kam mit jedem Tag näher, und die letzten Zugvogelschwärme machten sich auf den Weg, meistens in den Nächten. Man hörte nur das Rauschen ihrer Flügel. Sie verließen das Land unsichtbar. Aber ihre Flügel sangen.

Die Insel wurde durch eine Schlucht zwischen zwei hohen Felswänden geteilt, und es dauerte eine gute halbe Stunde, sie zu Fuß zu umrunden. Wenn ich als Kind dort spielte, erlebte ich die Insel als eine unendliche Wildnis, wo Felsklippen, Steilhänge, Höhlen, Ameisenhaufen, Hirschkäfer und die eine oder andere Kreuzotter der Phantasie ständig neue Nahrung gaben. Sie war das Mumintal und zugleich die Landschaft von Puh dem Bären. Aber auch die wüste Einöde, die unbekannte Kontinente bedeckte, Australien ebenso wie karge afrikanische Ebenen.

Die beiden Brunnenbohrer hatten die Stelle bestimmt, wo sie bohren wollten. Jetzt sollte es hinabgehen in den Fels, zunächst einmal unter den Meeresspiegel; sie hatten keine Ahnung davon, wie lange sie anschließend bohren mussten, um auf Wasser zu stoßen. Und sie wussten, dass es schiefgehen konnte. Ein Riss konnte im Fels entstehen, und sie hatten keine andere Garantie dafür, Trinkwasser zu finden, als ihre gesammelte Erfahrung, wo man am besten zur Bohrung ansetzte.

Die Stunden vergingen. Der Bohrer fräste sich durch das Gestein. Zehn Meter, zwanzig Meter, auf der Suche nach Grundwasser.

Am Nachmittag stieß der Bohrkopf auf Wasser. Es war nicht nur brackig, es war ordentlich salzig, doch das schien die beiden Männer nicht zu bekümmern.

»Das ist eine Salzwassertasche«, sagten sie. »Wenn sie leer ist, kommt Trinkwasser. Man muss nur das Salzwasser abpumpen.«

Einer der beiden holte ein Glas aus seinem Rucksack und putzte es mit einem weißen Taschentuch. Er hielt es gegen die Herbstsonne und kontrollierte, ob es sauber war. Dann füllte er es mit dem salzigen Wasser aus dem Bohrloch und reichte es mir.

»Koste mal«, sagte er.

»Salzwasser?«, fragte ich.

»Steck die Zunge hinein. Schluck ein paar Tropfen. Daran stirbst du nicht. Hinterher sage ich dir, was du eigentlich getrunken hast.«

Ich dachte zuerst, er würde mich zum Narren halten wollen, so wie man Menschen, die keine Erfahrung mit Schiffen haben, bittet, sie sollten »dem Kielschwein Futter geben«. Doch etwas

sagte mir, dass es sich hier nicht so verhielt. Ich nahm das Glas und schluckte einige Tropfen. Das Wasser war definitiv salzig oder zumindest brackig. Er nahm das Glas zurück.
»Was du da getrunken hast«, sagte er, »kommt aus einer Salzwassertasche in vierzig Metern Tiefe. Dieses Wasser ist seit der letzten Eiszeit vor zehntausend Jahren dort unten im Fels eingeschlossen gewesen. Als das Eis abschmolz, sammelte sich ein Teil des salzigen Meerwassers in solchen Taschen. Da stand es jetzt zehntausend Jahre lang. Dreihundert Generationen, könnte man auch sagen. Erst jetzt kommt es wieder an die Oberfläche.«
Ich habe oft an diesen Augenblick zurückgedacht, als ich ein paar Tropfen Eiszeitwasser schluckte. Aber nie so oft, wie seit ich an Krebs erkrankt bin. In dunkleren Stunden habe ich versucht, Berechnungen darüber anzustellen, wie lange ich gelebt habe und wie lange ich – unter verschiedenen Prämissen – noch zu leben hoffen kann. Werde ich ein Langzeitüberlebender, oder bekomme ich nur noch ein paar Jahre? Was ist ein Jahr in Tagen, Stunden und vielleicht Minuten? Wie viele Sekunden kann ich noch leben? Solche Berechnungen sind sinnlos und nichts anderes als eine hilflose Beschwörung, als wären Lebenszeit und Todesaugenblick etwas, das man verlängern oder aufschieben könnte, indem man die Wirklichkeit in mathematische Formeln verwandelt.
Aber weder das Leben noch der Tod können zu Fraktalen oder Gleichungen zweiten Grades umgedeutet werden. Man kann zwar Herzschläge und die Anzahl weißer oder roter Blutkörperchen zählen. Doch das Leben kann nie Ausdruck einer mathematisch exakten Messung sein.
Dennoch fand ich eine Art Trost in der Erinnerung an das Glas mit dem Eiszeitwasser, das ich von dem Brunnenbohrer bekommen hatte. Die Perspektive auf das, was ein Menschen-

leben ist, kann auf so viele unterschiedliche Weisen verengt oder erweitert werden. Seit der letzten Eiszeit sind dreihundert Generationen über die Skandinavische Halbinsel gewandert. Vor mir oder jenseits meiner Lebenszeit warten wahrscheinlich viel mehr als dreihundert neue Generationen, bevor Gletscher aufs Neue unser Land bedecken und die Erdkruste hinabpressen. Neue Salzwassertaschen werden sich bilden, und andere Brunnenbohrer werden vielleicht eines Tages Bohrköpfe dazu zwingen, in den Fels einzudringen.

Vor dem Fenster, neben dem Tisch, an dem ich dies schreibe, steht eine Esche. Erst wenn die im Frühjahr späte Eiche ausgeschlagen hat, folgt die Esche. Ich stelle mir vor, dass die Esche der Hirte der anderen Bäume ist, der darüber wacht, dass die Blätter der anderen grün sind, bevor er selbst ausschlägt.

Der Baum vor meinem Fenster stand schon hier, als ich geboren wurde. Er wird hier auch noch stehen, wenn ich fort bin. Beinahe alle Bäume, einige junge, schlanke Birken ausgenommen, waren schon da, als ich geboren wurde, und werden weiter hier stehen, wenn ich nicht mehr bin.

Ich kann heute denken, dass in den wenigen Tropfen salzigen Wassers aus dem Eis, die ich vor vielen Jahren schluckte, eine Ewigkeit lag. Das Leben dauert so lange, wie es dauert. Zeitbegriffe sind verräterisch, wenn man sie in Bezug auf das eigene Leben oder das anderer benutzt. Einige leben länger. Man mag die Menschen bedauern, die jung sterben, bevor sie eine Möglichkeit gehabt haben zu leben. Doch für den Toten existiert keine Zeit. Wenn man tot ist, ist man es, außer man ist gläubig und vertraut darauf, wiederaufzuerstehen oder als etwas anderes oder ein anderer wiederzukehren.

Der Tod ist das größte Mysterium des Lebens. Heute kann ich mich über die Brunnenbohrer wundern und darüber, wie die

Salzwassertaschen im Fels ihre Sicht auf das Leben beeinflusst haben. Ich misstraue denen, die behaupten, dass die meisten Menschen alle Gedanken an den unausweichlichen Tod, der sie erwartet, verdrängen. Ich glaube, das ist alles andere als wahr. Ich war nicht allein, als ich im Alter von acht, neun Jahren periodenweise beinahe täglich an den Tod dachte, der irgendwo hinter dem Horizont wartete. Das taten und tun alle Kinder.

Dass man heute in Schweden ein ganzes Leben verbringen kann, ohne einen toten Menschen zu sehen – außer auf einem Fernsehbildschirm oder einer Kinoleinwand –, stimmt mich allerdings bedenklich. Wenn man das Sterben versteckt, wird das Leben am Ende unbegreiflich. Nicht, dass ich der Meinung bin, man sollte mit Vorschulkindern zu Studienzwecken in eine Leichenhalle marschieren. Aber wie soll man junge Menschen dazu bringen, das Leben zu respektieren, wenn der Tod in Beerdigungsunternehmen und Krankenhäuser verbannt ist? Dass der Tod in einem Land wie Schweden unsichtbar geworden ist, ist eine große kulturelle Niederlage und lässt für die Zukunft nichts Gutes erahnen.

Die Brunnenbohrer verließen mit ihrer Maschine die Insel. Die Kuhfähre verschwand, abgeschleppt von einem Fischerboot mit einem alten, tuckernden Säffle-Motor. Ich hatte Anweisungen erhalten, wie ich dafür sorgen sollte, dass das Salzwasser abgepumpt wurde, und dass ich anschließend das Wasser rund um die Uhr laufen lassen sollte, bis das Süßwasserreservoir jede Spur von Salzgehalt verloren hatte.

»Wie lange dauert das?«, fragte ich.

Der ältere der beiden Brunnenbohrer hatte die Frage offenbar schon viele Male zuvor gehört.

»Das kann man nicht beantworten«, sagte er. »Es ist unterschiedlich. Das musst du schmecken. Wenn das Wasser durch

und durch trinkbar ist, brauchst du es nicht weiterlaufen zu lassen.«
Es dauerte ungefähr eine Woche, bis der Salzgeschmack verschwunden war. Seitdem hat das Wasser immer so geschmeckt, wie es schmecken soll. Nicht einmal zu Zeiten einer emsig arbeitenden Waschmaschine ist das Wasser versiegt.
Wie dies alles zusammenhängt, weiß ich nicht. Aber wenn die große Unruhe mich packt, kann mich der Gedanke an die Brunnenbohrer, ihre Maschine und das Glas mit dem Eiszeitwasser beruhigen. Dafür gibt es keine vernünftigen Argumente, auch keine gefühlsmäßigen. Es ist einfach so. Das Wasser ist dort im Fels eingeschlossen gewesen, seit die Eisdecke abgeschmolzen war.
Ich lebe zwischen zwei Eiszeiten, kann ich schreiben. Die Bäume, die es gab, bevor ich geboren wurde, und die noch stehen werden, wenn ich gestorben bin, werden jedoch nicht ewig existieren. Eines Tages verschwinden auch sie, wie alle Inselformationen, alle Untiefen, alle Sandstrände, all das, was ich in meinem Leben erlebt habe.
Das Leben ist genau das: einige Tropfen salzigen Wassers in einem Glas.

50.

Der Büffel mit acht Beinen

Was dachten die Menschen, als sie in den schwer zugänglichen Felshöhlen ihre Bilder, in erster Linie von Tieren, an die Wände malten? Wo sie Schutz vor dem Wetter suchten und vor den Raubtieren, die ihre Existenz bedrohten. Aber gleichzeitig auch ihre von der Natur geformten Kathedralen ausschmückten.

Existierte für sie der Gedanke, dass ihre Bilder überleben und von kommenden Generationen beurteilt werden würden? Oder sollten die Bilder nur in ihrem Leben, in ihrer Zeit eine Funktion erfüllen? Mit der Entwicklung des menschlichen Gehirns kam die Fähigkeit, in die Zukunft zu denken und zu planen. Das kann für diejenigen, die die Felswände bemalten, eine Rolle gespielt haben. Aber welche? Waren die Bilder Mitteilungen und Grüße einer Zeit an eine andere? Oder träumten sie davon, dass die Tiere, die sie an die Felswände gemalt hatten, sich eines Tages befreien und einen Sprung aus der Höhle hinaus tun würden, hinaus in die Wirklichkeit, in der sie zu Nahrung werden konnten und nicht nur dunkle Bilder blieben, die von Schamanen in Trance angerufen wurden, damit Hunger und Krankheit und Raubtiere fernblieben?

Vielleicht waren die Höhlenmalereien eine Art von Opfergabe? Statt einen Stier oder ein Ren zu schlachten, konnten Bilder geopfert und die echten Tiere als Nahrung benutzt werden. In der Chauvet-Höhle im Département de l'Ardèche gibt es ein Tierbild, das sich ganz und gar von anderen unterscheidet. Es weicht auf dramatische Art und Weise von all dem ab, was

wir bisher in den von Menschen untersuchten Höhlen gefunden haben.
Es ist ein Büffel mit acht Beinen.
Er ist ebenso detailliert dargestellt wie die anderen Malereien, die ihn umgeben. Abgesehen von diesem verblüffenden Faktum, dass er mit acht Beinen abgebildet ist.
Man braucht nicht lange, um zu verstehen, warum das Tier acht Beine hat. Die Gedanken des Malers sind klar und anschaulich. Er hat ein Tier in Bewegung zeigen wollen. Auf seine Weise, mehr als dreißigtausend Jahre vor der Erfindung des Films, hat er versucht, die Beinbewegungen des laufenden Tiers festzuhalten. Wie in Zeitlupe, wo der Abstand zwischen jedem der Beine und ihr veränderter Winkel den Bruchteil einer Sekunde sichtbar machen, den die Bewegung in der Wirklichkeit dauern würde.
Es gibt nur dieses eine Bild von einem Büffel, der acht Beine hat. Natürlich ist es denkbar, dass eine bisher nicht entdeckte Höhle existiert, wo andere Malereien mit Tierbeinen, die in Bewegung sind, vorkommen. Bis heute kennt man jedoch kein zweites Beispiel.
Vielleicht aus einer Eingebung heraus hat der unbekannte Maler etwas ihm Fremdes erforschen wollen. Was er zuvor vielleicht noch nie versucht hatte. Eine Bewegung in der eigentlichen Bewegung einzufangen. Die in Wirklichkeit so schnell vonstattengeht, dass das menschliche Auge nicht fähig ist, sie wahrzunehmen.
Was geschah, als der Maler sein Bild vollendet hatte? Was sagten die Betrachter, als sie diese acht Beine sahen? Was dachten sie? Wurden sie neugierig, oder waren sie verärgert darüber, dass der Künstler ein Tabu gebrochen hatte? Das Einzige, dessen wir ganz sicher sein können, ist die Tatsache, dass das Bild erhalten blieb. Es wurde nicht abgeschabt oder übermalt.

Aber das Bild erzählt noch mehr. Wenn man es genau studiert, erzählen die wirbelnden Beine und die Augen des Büffels noch etwas anderes.

Der Büffel ist auf der Flucht. Daneben gibt es an der Felswand ein Raubtier, vielleicht jagende Menschen. Der Büffel rennt um sein Leben. Das Bild versucht die intuitiven Versuche des Tiers zu erfassen, der Gefahr und dem Tod zu entkommen.

Wer immer diesen fliehenden, von Schrecken gepackten Büffel gemalt hat, hat eine große und talentierte Arbeit geleistet. Die Beine sind in der Bewegung eingefangen, und die Augen drücken in einzigartig deutlicher Weise Angst aus. Das ganze Bild explodiert förmlich von der Kraft, die aus der Todesangst entspringt, als das Tier um sein Leben rennt. Als risse sich der Büffel von der Felswand los, um schneller laufen und das Raubtier oder die Menschen weit hinter sich lassen zu können.

Nicht eine Linie scheint verändert worden zu sein. Die Farbe liegt in Schichten, die nicht übermalt wurden. Der Künstler hat gewusst, was er wollte, und er hat nicht gezögert.

Dies ist kein Anfängerbild. Die Menschen damals lebten selten länger als dreißig Jahre. Aber dieser Mann hat jahrelang Bilder gemalt.

Jedes Bild hat Zeit und Anstrengung gekostet. So wie der Künstler, der den Löwenmenschen schuf, muss der Künstler in der Höhle von anderen ernährt worden sein, die bereit waren, ihn seine Tage mit Malen verbringen zu lassen.

In der gleichen Höhle findet sich eine andere Tiergruppe, Löwen und Nashörner. Wenn ich diese Malereien betrachte, habe ich den Eindruck, dass derselbe Mann ganz allein diese ganze Galerie gefüllt hat. In anderen Höhlen kann man sehen, dass unterschiedliche Künstler am Werk waren. Aber in der Chauvet-Höhle scheint ein Mann allein all das geschaffen zu haben, was wir heute sehen können.

Aus dem Dunkel der Geschichte treten plötzlich die ersten Individuen hervor. Es sind nicht Menschen, sondern Tiere. Bald werden auch die ersten Skulpturen mit menschlichen Gesichtern geschaffen und rund tausend Generationen später von uns wiedergefunden werden.

In der heutigen Slowakei wurde vor Jahren eine fünf Zentimeter hohe Elfenbeinskulptur gefunden. Sie stellt ein Frauengesicht dar und wird zuweilen »die ursprüngliche Mona Lisa« genannt. Das Gesicht ist ungefähr fünfunddreißigtausend Jahre alt. Es ist eine Skulptur, die ein Individuum mit all seinen besonderen Zügen hervortreten lässt. Am auffälligsten ist ihr linkes Auge. Das Augenlid hängt herunter. Ihr Auge ist verletzt.

Ihr Mund lässt die Andeutung eines Lächelns erkennen.

Wir können uns vorstellen, dass es ein lebendes Modell gegeben haben muss. Wahrscheinlich jemand aus dem gleichen Familienverband oder Klan wie der Künstler. Vielleicht war sie die Mutter des Künstlers, seine Schwester oder die Frau, mit der er zusammenlebte?

Aber aus dem Dunkel der Geschichte tritt hier ein Individuum hervor. Es ist einer der frühesten Menschen, den wir wirklich erkennen können.

Was dachte sie, als sie die kleine Skulptur sah, die ihr Gesicht darstellte? Sie muss sich darüber gewundert haben, dass jemand eine so kleine Kopie von ihr anfertigen konnte. Sie muss sich gefragt haben, ob in diesem kleinen Stück Elfenbein ein Geist lebte, der dem ihren ähnelte.

Ihr angedeutetes Lächeln ist mir durchs Leben gefolgt, seit ich die kleine Skulptur zum ersten Mal sah. Der Blick wirkt in sich gekehrt, zugleich ist sich die Frau jedoch dessen bewusst, dass sie wahrgenommen wird.

Dies führt mich zu einem anderen Gedanken. Als ich vor beinahe vierzig Jahren zum ersten Mal nach Afrika kam, hatte ich die ebenso bestimmte wie absolut falsche Vorstellung, nach Unterschieden zwischen den Afrikanern und mir suchen zu sollen.

Das Einzige, was ich fand, waren Übereinstimmungen. Ich sah ein, dass wir alle derselben Familie angehören. Da der Mensch als Art vom afrikanischen Kontinent herstammt, haben wir auch alle eine Urmutter mit schwarzer Haut.

Wenn ich die Skulptur betrachte, die vor mehr als dreißigtausend Jahren entstand, denke ich, dass auch die Frau, die das Modell dafür war, zu meiner Familie gehört. Sie ist keine Fremde. In ihrem schwachen Lächeln kann ich etwas sehen, das ich verstehe und wiedererkenne.

Es ist richtig und auch leicht, sich vorzustellen, dass wir aus den gleichen Gründen lachen und weinen.

Ich bin bei den Höhlenmalern zu Hause. So wie sie bei mir.

51.

Das Geheimnis der Höhlenmaler gelüftet

Als ich im vergangenen Frühjahr eine neue chemotherapeutische Behandlungsrunde beginnen sollte, besuchte ich am Tag zuvor eine Buchhandlung und kaufte einige Bücher. Das verschaffte mir Trost, oder vielleicht war es eine Belohnung für das, was ich durchmachen würde.

Als ich mich im Zimmer Nummer eins auf das Bett legte, um die letzte Behandlung des ersten Chemotherapie-Zyklus hinter mich zu bringen, hielt ich ein kleines Buch in der Hand, das den – wie sich zeigen sollte, irreführenden – Titel *Das älteste Rätsel der Menschheit* trug.

Mit großer Skepsis schlug ich die ersten Seiten auf. Aber als ich das Buch dann las, erkannte ich, dass der Titel idiotisch war und man ihn nur der besseren Verkäuflichkeit wegen gewählt hatte. Das Buch war faszinierend. Es warf ein radikal neues Licht auf viele Fragen hinsichtlich der ältesten Kunst, die in unzugänglichen Höhlen verborgen ist.

Ein französischer Zeichner, Bertrand David, hat einige entscheidende Fragen zur Technik der Höhlenmaler gestellt. Nicht zuletzt hat es den Anschein, als hätten diese es sich so schwer wie möglich gemacht. Warum wählten sie Höhlenkammern aus, die sie nur erreichen konnten, indem sie durch dunkle und enge Gänge krochen?

Ein weiteres Rätsel war für ihn, warum die Augen der Tiere oft an falschen Stellen sitzen, obwohl die Tiere im Übrigen anatomisch korrekt dargestellt sind. Eines Tages glaubte David, dem

Geheimnis der Höhlenmaler auf die Spur gekommen zu sein. Er führte in seinem Keller mehrmals Experimente durch und lud andere, auch Kinder ein, an den Versuchen teilzunehmen. Das Ergebnis war verblüffend und überzeugend zugleich.
Er kam zu dem Schluss, dass die Höhlenmaler in der entlegenen Urzeit die dunkelsten Winkel aus einem sehr speziellen Grund gewählt hatten. Es war eben die Dunkelheit, worauf sie aus waren.
Sie stellten kleine geschnitzte Skulpturen der Tiere, die sie abbilden wollten, vor primitive Lichtquellen. Mithilfe der Schatten, die auf die Höhlenwände geworfen wurden, konnten sie die Konturen des Tiers auf glaubwürdige Art und Weise abbilden.
Doch das Auge eines Ochsen, Löwen oder Pferdes wirft keinen Schatten. Das musste der Künstler freihändig einsetzen.
Diese Technik kann jeder anwenden. Es reicht, in einer dunklen Winternacht aus dem Haus zu treten und das Licht aus der Tür hinter sich fallen zu lassen, damit ein großer Schatten entsteht. Menschen können zu Riesen werden und schrumpfen, je nachdem, ob sie sich von der Lichtquelle fort- oder auf sie zubewegen.
Bertrand David und ein Literaturhistoriker namens Jean-Jaques Lefrère haben das Buch gemeinsam geschrieben, das ich in der Hand hielt, als die Zellgifte in meinen Arm sickerten. Ich bemerkte es kaum, wenn Marie oder eine der anderen Schwestern hereinkam und einen neuen Beutel anschloss.
Sobald ich wieder zu Hause war, ging ich mit einer kleinen Elefantenskulptur, die ich vor vielen Jahren aus Afrika mitgebracht hatte, hinunter in den Keller. Ich spannte an einer Wand ein weißes Papier auf, zündete eine Petroleumlampe an und stellte den Elefanten an seinen Platz. Er wurde sofort zu einem Riesen, dessen Körper über das Papier hinausreichte. Als ich

die Lampe bewegte und den Abstand zu der Skulptur vergrößerte, konnte ich mit einer Tuschfeder die Schattenumrisse auf dem Papier nachziehen. Als ich dann die gewöhnliche Beleuchtung einschaltete, hing der Elefant ohne Kontakt zum Boden dort an der Wand, wie es bei Tiermalereien in Höhlen oft der Fall ist.

Freihändig fügte ich ein Auge ein, vielleicht nicht ganz an der richtigen Stelle.

Die Höhlenmaler waren also vermutlich Nachzeichner. Sie brauchten nicht notwendigerweise über eine künstlerische Begabung zu verfügen. Auch wenn es weniger wahrscheinlich ist, könnten Kinder daran beteiligt gewesen sein, die Konturen der an die Wand projizierten Schatten nachzuzeichnen.

Für mich war es ein großes Erlebnis, einen Schritt weiter in diese Welt vorzudringen, von der wir nicht viel mehr kennen als diese Tierabbildungen in den dunkelsten Kammern der Höhlensysteme.

Der französische Zeichner und sein Koautor präsentieren auch eine kühne Idee hinsichtlich dessen, was diese Tierbilder bedeuten. Statt schamanische oder religiöse Symbolwelten als Hintergrund zu vermuten, meinen sie, dass die Tierbilder dem Gedenken an verstorbene Verwandte dienten. Ob die Menschen zu jener Zeit Namen trugen, ist nicht bekannt, aber anzunehmen. Mit hoher Wahrscheinlichkeit waren es Tiernamen. Könnten diese Tierbilder tatsächlich eine Art Grabbilder von Toten sein, an die der Stamm, die Gruppe oder der Klan sich erinnern wollte? Das würde auch erklären, warum viele dieser Tierbilder in Tausenden von Jahren mit anderen Bildern übermalt wurden. Man bedenke nur, was mit unseren Friedhöfen geschieht, die in regelmäßigen Abständen umgegraben werden, wobei alte Grabsteine und Kreuze verschwinden.

Diese mögliche Erklärung für die Höhlenmalereien ist natürlich nur eine faszinierende Spekulation. Anders verhält es sich mit der These bezüglich der Projektionstechnik, die sehr wahrscheinlich das Geheimnis der Methode der Höhlenmaler gelüftet hat.

Wie andere Kinder beschäftigte auch ich mich eine Zeitlang damit, verschiedene Motive nachzuzeichnen. Ohne deshalb behaupten zu können, über eine zeichnerische Begabung zu verfügen.

Ein künstlerisches Urteil über die unbekannten, namenlosen Höhlenmaler kann man eigentlich nur in der Hinsicht abgeben, wie es ihnen gelang, mit freier Hand beispielsweise ein Auge zu malen. Manche Augen sind mit mehr Begabung ausgeführt als andere. Ihre Platzierung ist nicht nur anatomisch korrekter, sondern das Auge hat auch einen lebendigeren Ausdruck.

Kein Auge gleicht einem anderen. Der Maler, der es malte, hat eine Wahl getroffen.

Die Entdeckung der Schattenprojektion mindert nicht den Wert all der faszinierenden Tierbilder, die nach vielen tausend Jahren unsere Blicke fesseln, ob wir sie in Bildbänden, im Film oder in wirklichen Höhlen sehen.

Im Verlauf der Entwicklung des Menschen ist die Kunst stets auf dem Weg zu dem gewesen, was sie heute ist.

Um sich morgen weiterzuentwickeln. Zu etwas Neuem und Unerwartetem.

52.

Kindheitsglück – die Ankunft eines klapperigen Lieferwagens im Frühling

Das beginnende Frühjahr in Härjedalen war in meiner Kindheit unter anderem mit dem Traum von der Ankunft des Zirkus verknüpft.

Die meisten Menschen meiner Generation, die an kleineren Orten aufgewachsen sind, wo eigentlich nie etwas Überraschendes passierte, wissen noch, wie es war, wenn der Schnee weggeschmolzen war und endlich der Zirkus angereist kam. Während des langen Winters tauchten zuweilen Bilder von den bemalten Wagen im Kopf auf, von kräftigen Männern mit ihren Vorschlaghämmern, die die Pfähle für den Manegeboden und das Zelt einschlugen, und man hatte den Klang der eigentümlich fremden Sprachen im Ohr, die zwischen den Wagen ertönten, in denen sich das geheimnisvolle und unerreichbare Alltagsleben der Artisten abspielte.

Sicher war diese Vorstellung naiv und romantisch, und sie ist es noch immer. Aber zugleich war es wirklich so. Die große Welt kam zu Besuch. Wie ein Gruß von Ländern und Menschen jenseits der unendlichen Wälder, die sich um das kleine Tal mit dem kalten Fluss ausbreiteten, in dem ich lebte.

Es fing damit an, dass ein zerbeulter, klapperiger Lieferwagen, oft mit kaputtem Auspuff, angefahren kam und einige Männer mit dickem weißem Kleister in Eimern und langstieligen Bürsten große, farbenprächtige Plakate anklebten. Sie hatten es immer eilig, wenn sie kamen, und wenn sie weiterfuhren. Der weiße Kleister spritzte und klebte.

Ein paar Tage später rollte die Wagenkolonne an. Nur die größten Zirkusse kamen mit der Eisenbahn, und der Ort, an dem ich aufwuchs, war für sie zu klein. Wir mussten uns mit den weniger bedeutenden Zirkussen begnügen. Sie kamen mit Wohnwagen, Lastwagen und anderen Wagen, die von qualmenden Traktoren gezogen wurden.

Die große Welt hatte schlechte Auspuffrohre.

Einer dieser Zirkusse hieß Scala. Aber es gab auch andere, deren Namen ich vergessen habe. Oft waren ihre Programme sehr ähnlich. Sie schienen nach der gleichen Matrize gefertigt zu sein.

Wenn man Glück hatte und eine Vorstellung besuchen konnte, hatte man ein, zwei begnadete Stunden vor sich. Jede Normalität verschwand. Hoch oben unter der Zeltkuppel schwebten Akrobaten in beinahe schwerelosem Zustand. An ihre Rufe, wenn sie sich ins Leere warfen, um von den Händen eines anderen aufgefangen zu werden, kann ich mich noch heute erinnern.

Unten in der Manege jonglierten andere Artisten mit einer Unzahl von Bällen, Kegeln oder miteinander. Ständig wurde die Normalität herausgefordert und in Frage gestellt. Die Clowns waren dem Menschlichen noch am nächsten. Sie stolperten und torkelten, schrien und weinten, bespritzten sich mit Wasser und glichen in all ihrer Lächerlichkeit und Tollpatschigkeit uns, die wir um die Manege herumsaßen. Aber so gut wie Chaplin würden sie nie werden.

Hunde standen auf dem Rücken von Pferden, Seelöwen robbten umher, und der Zirkusdirektor forderte manchmal Schweigen, manchmal Applaus. Er dirigierte sein kleines Ensemble mit eiserner Hand und bändigte das Publikum, sodass es dem geringsten Wink seiner erhobenen Peitsche und seiner weiß behandschuhten Hand folgte. Er war eine furchteinflößende

Person, die einzige in der Vorstellung, vor der mir ein wenig graute. Während alle anderen die Wirklichkeit in ein lichtes Paradies verwandelten, stellte er das Verbindungsglied zu der Realität dar, aus der man kam und in die man bald zurückkehren würde. Er war der strenge Lehrer oder der Trunkenbold, der manchmal auf der Straße umhertorkelte und die Kinder verabscheute, die ihm zu nahe kamen.

Ich weiß nicht, ob es noch Zirkusse gibt, die herumreisen und einmal im Frühling oder im Sommer diese kleinen Ortschaften besuchen und die öden Gesetze der Schwerkraft und der Normalität außer Kraft setzen. Wenn nicht, ist es der Beweis dafür, dass inmitten all des Wohlstands und der wirbelnden, ständig überraschenden technologischen Entwicklung eine schleichende Verarmung voranschreitet. Auch wenn man das Beste vom Besten der Zirkuskunst im Internet oder im Fernsehen betrachten kann, wird es stets nur eine blasse Kopie sein. Zirkus setzt voraus, dass man anwesend ist und Zeuge der Verwandlung wird. Man muss im selben Raum sein wie die Akrobaten und Jongleure.

Man ist Teil dieser Gemeinschaft, und gemeinsam hebt man die Schwerkraft auf, hält die Zeit an und ist vereint in einem Zustand der Atemlosigkeit, den ich in Ermangelung eines Besseren als Glücksrausch bezeichnen will.

Das große Abenteuer besteht darin zu sehen, dass das, was diese Artisten vollbringen, tatsächlich möglich ist. Der Gummimann hat ein Skelett, obwohl er einen Knoten in seinen Körper schlingen kann. Die asiatische Frau mit ihren schrägen Augen schafft es tatsächlich, alle Teller auf ihren schmalen Stäben in Bewegung zu halten, ohne dass einer in die Sägespäne fällt.

Zirkus ist nichts anderes als die Zurschaustellung menschlicher Fähigkeiten, die durch strenge Disziplin und Training eingeübt und beibehalten werden.

Jeden Tag während des Sommerhalbjahres wurden Tausende Tonnen Sägespäne dort ausgeschüttet, wo die Manege vorbereitet wurde. Das Zeltgestänge war errichtet, die Masten waren gesichert, das Zelttuch aufgespannt.

Vor vielen Jahren verbrachte ich einen Sommer in Albufeira, im Süden Portugals. Ich hatte in einem tristen Mietshaus eine Wohnung gemietet. Am Abend meiner Ankunft gab ein Wanderzirkus in der Nähe seine erste Vorstellung. Jeden Abend hörte ich die Musik und den Applaus und sah das Publikum kommen und gehen.

Es war der klassische alte Zirkus. Er stand in Albufeira, doch er hätte auch in Sveg gastieren können.

Die Zirkuskunst entwickelt sich jedoch beständig weiter. Vor zwanzig, dreißig Jahren kam unerwartet eine neue Art von Zirkus auf. So heißt er auch: Cirque Nouveau. Der Vorreiter war damals – und ist es noch heute – der Cirque du Soleil, der mit verschiedenen Truppen ständig weltweit auf Tournee ist. Die Vorstellungen basierten auf den bekannten Kunstformen: Akrobaten, Jongleure, Clowns treten auf. Aber das Neue ist, dass sie eine Geschichte erzählen. Es wird nicht mehr eine Reihe einzelner Nummern präsentiert, bevor alle im gemeinsamen Finale zusammen auftreten und sich den Applaus teilen.

In diesem Cirque Nouveau ist fortwährend eine Liebesgeschichte oder eine andere Erzählung gegenwärtig. Man kann ihn sich wie ein Märchen vorstellen, das nicht von Schauspielern gespielt, sondern von Zirkusartisten vorgeführt wird.

Doch auch Zirkusartisten sind Schauspieler. Sie verführen uns mit dem gleichen echten Können wie die Akteure auf einer Theaterbühne. Manchmal denke ich, dass nur die Sägespäne den Unterschied ausmachen.

Wenn ich richtig gute Zirkuskunst sehe, bekomme ich auf der Stelle Lust mitzumachen. Ich kann natürlich nicht unter der

Zirkuskuppel fliegen oder mit zehn Kegeln atemberaubende Kunststücke vollführen. Es würde mir schon reichen, die Requisiten in die Manege tragen zu dürfen, die von den verschiedenen Artisten für ihre Vorführungen benötigt werden.

Das Gleiche gilt fürs Theater. Sitze ich in einem Theatersaal und sehe eine Vorstellung, die mich kaltlässt, will ich sie so schnell wie möglich verlassen. Ist die Vorstellung aber gut, bekomme ich die gleiche unwiderstehliche Lust wie im Zirkus, von meinem Platz aufzustehen, auf die Bühne zu steigen und mich an den Tisch zu setzen, an dem die Schauspieler gerade ein inszeniertes Abendessen einnehmen.

Die neuen Zirkusvorstellungen haben die Zirkuskunst binnen sehr kurzer Zeit auf erstaunliche Weise weiterentwickelt. Meistens erschaffen sie ohne Sentimentalität anrührende Geschichten, die sich vor unseren Augen abspielen. Die Kreativität, die diese oft jungen Zirkusartisten an den Tag legen, verblüfft mich, bestärkt mich aber auch mehr denn je in meiner Überzeugung, dass es für die menschliche Fähigkeit, etwas zu erschaffen, keine Grenzen gibt. Der Schritt von dem Künstler, der einmal dasaß und den Löwenmenschen aus einem Stück Elfenbein schnitt, zu den hoch unter der Zirkuskuppel wirbelnden Akrobaten ist vielleicht gar nicht so groß.

Die Delphine fliegen an den Wänden des Palasts von Knossos über die Wellenkämme. Die Akrobaten schweben schwerelos unter der Zeltkuppel des Zirkus Scala, der eine kleine Ortschaft im hohen Norden besucht.

Wir im Publikum sehen zu. Aber wir nehmen auch teil. Beides zur gleichen Zeit.

53.

Der Kriegsinvalide in Budapest

Eines Tages im Vorfrühling 1972 trafen Eyvind und ich uns auf dem Hauptbahnhof in Kopenhagen. Wir waren Kollegen, schreibende junge Theaterregisseure. Wir wollten den Zug nach Mailand nehmen, wo wir eingeladen waren, an dem Theater La Comune von Dario Fo und seiner Frau Franca Rame zu hospitieren und ihre Arbeit zu verfolgen. Wir schliefen auf der Fahrt durch Westdeutschland, frühstückten in der Schweiz und stiegen am Abend auf dem Mailänder Hauptbahnhof aus. In der ersten Nacht nahmen wir gemeinsam ein billiges Hotelzimmer. Am Tag darauf suchten wir nach einer Unterkunft. Wir hatten nicht viel Geld. Man bot uns die Garage in einem Haus an, das abgerissen werden sollte, ohne Betten und garantiert mit Ratten. Wir lehnten ab und suchten weiter.
Am gleichen Tag trafen wir Dario Fo im La Comune. Er hatte vollkommen vergessen, dass wir kommen würden. Das meiste an seinem Theater wirkte damals chaotisch. Bevor man hineingelangte, musste man sich einer strengen Sicherheitskontrolle unterziehen. Dario Fo und Franca Rame erhielten ständig Morddrohungen. Sie waren gerade dabei, ein Stück zu proben, das später den Titel *Zufälliger Tod eines Anarchisten* erhielt.
Am Abend setzten Eyvind und ich uns in ein Straßencafé und tranken Kaffee. Uns war klar, dass wir am nächsten Tag eine billige Bleibe finden mussten, sonst würde der Plan von einem längeren Aufenthalt in Mailand am Finanziellen scheitern. Eine Person trat an unseren Tisch und wollte eine Uhr verkaufen. Wir lehnten ab. Vielleicht lachte einer von uns, das weiß

ich nicht mehr. Aber plötzlich tauchten aus der Dunkelheit ein paar Freunde des Uhrverkäufers auf. Junge Männer um die zwanzig, die uns vorwarfen, den Uhrverkäufer verspottet zu haben. Eyvind wurde das Nasenbein zerschlagen, ich selbst erhielt einen Tritt in den Unterleib, trug aber keinen weiteren Schaden davon, außer dass es ein paar Tage schmerzte.

Nach einer schlaflosen Nacht flog Eyvind nach Hause und ließ sich in einem Krankenhaus in Malmö die Nase richten. Ich selbst blieb noch in Mailand, war jedoch unschlüssig, was ich tun sollte. Möglicherweise wunderte sich Dario Fo, wo die beiden enthusiastischen Schweden abgeblieben waren, die immerhin erklärt hatten, einen Monat hospitieren zu wollen.

Dennoch verließ ich Mailand und nahm den Zug nach Wien und von da nach Budapest. Ich kannte weder das Land noch die Stadt. Aber es war mir peinlich, sofort nach Schweden zurückzukehren.

Auf dem Bahnhof in Budapest sah ich einen Mann, der wahrscheinlich Kriegsinvalide war. Er war betrunken und bettelte. Plötzlich kam ein Wachmann, ein Angestellter der ungarischen Eisenbahn. Er trat den Invaliden, sodass der Mann umfiel. Die Krücken flogen davon, das Kleingeld aus der Mütze rollte über den schmutzigen Steinboden.

Während der Invalide auf der Erde kroch, rückte der Eisenbahnangestellte seine Mütze zurecht und ging davon.

Das Ganze war so schnell gegangen, dass es mir unwirklich erschien. Ich sah mich um. Menschen hasteten hin und her, ungarische Lautsprecherdurchsagen, die sich für meine Ohren hauptsächlich wie Wutausbrüche anhörten, dröhnten durch die Bahnhofshalle. Aber niemand half dem Invaliden, der sich zu seinen Krücken schleppte und gleichzeitig das erbettelte Geld wieder aufsammelte.

Es war ein lähmendes Erlebnis. Brutalität schien vollkommen

selbstverständlich und wurde von allen, die Augenzeugen des Vorfalls waren, akzeptiert. Nicht einmal der Mann, dessen Krücken fortgetreten worden waren, protestierte. Er verhielt sich, als wäre das, was ihm geschehen war, ganz und gar natürlich.

Es war recht so, dass er dort am Boden lag. Aber was für ein Recht? Das Recht eines anderen, gegen das er durch sein Betteln verstoßen hatte?

Keiner half ihm. Auch ich nicht. Es war ein entsetzlicher Augenblick. Als der Wachmann, der ihn umgestoßen hatte, zurückkam, fürchtete ich, dass sich das Ganze wiederholen würde. Aber der Invalide hüpfte auf seinen Krücken aus dem Bahnhofsgebäude. Sein Vergehen war also gewesen, dass er im Bahnhofsgebäude gebettelt hatte. Was draußen vor den Türen geschah, interessierte den tretenden Wachmann nicht.

Ich verbrachte die Tage in Budapest, wie ich es auch auf anderen Reisen in meiner Jugend tat, wenn ich an einem Ort gelandet war, ohne die Reise dorthin eigentlich geplant zu haben. Ich streifte umher, saß in billigen Cafés, machte eine Bootsfahrt auf dem Fluss, ging in Buchhandlungen und versuchte, die Plakate an den Theatern zu lesen, an denen ich vorüberkam. Aber hauptsächlich vergingen die Tage mit Warten auf die Heimreise, die ich früher oder später antreten würde.

Einen Abend leistete ich mir einen Anruf bei meinem Vater in Stockholm, um ihm zu sagen, wo ich war. Ich gab ihm die Telefonnummer des Hotels, falls jemand nach mir fragen sollte.

Das Gespräch war sehr kurz. Es war das letzte Mal, dass wir miteinander sprachen, was natürlich keiner von uns beiden wusste.

In derselben Nacht starb er. Als man anfing, nach mir zu suchen, wusste man nicht, dass meine Telefonnummer auf einem Zettel stand, den er in seiner Hosentasche hatte.

Aber ich habe nie den Invaliden vergessen und dass keiner der Umstehenden, ich selbst inbegriffen, unmittelbar reagierte. Als wäre es ein Rollenspiel gewesen, in dem alle, auch der Mann mit den Krücken, ihren Part kannten und beibehielten, bis der Bettler das Bahnhofsgebäude verlassen hatte.

Das war eine rohe und vollkommen offene Brutalität. Damals hatte ich wohl in der Wirklichkeit noch nie etwas Ähnliches erlebt. Es auf einer Leinwand oder auf dem Fernsehschirm zu sehen war etwas ganz anderes. Dort fand das Rollenspiel in einer anderen Dimension statt, und die Menschen schlugen einander für hohe Honorare tot.

Viele Jahre später erlebte ich eine andere Art von Brutalität, die mich an das Ereignis mit dem Invaliden auf dem Hauptbahnhof in Budapest erinnerte. Es geschah in Maputo, Ende der neunziger Jahre. Die Geschichte zu erzählen bereitet mir immer noch Unbehagen.

Ich wohnte in einem dreistöckigen Haus im Stadtzentrum. Es war zu Beginn der siebziger Jahre ohne Sorgfalt errichtet worden, als die nationale Befreiungsbewegung Frelimo von Norden her näher rückte. Einige Monate später sollten die Offiziere in Portugal revoltieren und die faschistische Diktatur zu Fall bringen, was wiederum die Niederlage der Portugiesen in den afrikanischen Kolonien beschleunigen würde. Man baute weiter, hatte aber nicht die Zeit, den Zement ordentlich trocknen zu lassen. Als ich einzog, trieften die Wände von Sickerwasser.

In derselben Straße wohnte in einer alten Villa ein portugiesisches Paar, das schon lange im Land lebte. Sie hatten Bedienstete, unter anderem ein schwarzes Mädchen von ungefähr zwanzig Jahren. Ihr Dienst begann jeden Morgen um sechs Uhr mit dem Auftragen des Frühstücks. Da war sie schon seit halb vier auf den Beinen, so lange brauchte sie für den Weg von dem Slumviertel, in dem sie wohnte, bis zu der Villa. Jetzt erwartete sie ein langer Arbeitstag, bevor sie nach Hause zurückkehren konnte, um ein paar Stunden zu schlafen. Auf einem Teil des Wegs verkehrten Minibusse, doch weil ihr Lohn so gering war, konnte sie sich die Fahrkarte nicht leisten.

Eines Tages erklärte sie, dass sie schwanger sei. Die Frau des Hauses wollte sie sofort entlassen. Doch der Mann sagte, sie sei reinlich und koche guten Kaffee. Sie durfte bleiben.

Das Kind wurde geboren. Die junge Frau blieb nach der Geburt vielleicht eine Woche zu Hause. Dann fingen die langen Arbeitstage wieder an. Und sie trug ihr Kind auf dem Rücken.

Nun geschah jedoch Folgendes. Die Frau des Hauses verbot ihr, das Kind mit in die Villa zu bringen. Das Dienstmädchen musste es auf die Haustreppe legen. Wenn sie es stillen wollte, war sie gezwungen, dazu nach draußen zu gehen.

Ich erfuhr davon durch andere empörte Nachbarn, die meinten, dass dieses rassistische Verhalten, diese Kränkung der jungen Mutter, so nicht weitergehen dürfe. War Mosambik nicht seit beinahe fünfundzwanzig Jahren ein selbständiges Land? Wie konnte es sein, dass diese uralte koloniale Brutalität andauern konnte?

Wir vereinigten uns zu einem Protest, schrieben einen Brief und drohten, zur Polizei zu gehen, wenn die junge Frau ihr Kind nicht mit ins Haus nehmen dürfe.

Dies führte dazu, dass sie sofort gefeuert wurde. Da uns klar war, dass diese Gefahr bestand, hatten wir bereits eine andere Arbeit für sie gefunden.

Sicher habe ich später schlimmere Dinge erlebt. Nicht zuletzt Kindersoldaten, die ihre Eltern getötet hatten. Nicht aus Bosheit, sondern weil man ihnen eine Pistole an die Schläfe setzte und die Worte in ihren Ohren dröhnten: Wenn du es nicht tust, stirbst du selbst.

Was hätte ich als Kind in der gleichen Situation getan? Es ist leicht, sich Heldenmut auszumalen, schwerer, sich den rücksichtslosen Überlebenswillen vorzustellen.
Dennoch bilden die Erinnerungen an den Vorfall in Budapest und an das Dienstmädchen in Maputo die Inschrift über dem Eingangstor zu meinem privaten Archiv von Erlebnissen aus der Hölle.

54.

Besuch an einem Ort, wo etwas beginnt und zugleich endet

Weit draußen im offenen Meer in den Schären von Gryt in Östergötland liegt Lökskär. Ich versuche, jedes Jahr einmal hinauszufahren. Meistens im Herbst. Es ist fast immer unmöglich anzulegen; ich muss von Tommy Ljungs Boot aus an Land springen und mich darauf verlassen, dass ich nicht ausgleite. Ein paar Stunden später holt er mich wieder ab.

Es ist eine einsame Schäre, die gerade da aus dem Meer ragt, wo Schweden sowohl beginnt als auch endet, je nachdem, von welcher Seite man kommt.

Die Schäre ist still und stumm. Der Stein redet nicht. Die Schäre brütet über ihrer Geschichte.

Während der Nistzeit der Vögel ist es verboten, hier an Land zu gehen. Die Schäre liegt auch so weit draußen, dass die Vögel nicht von den schwimmenden Nerzen mit ihren tödlichen Bissen bedroht werden, wie es auf anderen Inseln näher an Land der Fall ist.

Hier draußen in der Einsamkeit und im Schweigen haben einmal Menschen gelebt. Wie sie auf dieser kargen Schäre zurechtkamen, ist mir unbegreiflich. Wenn sich plötzlich ein Sturm ankündigte, mussten sie in ihren schlanken Ruderbooten hinaus und ihre Netze retten. Viele ertranken. Manchmal wurde ein Leichnam in einem Netz gefunden, als wollte der Tod seinen unbarmherzigen Fang vorweisen. In anderen Fällen verschwanden sie einfach und wurden nie mehr gesehen.

Sie kamen im Laufe des 18. Jahrhunderts auf die Insel. Zumindest finden wir sie da zum ersten Mal in den Kirchenbüchern. »Wohnhaft auf Lökskär.« Bis in die fünfziger Jahre des 19. Jahrhundert blieben einzelne Menschen hier ansässig. Danach verwaiste die Schäre wieder. Die zufälligen Besucher verschwanden ebenso lautlos, wie sie gekommen waren.

Vielleicht hob die Schäre ihre steinerne Hand und winkte ihnen zum Abschied?

Es ist eine sich wiederholende Pilgerfahrt. Ich wandere bei Wind und Kälte über die Insel und denke an das Jahr, das vergangen ist, und an das Jahr, das kommen wird. Zwischen den kargen Klippen gibt es keine Ausflüchte, keine Entschuldigungen. Hier kann man sich nicht selbst belügen. Die Klippen schleifen alle Wahrheiten zu scharfen Schneiden.

Manchmal kommt es mir so vor, als könnte ich die Schatten der Menschen ahnen, die dort einmal gelebt haben. Sie sind noch da und bewachen meine Schritte. Ihre Gesichter sind in die grauen Felsklippen eingeritzt, die hier und da zu einer schwachen Nuance von Rostbraun tendieren.

Noch immer entdeckt man vereinzelte Spuren der Behausungen, in denen diese armen Fischer lebten. Alles Holz ist natürlich verwittert. Aber man kann die Ecksteine der Häuser finden, die in einer kleinen Senke auf der nordwestlichen Seite der Schäre standen, geschützt vor den Winden aus allen Himmelsrichtungen. Die Hütten sind kaum größer als Geräteschuppen oder Spielbuden für Kinder. Hier wohnten sie, ganz und gar abhängig von dem, was das Meer ihnen geben konnte. Mehr als eine Kuh ließ sich dort kaum ernähren, denn das Gras war mager und das Heidekraut rot und nicht essbar.

Ich bleibe von Zeit zu Zeit stehen und betrachte die Steine, dort hingelegt von den Neusiedlern, die durch die Not und die Überbevölkerung auf den inneren Schäreninseln hier hinausgetrieben wurden. Wenn ich lange genug stehen bleibe, kann es mir zuweilen so vorkommen, als bewegten sich diese Steine langsam zurück zu der mir unbekannten Stelle, von der sie einst geholt wurden.

Dornengestrüpp wächst bis hinunter in die enge Bucht, wo, vom Wind geschützt, ihre Boote lagen.

Andere Spuren ihres Lebens gibt es nicht. Nichts ist eingehauen in die Felsklippen, keine eisernen Haken oder Vertäuungsringe in den der tiefsten Bucht zugewandten Felsen. Heimatforscher sind mit Metalldetektoren hier gewesen, ohne, soweit mir bekannt ist, etwas entdeckt zu haben.

Nicht einmal Gräber dieser Menschen finden sich noch. Wenn das Eis trug oder die See still war, wurden die Toten zur Kirche in Gryt gebracht und dort begraben. Aber auf dem Friedhof gibt es keine Grabsteine verstorbener Bewohner von Lökskär mehr.

In den Kirchenbüchern kann man hier und da auf Notizen über diese Menschen stoßen.

Eines Tages im Jahr 1837 verbrüht sich ein kleiner Junge, als er einen Kessel kochenden Wassers umwirft. Er stirbt »sehr schnell«. Der Pastor schreibt mit sperrigen Buchstaben.

Einige Zeilen tiefer wird festgehalten, dass Emma Johannesdotter ertrunken ist. Das Leben draußen auf der einsamen Schäre war immer schwer.

Aber manchmal müssen die Menschen die Schäre auch umarmt und gerufen haben: »Hier ist mein Zuhause. Hier muss ich auch meine Freude finden können!«

Sogar auf dieser schwer bewohnbaren Insel muss es dann und wann große Freude gegeben haben. Nächte, in denen man lieben und ruhig schlafen konnte. Manchmal meine ich eine Frau zu sehen, die sich in eine Felsspalte legt und die Sonne auf ihre bloßen Arme scheinen lässt.

Kurze friedliche Augenblicke. Hoffnung, dass das Leben eines

Tages besser wird. Doch das ist nur möglich, wenn sie fortgehen können, auf eine andere, fruchtbarere Insel. Oder in ein anderes Land. In eine andere Welt. Aber welche Welt war das?
Nur sehr wenige der Küstenbewohner verließen Schweden während der großen Auswanderungswellen im 19. Jahrhundert und wagten den Schritt hinüber nach Amerika. Im Gegensatz zu der Bevölkerung in Småland hatten sie wenigstens ihren Fisch, selbst in den schlimmsten Hungerjahren.
Einmal, als ich an einem schönen klaren Frühherbsttag um die Schäre ruderte, sah ich plötzlich ein Treibnetz, das sich losgerissen hatte und sich nun langsam von der Schäre fortbewegte, aufs offene Meer hinaus. Im Sonnenlicht, das tief ins Wasser hinabdrang, konnte ich einige tote Fische und eine Tauchente sehen, die sich im Netz verfangen hatten.
Ich dachte, dass ich mir so die Freiheit vorstelle.
Die Freiheit. Immer auf der Flucht. Vor denen, die sie zu begrenzen versuchen.
Wer die Schäre als Letzter verlassen hat, kann ich nicht mit Sicherheit sagen. Aber Leute, die Bescheid wissen, erzählen von einer alten Frau, die die Insel sich selbst zurückgab. Mit ihr verschwand eine Anzahl von Generationen, die auf Lökskär eine ununterbrochene Mühsal durchlebt und ausgehalten hatten, um ihr notdürftiges Auskommen zu finden.
Von ihrer Plackerei und Mühe ist also nichts geblieben. Als ich an diesem frostigen Herbsttag über die Insel gehe, denke ich mir, dass es vor hundertfünfzig Jahren genauso ausgesehen haben muss. Die Steine, die niedrigen Bäume, das Heidekraut und das Rauschen des Meers, das nie ganz verstummt. Seevögel schweben reglos in den Aufwinden und lauern auf Nahrung, die ich vielleicht fortwerfen könnte.
Auf der höchsten Erhebung der Schäre stelle ich mir vor, ich sei in einen Kirchturm hinaufgestiegen. Wende ich mich nach

Westen, liegen dort die Inseln und kleinen Schären, die aus der Entfernung eine ungebrochene Landlinie bilden. In allen anderen Himmelsrichtungen sieht man nur Meer.

Man kann sich nur schwer vorstellen, dass das, was ich sehe, eines Tages verschwunden sein wird. Nicht in Millionen Jahren, sondern in rund hunderttausend Jahren, wenn die nächste richtig große Eiszeit die Landschaft zermalmen, die Klippen zermahlen und das Meer austrocknen wird. Was heute bleigrau ist, wird dann weiß sein – oder beige, je nachdem, ob das Eis schmutzig ist oder nicht. Das Rauschen des Meeres wird durch das Dröhnen des Eises ersetzt werden, das sich aufwirft, biegt und bricht, bis es schließlich zur Ruhe kommt.

Wenn das Eis schmilzt, wird Lökskär vielleicht nicht wieder zum Vorschein kommen und sich hier stattdessen eine andere Landschaft ausbreiten, deren Aussehen wir uns nicht einmal vorstellen können. Meer oder kein Meer? Land oder Inseln? Tiefsee oder seichte Süßwasserlagunen? Es gibt keine exakten Antworten. Die Bewegungen des Eises lassen sich nie ganz genau vorhersagen.

Aber wenn es Menschen gibt, müssen neue Karten gezeichnet werden.

Unmittelbar neben einem Steilhang an der östlichen Seite der Insel liegt eine Felsformation, die wie ein Stuhl mit hoher Rückenlehne aussieht. Ich pflege dort eine Weile zu sitzen, wenn ich die Schäre besuche, und kauere mich zusammen im Wind, der immer kalt ist.

In der Ferne sehe ich plötzlich ein Segelboot, das einem unbekannten Heimathafen zusteuert. Ein letzter verspäteter Herbstsegler, bevor der Winter naht.

Bald schließt auch diese Schäre für den Winter. Ein Museum des Vergangenen, das sich in die Winterruhe begibt.

55.

Die Frau mit dem Zementsack

Wie viel Zeit meines Lebens ich Beziehungen mit Frauen gewidmet habe, erahne ich nicht. In meinem Fall fing es auch nicht besonders gut an. Meiner Mutter begegnete ich erst, als ich fünfzehn Jahre alt war. Sie hatte getan, was oft Männer tun; sie war weggegangen. Was in den fünfziger Jahren sehr ungewöhnlich war. Dass Väter verschwanden und fortblieben, war dagegen keine Seltenheit. Wir leben immer noch in einer Welt, in der unendlich viele Väter nicht anwesend sind in den Familien, die sie mit geschaffen haben.

Aber dass eine Mutter ging, wurde in dem kleinen Ort im Norden, wo ich aufgewachsen bin, beinahe als etwas Anrüchiges betrachtet. Natürlich war mir das Ungewöhnliche meiner Situation bewusst. Meine alte Großmutter väterlicherseits, die sich still im Haus bewegte und die meiste Zeit damit verbrachte, Strümpfe zu stopfen, stellte eine Art Gleichgewicht in der Familie her. Aber natürlich hatte ich meine verschwundene Mutter immer im Hinterkopf.

Es existiert ein Foto von mir und meiner Mutter, das – glaube ich – von dem Fotografen Fåhraeus aufgenommen wurde. Ich meine, auf dem Bild sehen zu können, wie meine schöne Mutter, die mich auf dem Schoß hält, am liebsten mich absetzen, aufstehen und davonlaufen möchte. Was sie auch bald tat. Aus meiner frühesten Kindheit habe ich keinerlei Erinnerung an sie.

Von seiner Mutter sitzengelassen zu werden ist sicher das Schwerste, was einem Kind zustoßen kann. Jemand, der weni-

ger dickhäutig gewesen wäre als ich, hätte vielleicht die Schuld bei sich selbst gesucht und gedacht, er tauge nichts.
Ich kann mich nicht daran erinnern, das so gesehen zu haben. Ich war vor allem verwundert. Aus irgendeinem Grund stelle ich mir diese Verwunderung immer vor wie jene, die ein Kind empfindet, wenn ein Luftballon plötzlich mit einem Knall zerplatzt und sich in einen armseligen Gummifetzen verwandelt. Es ist eine Art Verblüffung darüber, dass eine Mutter beliebt, nicht da zu sein, wenn man morgens aufwacht oder abends einschläft.
Ich traf sie zum ersten Mal in einem Restaurant in Stockholm. Es lag am Stureplan und existiert heute nicht mehr. Aber jedes Mal, wenn ich dort vorbeigehe, kommt mir dieses Treffen in den Sinn: Sie saß an einem allein stehenden Tisch am Fenster. Ich hatte sie auf Fotos gesehen und wusste, dass ich ihr äußerlich – das Gesicht, die Haare, die Augen – sehr ähnlich war. Mit großer neugieriger Erwartung näherte ich mich ihr. Als sie mich auf dem Weg zu ihrem Tisch entdeckte, streckte sie abwehrend die Hände von sich und sagte:
»Komm mir nicht zu nahe, ich bin erkältet.«
Das vergesse ich nie. Jedes Mal, wenn ich ein Theaterstück oder ein Filmdrehbuch schreibe, versuche ich, diese Situation und diesen Satz zu übertreffen. Aber ich frage mich, ob es mir je gelingen wird.
Wir wurden auf eine etwas zögerliche und reservierte Art Freunde für die knapp zehn Jahre, die sie noch lebte. Ich glaube, wir verbargen beide unser gegenseitiges Misstrauen voreinander. Bei verschiedenen Gelegenheiten versuchte ich, mit ihr über das, was in meiner Kindheit geschehen war, zu sprechen. Aber dann verschwand sie in die Küche, und wenn sie von dort zurückkam, wurde der Whiskygeruch mit jedem Mal stärker. Ich ließ das Thema fallen. Dieses Gespräch führten

wir nie. Sie schämte sich wohl, ertrug es nicht, damit konfrontiert zu werden, dass sie ihre Kinder verlassen hatte.
Heute, da ihr Verrat schon lange verwittert ist, kann ich Verständnis für sie aufbringen. Sie bekam vier Kinder, war aber eigentlich nicht dafür geeignet, Mutter zu sein. Sie war zu unruhig, hatte keine Geduld, wollte immer anderswo sein. Vieles von ihr erkenne ich in mir wieder. In vieler Hinsicht war ihr Leben eine große und sicherlich unnötige Tragödie. Aber damals hatte eine Frau, die verheiratet war und Kinder bekam, nicht viele Wahlmöglichkeiten. Heute kann ich ihrem Aufbruch einen gewissen Respekt entgegenbringen. Er muss schwer und in verschiedenster Hinsicht qualvoll gewesen sein. Wenn ich an sie denke, kommt mir gleichzeitig das Bild von einer afrikanischen Frau und einem Zementsack in den Sinn, das sich von dem meiner Mutter vollkommen unterscheidet, zeitlich wie räumlich. Dennoch können sie beide auf je ihrer Seite des Lebens- und Todesstroms stehen und einander zuwinken.
Ich sah die Szene aus einem Autofenster heraus in der Nähe von Lusaka in Sambia. Am Straßenrand kniete eine afrikanische Frau. Neben ihr hoben zwei Männer mit vereinten Kräften einen Zementsack vom Boden auf und legten ihn der Frau auf den Kopf. Der Sack wog fünfzig Kilo. Dann halfen sie ihr aufzustehen. Ich sah sie mit der riesigen Last davonschwanken. Es schien, als ginge sie geradewegs in die Sonne hinein, während der Straßenstaub um sie aufwirbelte.
Erst da reagierte ich. Ich ging zu den zwei Männern, die sich in den Schatten eines Wellblechschuppens gesetzt hatten, und fragte sie, ob sie nicht wüssten, dass derartige Lasten auf dem Kopf der Frau in kurzer Zeit ihr Rückgrat zerstören würden. Ich muss ihnen wie ein äußerst wichtigtuerischer weißer Mann erschienen sein.

Ohne die geringste Andeutung von Ironie erwiderte einer der Männer stolz: »Unsere Frauen sind stark. Die schaffen das.«
Diese Frau enthüllte eine Wahrheit über die Welt, in der wir leben. Ihre Bürde lastete nicht nur auf ihrem Kopf. Sie fand sich ebenso sehr in ihrem Kopf.
Was meine Jugendjahre angeht, so kann ich mich wahrlich keines besonders anständigen Frauenbilds rühmen. Alle meine frühesten erotischen Erlebnisse waren davon geprägt, dass die Frau sich um die eventuellen Risiken einer Schwangerschaft zu kümmern hatte. Mich ging das nichts an.
Heute sehe ich natürlich sehr klar, dass eine der wichtigsten politischen Errungenschaften nach dem Zweiten Weltkrieg, zumindest in der westlichen Welt, die Veränderung der Situation der Frauen gewesen ist. Und auch wenn dies immer noch eine der größten politischen Herausforderungen in den Entwicklungsländern bleibt, kann man nicht abstreiten, dass dort ebenfalls vieles geschehen ist. Die große Herausforderung liegt darin, Sichtweisen aufzubrechen, die ihr Alibi in groben Fehlinterpretationen der religiösen Schriften finden, vor allem im Islam und im Judentum. Immer noch sitzen Frauen ganz hinten im Bus, wenn die orthodoxen Juden in Israel das Sagen haben. Immer noch kämpfen Frauen in islamisch dominierten Ländern um grundlegende Menschenrechte. Nicht zuletzt um das Recht auf ihren eigenen Körper.
Einmal traf ich in einer kleinen norrländischen Ortschaft eine sehr alte Frau. Sie erzählte mir von einem lebensentscheidenden Ereignis. Sie war in armen Verhältnissen aufgewachsen, hatte einen Holzfäller geheiratet und, noch bevor sie sechsundzwanzig Jahre alt war, sieben Kinder bekommen. Danach fühlte sie, dass sie nicht mehr konnte. Aber der Gedanke daran, ihrem Mann die einzige Freude zu verweigern, die er hatte, war ihr unmöglich.

Da hörte sie von einer sonderbaren Frau, die durchs Land reiste und über Liebe sprach. »Liebe« war kein Wort, das sie selbst in ihrem Leben benutzt hatte. Vielleicht verwendete sie es dann und wann, wenn sie über ihre Kinder oder mit ihnen redete. Aber das Wort war zu fein und zu fremd für sie und ihren Mann. Es auszusprechen wäre peinlich gewesen und hätte bedeutet, so zu tun, als wäre man etwas Besseres als andere.

Einmal ging sie mitten im Winter zum unbeheizten Bürgerhaus, zehn Kilometer hin und zehn Kilometer zurück, um die Frau zu hören, die über die Liebe redete. Sie wurde Ottar genannt und sprach eine merkwürdige Mischung aus Norwegisch und Schwedisch, doch man konnte jedes Wort verstehen, das sie sagte. Die wichtigste Botschaft lautete, dass es keine unerwünschten Kinder geben müsse, wenn die Winternächte lang waren. Auf einem eiskalten Plumpsklo im Freien passte Ottar ihr danach ein Pessar an, was dazu führte, dass die Frau keine weiteren Kinder bekam und ihr Mann nicht auf die Freude zu verzichten brauchte, die sie jetzt auch selbst zu erleben wagte.

»Ottar hat mein Leben verändert«, sagte die alte Frau. »Was zuvor nur eine schmerzhafte Qual gewesen war, wurde zu dem, was ich als ein wirklich würdiges Leben empfinden konnte. Vorher war die Liebe zwischen mir und meinem Mann stets von Verzweiflung begleitet gewesen.«

Eine der größten Herausforderungen heutzutage ist es, den Frauen mehr Einfluss zu geben. Die allermeisten Frauen in der Welt tragen eine hohe Verantwortung für die Familie und die Nahrungszubereitung, aber sie haben keinen politischen und wirtschaftlichen Einfluss.

Ich glaube nicht, dass Männer und Frauen besonders unterschiedlich denken. Von »männlichem und weiblichem Denken« zu sprechen ist nur ein Aberglaube. Woran die Welt leidet, ist das einseitige männliche Denken, bei dem die Stimmen der Frauen überhaupt nicht gehört werden.

Das führt zu einer absurden Welt. Als bestünde die alte klassisch-bürgerliche Sitte fort, dass die Männer sich nach dem Abendessen zurückziehen und die Frauen unter sich bleiben. Wenn eine Frau versuchte, sich diesem Schema zu entziehen, wurde sie sogleich zur Ordnung gerufen.

Wenn aber eine neue Ordnung entstehen soll, ist es am Mann, einen Schritt zurückzutreten und der Frau Platz zu machen.

Wer nicht glaubt, dass dies geschehen wird, hat sehr wenig von dem verstanden, was Veränderung eigentlich bedeutet.

Noch immer geht der Kampf weiter zwischen denen, die die Zementsäcke tragen, und denen, die sie ihnen auf den Kopf heben.

56.

Ein Winter in Heraklion

Im Winter 1978 verbrachte ich einige Monate in einem Hotel in Heraklion, der größten Stadt Kretas. Es war das letzte Mal, dass ich eine richtig lange Zugreise machte. Ich fuhr an einem kalten Wintermorgen vom damaligen Ostbahnhof in Oslo ab und kam einige Tage später in Athen an. Durch Jugoslawien, das damals noch eine nationale Einheit war, wurden unsere Waggons von einer Dampflok gezogen. An dem Morgen, als wir uns der griechischen Grenze näherten, hielt ich den Kopf aus dem Fenster, um die Luft einzuatmen, die endlich frei war von winterlicher Umklammerung. Dabei flog mir ein Kohlepartikel von der Lok ins Auge, das mich in meiner ersten Woche auf Kreta beim Sehen behindern sollte.

Das Hotel war einfach und ohne Charme, ich beinahe der einzige Gast. Das Frühstück bestand hauptsächlich aus abgestandenem Kaffee, trockenem Brot und einem Klecks Marmelade. An der Rezeption saß ein Mann, der stets mit dem Versuch beschäftigt zu sein schien, eigentümliche mathematische Probleme zu lösen, die er auf dem Briefpapier des Hotels skizzierte.

Ich war nach Kreta gereist, weil ich Knossos sehen und das Haus besuchen wollte, in dem der große griechische Autor Nikos Kazantzakis gewohnt hatte. Aber vor allem wollte ich meine Ruhe haben.

Ich hatte einen Rucksack und eine Reisetasche dabei. Beide waren vollgestopft mit Büchern. Um sie alle mitnehmen zu können, war ich in einigen Fällen gezwungen gewesen, die Einbanddeckel abzureißen.

Es waren hauptsächlich Bücher über kulturgeschichtliche Themen, teils allgemeine, teils spezielle. Angefangen bei der Morgendämmerung der klassischen europäischen Zivilisation bis hin zu jenem Griechenland, in dem ich mich nun befand. Im Herbst zuvor hatte ich eingesehen, dass mein Wissen über die Entstehung der europäischen Kultur große Lücken aufwies. Alles, was vor Voltaire, Diderot und Rousseau gewesen war, erschien mir nebulös und zusammenhangslos. Jetzt wollte ich mich gründlich einlesen und mir einen Einblick in die wichtigsten Abläufe verschaffen, durch die jene Welt entstanden war, in der ich lebte und zu deren Veränderung ich hoffte, beitragen zu können.
Dass Kreta ein Zentrum in dieser historischen Entwicklung gewesen war, hatte für mich keine besondere Bedeutung bei der Wahl meines Reiseziels gehabt. Ausschlaggebend war die Information eines guten Freundes gewesen, dass die Hotels auf Kreta im Winter so gut wie nichts kosteten.
Jeden Morgen verließ ich früh das Hotel und machte einen Spaziergang, der in der Regel an der äußersten Spitze des Hafenpiers endete. Nach einer Mahlzeit in irgendeinem Café, die das schlechte Hotelfrühstück kompensierte, setzte ich mich in mein Zimmer, hängte ein Hemd über den Spiegel am Schreibtisch und schlug die Bücher auf. Ich erinnere mich noch an die Freude darüber, jeden Tag etwas zu lernen, was ich am Tag zuvor noch nicht gewusst hatte. Erst wenn das Zimmermädchen gegen elf Uhr klopfte, stand ich auf und ging aus dem Haus. Es regnete oft. Ich kaufte einen Regenschirm und wanderte stundenlang umher.
Danach aß ich zu Mittag in einem der billigsten Restaurants, das ich finden konnte. Fast immer frisch gefangenen Fisch. Dann setzte ich mich wieder an die Bücher, unterbrach die Lektüre für das Abendessen und las weiter bis in die Nacht.

Jeden Tag lernte ich etwas Neues. Ich glaube, ich habe nie so gut geschlafen wie in diesem Zimmer, in dem schlechten Bett. Kenntnisse sind gut für die Nachtruhe.

Am Silvesterabend war ich lange in einer Kneipe und trank so viel Wein, dass ich auf dem Heimweg torkelte. Der Mann an der Rezeption war eingeschlafen, als ich hereinschwankte. Mit einer gewissen Mühe angelte ich den Schlüssel aus meinem Fach.

Am nächsten Tag wachte ich sehr früh und mit einem schweren Kater auf, mein Kopf hämmerte, Brechreiz quälte mich. Jeder, der einmal zu viel schlechten Retsina getrunken hat, weiß, wohin das führen kann.

An diesem Tag las ich nichts. Stattdessen schrieb ich ins Tagebuch (das nie über den Status eines ehrgeizigen Vorsatzes hinauszugelangen schien), was ich inzwischen über den Begriff »Zivilisation« dachte. Trotz oder vielleicht gerade dank der Kopfschmerzen schaffte ich es, die Fragen, über die ich nachgrübelte, recht gut zu formulieren.

Mit der Anwendung des Begriffs »Zivilisation« stimmte etwas nicht. In den Texten ging man nachlässig damit um. Statt »Zivilisation« wurden zuweilen die Wörter »Kultur« oder »Tradition« verwendet, ohne dass klargemacht wurde, warum. Ich begann mich zu fragen, ob der Zivilisationsbegriff als solcher fehlerhaft war. In den Definitionen und Analysen, die ich gelesen hatte, wurde er meistens als Gegensatz zur Barbarei verwendet. Der zivilisierte Mensch hatte den primitiven Menschen hinter sich gelassen.

Aber war das wirklich richtig? Das antike Griechenland war ein Sklavenstaat gewesen. Die Freiheit des Denkens und Handelns war eingeschränkt und galt nur für eine gewisse Anzahl erwählter Männer, die den Anforderungen entsprachen, Vollbürger in der Stadt zu sein, ob nun in Sparta oder in Athen. Es sind große Gedanken gedacht und große Taten vollbracht worden in Gesellschaften, die alles andere denn als zivilisiert gelten können. Immer hat es dort Frauen gegeben, die das Essen zubereitet, die Kinder versorgt oder den Dreck vom Fußboden aufgewischt haben. Oft sind diese Menschen schlecht behandelt worden. Sie wurden nicht nur als niedriger stehende Wesen angesehen, sondern sind außerdem physisch und psychisch terrorisiert worden.

Dies kann übrigens nicht als abgeschlossener Teil der Geschichte betrachtet werden. Auch heute noch existiert eine gesichtslose und namenlose Menge von dienenden Menschen, die in der tiefsten Erniedrigung und Angst leben. Und das auf allen Kontinenten.

Auf Reisen beispielsweise in arabische Länder ahnt man diese dienenden Schatten hinter den weißen Fassaden. Sie werden nur kurz sichtbar, bevor sie wieder verschwinden. Fast alle diese Menschen kommen aus armen Ländern in Asien oder Afrika. Sie arbeiten ständig. Oft sind sie sehr jung. Ihre Möglichkeiten, Kontakt mit ihren Familien zu halten, sind begrenzt. Außerdem sind sie vollkommen rechtlos. Der geringste Protest oder Ausdruck von Unwillen bei der täglichen Plackerei kann zur unmittelbaren Ausweisung aus dem Land führen. Zurück in die Armut und vielleicht zu einem Leben auf einer Müllhalde.

Wie soll man eigentlich den Begriff »Zivilisation« definieren? Was ist ein zivilisierter Mensch? Im Laufe der Geschichte hat es viele Antworten gegeben. Und sie haben stets darauf basiert, dass Zivilisation etwas ist, zu dem man erzogen wird, im Gegensatz zu den Unzivilisierten, die entweder aus Dummheit oder aus Mangel an Möglichkeiten nicht das Glück haben, »zivilisiert« zu sein.

Der Begriff der Zivilisation ist oft als Alibi für Übergriffe benutzt worden. Im 19. Jahrhundert, als die Jagd auf die Reichtümer Afrikas einsetzte, war dies in großem Ausmaß der Fall. Die europäischen Länder, die daran beteiligt waren, hielten drei Waffen, die sämtlich mit dem Buchstaben K begannen, zum Einsatz bereit.

Die erste waren die Kanonen, die Macht des Militärs. Sie waren als Drohung immer präsent, und sie wurden benutzt, wenn man es für angebracht hielt, oft vollkommen willkürlich.

Es war das Recht des Zivilisierten, jene Menschen auszurotten, die gegen das aufbegehrten, was als ihr Bestes angesehen wurde.

Zwischen Zivilisation und Barbarei gab es nur den Tod. Nichts anderes.

Die zweite Waffe war das Kreuz. Bei der Kolonisierung Afrikas wurde Christus ein Helm auf den Kopf gesetzt und ein Schwert in die Hand gegeben. Die Berechtigung dazu, alle schwarzen Menschen, diese Wilden und Barbaren, auf die Höhen der Zivilisation zu heben, leitete man von der Überzeugung ab, im Besitz des rechten Glaubens zu sein. Die Götter und die animistischen Lehren, denen die allermeisten Afrikaner durch die Jahrhunderte angehangen hatten, sollten ausgerottet werden. Die ausgesandten Missionare sahen sich selbst als Soldaten Gottes. Sie waren Krieger mit weißen Safarihelmen und Bibeln anstelle von Kanonen, bereit, sie anzuwenden, unterschiedslos.

Die dritte Waffe waren die Kassenbücher. Wer die ökonomischen Gesetze der westlichen Welt und die dem kapitalistischen Markt innewohnende Brutalität nicht respektierte, konnte die erwünschte Zivilisation nicht erlangen.

Die unbekannte Waffe des Kolonialismus aber war die Lüge. Ich frage mich, ob jemals so viel und so systematisch gelogen worden ist wie im Verlauf all der erniedrigenden Übergriffe gegen den afrikanischen Kontinent im 19. Jahrhundert. Sicher gab es viele Europäer, die bei ihren Reden von der Zivilisation von jedem Wort überzeugt waren. Aber diejenigen, die über die brutalen Übergriffe bestimmten, wollten in erster Linie den Kolonisierungsprozess vereinfachen. Sie wollten, dass Ruhe und Ordnung herrschten, während sie Afrika seiner Rohstoffe beraubten, so wie man früher Afrika seiner Menschen beraubt hatte.

Über diese Fragen dachte ich in jenem Winter 1978 auf Kreta nach. Und ich begann daran zu zweifeln, ob es überhaupt möglich ist, eine Zivilisation zu schaffen, die dieses Namens würdig ist, solange Unfreiheit und Tyrannei auf der Erde herrschen. Kann eine echte Zivilisation, ohne Sklaverei und andere, mehr oder weniger versteckte, Übergriffe tatsächlich funktionieren, wenn sie nur für einen begrenzten Teil der Welt gültig ist?

Vielleicht ist es ein nahezu ungehöriger Traum, dass es möglich sein müsste, eine weltumspannende Zivilisation zu schaffen, die nicht darauf basiert, dass irgendjemand unterdrückt wird?

Ungehörig oder nicht, es ist ein notwendiger Traum. Aber die nächste Generation wird vermutlich nicht sehr viel klüger sein als wir.

Doch möglicherweise sind die, die nach uns kommen, weniger dumm, als wir es waren und immer noch sind.

Im Meer schwimmen Wale, immer verwirrter und desorientierter von all den Funkwellen und elektrischen Impulsen, die der Mensch aussendet.

Auf der Erde wandern Milliarden Menschen umher, die kaum zu glauben wagen, dass es ein anderes, anständigeres Dasein gibt als das, welches sie zu führen gezwungen sind.

Ich erinnere mich an jenen Winter auf Kreta. Eine Zeit intensiven Lesens. Und großer Einsamkeit, die von nichts gestört wurde.

57.

Katastrophe auf einer deutschen Autobahn

In einem Sommer Mitte der achtziger Jahre war ich mit dem Wagen unterwegs in das damalige Jugoslawien. Es war einige Wochen vor Mittsommer. An einem frühen Morgen war ich auf die Fähre zwischen Limhamn und Dragör gefahren. Ich hatte damals ein sehr altes Auto.

Es war keine gute Phase in meinem Leben. Ich war Theaterleiter und hatte zu spät erkannt, dass es eine naive und zugleich tollkühne Vorstellung war, diese Aufgabe damit kombinieren zu wollen, dass ich weiterhin Bücher und Theaterstücke schrieb. Außerdem war das Jahr im Theater von ständigen Personalkonflikten begleitet gewesen, die zu notwendigen, aber unangenehmen Entscheidungen meinerseits geführt hatten. Jetzt floh ich mehr oder weniger mit meinem Wagen in den Süden. Ich fuhr ohne Unterbrechung. Ich hatte mir vorgenommen, so lange wie möglich zu fahren und mich dann zum Schlafen hinten in den Wagen zu legen, wo ich die Rückbank ausgebaut und eine Matratze eingepasst hatte.

Das Gefühl, auf der Flucht zu sein, wurde mit jedem überwundenen Kilometer schwächer. Da der alte Citroën nicht viele PS hatte, wurde ich fortwährend überholt. Aber ich hatte es nicht eilig. Ich würde schon noch zur jugoslawischen Grenze kommen. Was danach geschehen sollte, wusste ich nicht. Vielleicht hatte ich den vagen Gedanken, auf die Insel Krk zu fahren und dort zu bleiben, bis ich wieder zurück in den Norden musste. Bis dahin würde ich mir überlegt haben, wie ich das neue Theaterjahr, das auf mich wartete, angehen wollte. Was ich im letzten Jahr erlebt hatte, sollte sich nicht wiederholen. Ich hatte alle Fehler gemacht, die man machen konnte.

Am Nachmittag, südlich von Hannover, begann ich eine große Erleichterung zu fühlen. Vor mir lagen mindestens dreißig Tage, an denen niemand in der Tür meines Büros stehen und mir neue Probleme auftischen würde. Keine wütenden Schauspieler, die mit einem Regisseur aneinandergeraten waren, keine Gewerkschaftsvorsitzenden, die gegen neue Bestimmungen über die Ausgabe von Essensmarken protestierten. Meine Gedanken fühlten sich plötzlich leicht an. Ich musste an einen Aphorismus denken, den ich einmal gelesen hatte: »Nimm das Leben nicht so ernst. Lebend kommst du da sowieso nicht heraus.«

Ein Bus überholte mich. Ich warf einen Blick hinüber und sah, dass er vollbesetzt mit Jugendlichen war. Vielleicht war es eine Klassenfahrt. Vielleicht ein Sportverein. Der Bus schwenkte vor mir auf die rechte Fahrspur ein. Eine der Dachluken war geöffnet. Plötzlich sah ich einen Jungen, einen Teenager, den Kopf und den Oberkörper durch die offene Luke schieben. Er winkte mir zu. Ich lächelte, aber ich weiß nicht mehr, ob ich zurückwinkte. Er kletterte noch ein Stück höher heraus. Es bestand keine Gefahr, dass er herunterfallen würde. Bis zu den Schenkeln steckte er noch fest unterhalb der Dachluke.

Er blickte nicht in die Fahrtrichtung des Busses. Keiner im Inneren des Busses, weder der Fahrer noch einer der anderen Jugendlichen, erkannte die Gefahr. Als die Katastrophe eintrat, war es zu spät.

Die Brücke war niedrig. Dennoch wäre der Bus problemlos darunter hindurchgefahren. Aber keiner hatte geahnt, dass ein Junge mit nacktem Oberkörper über die Dachluke hinausragte. Als die Betonkante der Brücke ihn auf der Höhe des

Halses traf, wurde sein Kopf zerschmettert. Knochen, Haut und ein zerfetztes Gehirn flogen durch die Luft direkt gegen meine Windschutzscheibe. Ich fuhr nicht besonders schnell, sodass ich bremsen und an den Rand fahren konnte, obwohl die Frontscheibe völlig verschmiert war. Der Bus war mit quietschenden Bremsen schlitternd auf dem Seitenstreifen zum Stehen gekommen. Überall hielten Autos an. Viele wussten nicht, was passiert war. Nachher wurde mir klar, dass ich als Einziger gesehen hatte, wie der Junge gestorben war.
In der Dachluke hing immer noch der Körper, von dem der Kopf abgetrennt war. Ich erinnere mich, dass meine Hand am Hebel des Scheibenwischers lag, als ich mich besann. Ich blieb sitzen. Der Schock war gewaltig, mein Herz hämmerte. Ich begann zu weinen. Was ich erlebt hatte, war unbegreiflich und zugleich vollkommen wahr. Das Schmerzlichste daran erschien mir, dass dem Jungen nicht im Geringsten bewusst gewesen war, was passieren würde. Nicht so sehr, weil er sich noch in die Luke hätte zurückducken können, sondern weil er nicht einmal für eine Sekunde begriffen hatte, dass sein Leben jetzt enden würde. Er starb, ohne davon zu wissen.
Krankenwagen und Polizei kamen zusammen mit der Feuerwehr. Da stieg ich aus dem Wagen und winkte einen Polizisten zu mir. Er zuckte zusammen, als er erkannte, was auf meiner Frontscheibe klebte. In stockendem, aber einigermaßen verständlichem Deutsch erklärte ich ihm, was ich gesehen hatte. Er machte Notizen auf einem Block und rief dann nach einem Kriminaltechniker, der gerade eingetroffen war. Dieser schabte einige Teile von der Scheibe in ein kleines Plastikrohr. Dann machte er mir ein Zeichen, dass ich die Scheibe säubern könne.
Ich setzte meine Reise fort und fuhr ohne Unterbrechung bis um vier Uhr in der Nacht. Da war ich viele Kilometer weiter

nach Süden gekommen. Ich bog in eine der vielen Raststätten ein, die einander an deutschen Autobahnen alle gleichen. Zwischen zwei Lastzügen, deren Vorhänge zugezogen waren und aus denen schwache Schnarchlaute drangen, legte ich mich zusammengekrümmt nach hinten auf meine Matratze. Das Rauschen von der Autobahn verdrängte fast alle anderen Geräusche. Zwei Menschen gingen vorbei. Einer von ihnen lachte aus einem geheimnisvollen Grund.

Irgendwann schlief ich ein. Erst da verschwand das Bild des winkenden Jungen, der aus der Dachluke des Busses geklettert war.

Schließlich gelangte ich nach Krk, fand ein billiges Hotel, in dem ständig Kakerlaken davonstoben, wenn ich das Licht in der Toilette anschaltete. Ich blieb den ganzen Sommer dort, weil ich nicht die Kraft hatte, weiterzufahren und nach etwas zu suchen, von dem ich nicht einmal wusste, was es war. Es war ein unruhiger Sommer. Ich unterzog mich einer ausgiebigen Selbstkritik, und es gelang mir, meinem Vorsatz entsprechend, einen Beschluss zu fassen, wie ich im bevorstehenden Jahr meine Rolle als Theaterleiter besser gestalten wollte. Danach hatte ich nur noch ein Jahr vor mir, dann wäre mein Engagement zu Ende. Als ich Ende Juli von Krk abreiste und in den Norden zurückfuhr, hatte ich eine Einstellung gefunden, die ich mir als Kampflaune vorstellte.

Das zweite Jahr verlief auch wesentlich besser. Ich blieb dann noch gut ein weiteres Jahr, bevor ich an einen Nachfolger übergeben sollte. Da wurde ich zu meiner großen Überraschung nicht nur eindringlich gebeten zu bleiben, sondern hatte auch ein paar andere Angebote als Theaterleiter erhalten. Ich lehnte ab. Jetzt galt es vor allem, nach dieser unbeabsichtigten Pause von mehr als drei Jahren so schnell wie möglich wieder mit meinem Schreiben voranzukommen.

Mein Vertrag lief am 30. Juni aus. In diesem Jahr floh ich nicht aus dem Land. Außerdem verkaufte ich mein Auto. Obwohl das Theater für den Sommer geschlossen war, fuhr ich an dem Abend, an dem ich offiziell aufhörte, von meinem Wohnort in Schonen hinauf nach Växjö. Ich schloss die Bürotür auf und setzte mich in den leeren Raum. Ich hatte aufgeräumt und alles, was nicht mehr gebraucht wurde, weggeworfen. Auf dem schwarzen Schreibtisch lag nichts mehr außer dem Brief, den ich an meine Nachfolgerin geschrieben hatte. Ich wünschte ihr Glück und erinnerte sie an die ungeschriebene Regel, die besagt, dass der allerbeste Arbeitstag eines Theaterleiters der erste Tag ist. Danach gibt es immer jemanden, der anfängt, unzufrieden zu sein. Wenn man dies weiß, ist es leichter, die Stöße zu parieren, denen man ständig ausgesetzt ist.
Ich stellte eine Pikkoloflasche Champagner neben den Brief. Dann legte ich meine Armbanduhr vor mich hin, löschte das Licht und saß dort im Dunkel der späten Sommernacht. Exakt um Mitternacht sollte mein Engagement enden. Es fühlte sich für mich nicht so an, als käme ich aus einem Gefängnis frei. So schlimm war es nicht gewesen, schon gar nicht in der zweiten Hälfte der Zeit. Das Theater hatte sogar für eine der Vorstellungen einen Preis bekommen. Fast war mir meine Reise zu dem leeren Büro peinlich. Aber nun saß ich dort und wartete darauf, dass die Zeiger der Uhr sich Mitternacht näherten.
Da musste ich plötzlich an den Jungen denken, dem auf dem Dach des Busses der Kopf abgeschlagen worden war. Nach meiner Rückkehr von Krk hatte ich kaum an ihn gedacht. Aber jetzt sah ich ihn wieder vor mir, wie er mir in den letzten Sekunden seines Lebens fröhlich zuwinkte.
Warum dachte ich gerade in diesem Augenblick an ihn? Das verstand ich nicht. Aber als die Uhr Mitternacht angezeigt hatte, war er der Einzige, der als ein Schatten neben mir saß.

Ich fühlte nichts, als mein Engagement zu Ende war. Keine Erleichterung, keine Befreiung, keine Freude auf die Zukunft. Eher hatte ich das Gefühl, als müsste ich jetzt wieder von vorn anfangen. Ich zweifelte plötzlich daran, dass ich wieder würde schreiben können. Vielleicht war mir die Fähigkeit zu schreiben in den Jahren als Theaterleiter abhandengekommen?

Als ich ging, kam es mir so vor, als schlösse ich die Erinnerung an den Jungen auf dem Busdach dort in dem leeren Büro ein. Ich setzte mich in meinen Mietwagen und fuhr davon. Ich blickte nicht zurück, wie man bei endgültigen Aufbrüchen zu sagen pflegt.

Viele Jahre später, ungefähr einen Monat nachdem ich den Bescheid über meinen schweren und wahrscheinlich unheilbaren Krebs erhalten hatte, bekam ich mit der Post einen dicken Umschlag. Ich konnte nicht erkennen, wer der Absender war, mir unbekannte Initialen und Stockholm als Absenderort, ohne Postfachnummer, Straßenangabe oder Postleitzahl.

In dem Umschlag lagen einige Briefe, die an Henning Mankell adressiert waren. Doch die Briefe waren nicht an mich gerichtet. Es waren elf insgesamt, und sie stammten aus den Jahren 1899, 1900 und 1901. Sie waren an meinen gleichnamigen Großvater Henning Mankell gerichtet, der 1899 dreißig Jahre alt gewesen war. Er wohnte damals in der Cardellgatan in Stockholm und sollte einige Jahre später, 1905, als er Agnes Lindblom heiratete, in die Floragatan ziehen, wo er bis zu seinem Tod im Jahr 1930 lebte.

Ich las die Briefe. Sie waren alle von einem Mann namens Harald geschrieben worden, der jedoch keinen Nachnamen nannte. Aus den Briefen ging hervor, dass er in Uppsala studierte und wohnte. Auch dass er ungefähr zwanzig Jahre alt war. Zwischen den beiden bestand also ein Altersunterschied

von zehn Jahren. Welcher Art ihre Beziehung gewesen war, ging aus den Briefen nicht hervor.
Es waren ungewöhnliche Briefe. Sie enthielten fast keine alltäglichen Informationen, auch keine Fragen nach dem Befinden oder Grüße an gemeinsame Freunde. Harald schreibt an Henning von seiner Lebensangst, von seinen Schwierigkeiten, einen Sinn im Dasein zu finden, und von seinen ständigen Grübeleien über diverse moralische Fragen. Oft kommt er auf die erotische Lust zu sprechen, die gewisse Frauen bei ihm auslösen, ohne dass er die geringste Liebe für sie empfindet. Nicht selten beendet er die Briefe mitten in einem Gedankengang, um im nächsten Brief wieder von vorn zu beginnen und die gleichen Fragen zu stellen.
Haralds Briefen war nicht zu entnehmen, was Henning geantwortet hatte. Die Briefe konnten nur als ein beinahe zusammenhängender Monolog gelesen werden. Ein junger Mann, der an der Universität Uppsala unbekannte Fächer studierte, der ziemlich oft mit seinen Kommilitonen in der Kneipe saß und Punsch trank. Häufig war er des vulgären Geredes seiner Kommilitonen überdrüssig, ging nach Hause und schrieb nächtliche Briefe an Henning.
Ich las die Briefe und legte sie zur Seite. Mein Großvater Henning starb achtzehn Jahre vor meiner Geburt. Wer dieser Harald war, kann mir heute niemand mehr sagen. Es gab keinen Nachnamen, keine Fotos. Nur diese Briefe, die mir von einer unbekannten Person zugeschickt worden waren.
Zu meiner Verwunderung hatte ich überhaupt nicht an meinen Krebs gedacht, während ich die Briefe las, die der anonyme Absender mir geschickt hatte. Ich entdeckte, dass es bei Harald, in seinen Gedanken, vieles gab, worin ich mich wiedererkennen konnte. Gedanken, die ich dachte, als ich in seinem Alter war.

Im nächsten Augenblick dachte ich auch an den Jungen auf dem Bus, der wieder und wieder in meiner Erinnerung starb, an sein letztes Winken, das von einer entsetzlichen Katastrophe jäh beendet wurde. Er musste aus dem Theaterleiterbüro, in dem ich ihn für immer eingeschlossen zu haben glaubte, entwichen sein. Jetzt wurde mir klar, dass ich auch in ihm mich selbst sehen konnte. Haralds Ängste und der tote Junge mit seinem Lachen sind beide ein Teil von mir. Vielleicht sollte ich lieber sagen, ich bin ein Teil von ihnen. Man sieht sich nicht in anderen. Man sieht sich selbst in *allen* anderen.

Es ist Ende Mai, während ich dies schreibe. Die entsetzlichen Vormittage im Januar und Februar, an denen ich zu immer neuen Untersuchungen ins Sahlgrenska Universitetssjukhuset fuhr, bevor die Chemotherapie beginnen konnte, liegen jetzt weit hinter mir. Die erste große Behandlung ist abgeschlossen. Ich bin von stärkeren Nebenwirkungen verschont geblieben. Keine Übelkeit, Müdigkeit ja, aber sie hat mich nicht gelähmt. Ich habe nicht mehr als ein paar Kilo Gewicht verloren. Zweimal sind meine Blutwerte so stark gesunken, dass ich ein paar Beutel Blut brauchte. Aber meine Immunabwehr hat die ganze Zeit funktioniert.

Jetzt bekomme ich jede dritte Woche eine kleinere Dosis Chemotherapeutika. Der Krankenhausbesuch dauert eine knappe Stunde. Wie lange die Behandlung fortgesetzt werden muss, hängt ganz davon ab, wie meine Tumoren reagieren. Werden sie weiter kleiner oder hören zumindest auf zu wachsen, kann die Behandlung noch Monate oder sogar Jahre weitergehen.

Während ich dies schreibe, erinnere ich mich plötzlich an eine Fotografie. Lange muss ich in Alben und Kartons suchen, bevor ich sie finde. Es ist eine Schwarz-Weiß-Aufnahme der vierten Klasse in der Volksschule in Sveg. Sie stammt aus dem Jahr 1957. Ich stehe in der Mitte der oberen Reihe und sehe ernst aus.

Ganz unten in der rechten Ecke sitzen drei Jungen. Dass sie nebeneinander sitzen, ist reiner Zufall. Sie waren keine engen Freunde und hatten in den Pausen oder nach der Schule wenig Kontakt. Sie sind nur zufällig nebeneinander gelandet.
Alle drei sind heute tot. Einer hat sich totgesoffen, in der letzten Zeit trank er Äthanol, habe ich mir erzählen lassen. Einer erschoss sich vor einigen Jahren mit einem Schrotgewehr, direkt ins Gesicht. Der dritte Junge ist an einer Krankheit gestorben, ich weiß nicht, an welcher.
Aber als sie dort vor dem Fotografen sitzen, wissen sie nicht, dass sie als Erste aus der Klasse sterben werden. Nichts im Bild verrät etwas davon.
Aber auch in ihnen kann ich mich wiedererkennen. Ich trage Lebende und Tote in mir, und ich nehme an, dass auch ich in der gleichen Weise für andere jemand bin, in dem sie sich selbst erkennen.
Oder die dies taten, als sie noch lebten.

58.

Eifersucht und Scham

In einer Frühlingsnacht vor vielen Jahren lief ich durch eine kleinere Stadt in Norrland und war zerrissen von Eifersucht.
Ich hatte das Gefühl, als hätte die Stadt um mich herum alle Farben verloren. Das Dasein war plötzlich gläsern schwarzweiß geworden. Der Bürgersteig schwankte unter meinen Füßen. Überall schienen sich Hohlräume zu verbergen, die sich jeden Augenblick öffnen konnten.
Ich hatte vor kurzem in einem anderen Land eine Frau getroffen und mich leidenschaftlich in sie verliebt. Jeden Abend telefonierten wir miteinander.
An diesem Abend hatte sie plötzlich nicht abgenommen. Die Unruhe trieb mich hinaus auf die Straße, von Telefonzelle zu Telefonzelle. Alle zehn Minuten rief ich an, sie meldete sich nicht.
Es kam mir vor, als stünde ich unter einem Fluch, den ich noch nie zuvor erlebt hatte. Ein Verrat durch Freunde in meiner Kindheit oder die gebrochenen Versprechen Erwachsener waren nichts gegen das, was ich in dieser Nacht durchmachte.
Das ist über vierzig Jahre her. Aber ich glaube, es ist immer noch einer der Augenblicke in meinem Leben, die ich vollkommen klar rekonstruieren kann. Einer der Augenblicke, in denen das Leben nur um eine einzige Sache kreist: dass jemand den Telefonhörer abnehmen und sagen soll, dass die Liebe noch lebt.
Die Frühlingsnacht war hell, obwohl es zwischendurch regnete. Gegen drei Uhr am Morgen war ich völlig durchnässt.

Aber ich setzte die erniedrigende Wanderung zwischen den Telefonzellen fort. Ein Streifenwagen fuhr dann und wann an mir vorbei, und die Männer darin betrachteten mich mit misstrauischen Blicken. Aber ich torkelte nicht, ich trug kein Diebesgut bei mir. Sie ließen mich in Ruhe.

Jetzt, viele Jahre später, da ich das Ganze mit Abstand sehe, kann ich mich selbst als einen schwarzen Schatten erleben, wie einem der Romane Dostojewskis entstiegen. Ich schlich nicht in einer schwedischen Stadt durch die Nacht. Es war in Moskau oder St. Petersburg.

Die Eifersucht befiel mich wie eine Krankheit. Ich war buchstäblich krank, geisteskrank, hatte aber auch physische Schmerzen. Mein Magen war wie ein fest zugezogener Knoten, jeder Atemzug war eine Qual. Im Kopf suchte ich nach einer Erklärung dafür, warum sie nicht ans Telefon ging. Ich fand keine. Deshalb konnte ich nichts anderes vor mir sehen als einen anderen Mann, der sie in eben diesem Augenblick an seinen nackten, erregten Körper presste.

Als ich über eine lange Flussbrücke ging, blieb ich plötzlich stehen und schrie einfach los.

Edvard Munchs Bild *Der Schrei* bildet eine tiefe menschliche Wahrheit ab.

Erst im Morgengrauen nahm sie den Telefonhörer ab. Ich begann zu weinen, als sie sich endlich meldete. Die Erklärung war einfach: Sie hatte am Abend den Hörer nicht ordentlich aufgelegt und die ganze Nacht ruhig geschlafen.

Die Erleichterung war umwerfend. Die Eifersucht war wie weggeblasen. Die Knoten lösten sich in dünne Fäden auf, die davonwirbelten.

Später im Leben ist die Eifersucht dann und wann wiedergekommen, doch nie so stark wie in jener Nacht. Dagegen habe ich gelernt zu sehen, wenn andere Menschen von Eifersucht gequält werden. Oft geht es um Liebe, um Untreue, Angst davor, verlassen zu werden. Aber die Eifersucht kann in den überraschendsten Situationen auftauchen. Etwa an einem Theater, wenn die Rollenvergabe zu einem Hass führt, der im Grunde Eifersucht ist. In der Literatur findet sich eine unübertroffene Schilderung der Eifersucht in Shakespeares Stück *Othello*.

Die Liste lässt sich verlängern. Unter Autoren pflegt die Eifersucht sich unter anderem um Rezensionen und Verkaufszahlen zu drehen. Ich habe Landwirte gesehen, die mit finsteren Blicken die guten Ernten des Nachbarn betrachteten, weil die eigenen Äcker nicht die gleichen goldenen Früchte trugen.

Einmal beobachtete ich zwei Taxifahrer, die sich an einem Wartestand in die Haare gerieten. Der Grund, hörte ich später, war der Neid des einen, der ein weniger schickes Auto hatte.

Aber woher kommt die Eifersucht? Und warum?

Ich erinnere mich, in den achtziger Jahren, als Aids neu und erschreckend war, einige Freunde gefragt zu haben, wie sie wohl reagieren würden, wenn sie erführen, dass sie sich angesteckt hätten. Damals kam die Diagnose einer Aids-Infektion einem Todesurteil gleich. Es war die Zeit vor den antiretroviralen Medikamenten und bevor man wusste, wie dieses Virus eigentlich funktioniert, wenn es in einen neuen Menschen eingedrungen ist, der zum Wirtskörper wird, bis er stirbt.

Wie zu erwarten, erhielt ich ständig unterschiedliche Antworten. Aber eine Antwort tauchte mehrfach auf, und das war erschreckend. Es waren Äußerungen, die diese Menschen nie öffentlich abgegeben hätten, wenn sie von Journalisten oder Ärzten befragt worden wären. Aber zu mir sagten sie ganz offen: »Ich würde andere anstecken. Ich will nicht allein sterben.«

Meine Gegenfrage war selbstverständlich: »Warum willst du

den Tod anderer Menschen herbeiführen? Man stirbt immer allein.«

»Ich würde es nicht ertragen, dass andere länger leben als ich.«

In dieser Antwort liegt die äußerste Form von Eifersucht. Andere Menschen werden weiterleben, wenn ich tot bin. Viele Menschen besitzen sogar die Frechheit, noch nicht einmal geboren zu sein, wenn ich aufhöre zu atmen.

Dies ist nicht nur grotesk, sondern auch unmenschlich. Aber mir sind Menschen begegnet, die ihre Eifersucht auf die eigenen Kinder nur schlecht verbergen können. Weil die Kinder weiterleben werden, wenn die Eltern selbst gestorben sind. Ich sehe Menschen mit fünfzig, die sich in allzu jugendliche, enge Jeans kleiden, um den Schatten des Todes zu beschwören, der über ihnen liegt.

Der Traum vom Elixier für das ewige Leben wird gewisse Menschen nie loslassen. Es reicht ihnen nicht, dass wir in der Regel länger leben als unsere Eltern. Unser genetisches Erbe können wir nicht beeinflussen. Jedenfalls bisher nicht. Doch vielleicht kommt die Zeit schneller als wir glauben, da Menschen anfangen, ihre Kinder als Kopien ihrer selbst zu klonen, abzüglich gewisser Makel im DNA-Profil.

Die Eifersucht von Männern und Frauen unterscheidet sich. Wenn man ein Löwenmännchen gesehen hat, das eine Schar Löwenweibchen übernimmt, hat man den menschlichen Mann gesehen. Das Löwenmännchen beißt die Nachkommen seines Vorgängers tot, um für seine eigenen Jungen Platz zu schaffen. Selten oder nie schlägt ein Mann, der die Frau eines anderen übernimmt, ihre Kinder tot. Aber es ist nicht ganz ungewöhnlich, dass er ihre Kinder aus dem Haus jagt. Beispiele dafür habe ich in Afrika gesehen. Viele Straßenkinder in afrikanischen Großstädten sind hinausgeworfen worden, als die Mutter, vielleicht Witwe, einen neuen Mann fand, der sie ver-

sorgen konnte. Oder zu finden gezwungen war, das trifft die Wahrheit vielleicht besser. In armen Ländern fehlt Frauen vor allem die Möglichkeit, eine Wahl zu treffen.
Eifersucht hat mit Überleben zu tun. Mit dem puren Interesse der biologischen Existenz an ihrer Fortpflanzung. Welchen Partner wir wählen, um Kinder zu haben, kann in biologischer Hinsicht gleichgültig sein. Aber hier entfalten die komplizierten sozialen und wirtschaftlichen Gesetze ihre Wirkung.
Liebe ist eine moderne Erfindung. Frühere Generationen waren vor allem darauf bedacht, ihre Kinder in wirtschaftlich und sozial günstige Verhältnisse zu platzieren.
Mancherorts ist es natürlich noch immer so. In vielen Kulturen werden Kinder schon als Neugeborene verheiratet. Dann kann das, was wir Liebe nennen, im besten Fall entstehen, nachdem die Ehe eingegangen wurde, nicht vorher.
Dass sich die Eifersucht bei Männern und Frauen unterscheidet, ist nicht verwunderlich in einer Welt, in der die Männer Macht und die Frauen Verantwortung haben. Männer reagieren mit Eifersucht, wenn sie befürchten, dass ihre Auserwählte Gefahr läuft, Kinder mit anderen Männern zu bekommen. Während sie selbst sich ihr ganzes Leben hindurch erlauben können, über die Stränge zu schlagen.
Frauen dagegen reagieren mit Eifersucht, wenn sie glauben, dass eine andere Frau im Begriff ist, ihnen den Mann wegzunehmen, weil sie dann allein mit der Verantwortung für die Kinder zurückbleiben.
Dies ist eine stark vereinfachte Darstellung. Aber die einzige Eifersucht in der Beziehung zu Frauen, die ich kenne, ist eben jene, die ich damals in der Frühjahrsnacht in der norrländischen Stadt erlebte.
Eifersucht ist schwer auszuhalten. Dass die Gesetzgebung in Frankreich einen besonderen Kodex für »Verbrechen aus Lei-

denschaft« beinhaltet, ist verständlich. Es ist menschlich. Auch wenn andere Länder nicht die gleiche eindeutige Gesetzeslage haben wie Frankreich, ziehen Gerichte fast immer in Betracht, ob bei einem Verbrechen Eifersucht mit im Spiel ist.

Man sagt, dass Menschen sich schämen, weil sie eifersüchtig sind. Dass dies auf eigentümliche Besitzansprüche oder auf zweifelhaften und auf Charakterschwäche beruhenden Neid hindeute. Das verstehe ich nicht. Warum soll ich mich dessen schämen, dass ich mich menschlich verhalte?

Letztendlich bedeutet Eifersucht, dass ich faktisch imstande bin, meine zutiefst menschlichen Gefühle zu zeigen.

Ich kannte einmal einen Mann, der Olof hieß. Im Alter von siebenundachtzig Jahren verdächtigte er seine sechsundachtzigjährige Frau Irma, ihn mit einem anderen Mann in dem Altenheim, in dem sie lebten, zu betrügen. Seine Eifersucht war ebenso rasend und erniedrigend wie meine.

Sie versöhnten sich später, als er einsah, dass seine Frau ihm treu geblieben war.

Irma wurde hunderteins, Olof neunundneunzig Jahre alt. Als Olof starb, tat Irma etwas, worauf sie viele Jahre gewartet hatte. Sie ging Olofs hinterlassene Papiere durch, um Antwort auf eine Frage zu finden, die sie sechzig Jahre lang gequält hatte. War er ihr untreu gewesen, als sie ihr zweites Kind erwartete? In seinen Papieren fand sie den gesuchten Beweis.

Sie erzählte, dass es wie eine Woge über sie hereinbrach. Eine schwarze, dickflüssige, ölartige Woge. Die Eifersucht.

Aber das ging vorüber. Olof war schließlich dennoch bei ihr geblieben. Sie konnte verzeihen. Und sie lebte noch zwei Jahre, bis sie im Schlaf starb, mit einem halb gelösten Kreuzworträtsel auf der Brust.

59.

Der achtundzwanzigste Tag

An einem ungewöhnlich kühlen Tag im Jahre 2013 in Maputo esse ich zusammen mit einem Arzt aus der Schweiz. Er ist gut fünfzig Jahre alt, heißt René und hat in den Jahren seiner Tätigkeit als Arzt viertausend Herzoperationen an Kindern durchgeführt. René ist ein stiller Mann, der nicht viel Aufhebens von sich macht. Gerade an diesem Tag hat er eine dreistündige Operation an einem sogenannten »Blue Baby« vorgenommen, das sonst mit Sicherheit gestorben wäre, wenn nicht sofort, dann vor dem fünften Lebensjahr.

Ich frage ihn, wie es sich für ihn anfühlt, tagtäglich zur Arbeit zu gehen, um kleinen Kindern, die sonst nie die Möglichkeit hätten, groß zu werden und sich darüber zu wundern, was das Leben alles bedeuten kann, buchstäblich das Leben zu retten.

Ein wenig zögernd antwortet er, dass es natürlich eine ständige Freude bedeutet. Dass er aber nur seine Arbeit macht wie andere Menschen auch.

Dann beginnt er, von den drei Fällen zu sprechen, in denen er meint, gescheitert zu sein. Fälle, in denen die Kinder starben, und er, ohne direkte Fehler gemacht zu haben, dennoch die Verantwortung dafür trug.

Ich höre ihm zu und bin nicht der Meinung, dass er in irgendeiner Weise persönlich dafür verantwortlich ist. So wie er die verschiedenen Fälle beschreibt, bekomme ich den Eindruck, dass eine Reihe unglücklicher Umstände und unerwarteter Komplikationen zum Tod der Kinder geführt hat.

Danach erzählt er von den Begegnungen mit den Eltern dieser

Kinder. Es ist vor allem die vom Schock der Trauer ausgelöste Wut auf ihn, den Arzt, an die er sich erinnert. Schreiende Eltern gaben ihm die Schuld. Natürlich kann er nachvollziehen, dass sie einen Sündenbock brauchten. Dennoch fällt es ihm immer noch schwer, mit diesem Schmerz zu leben.

Das Gespräch hat sich in die Länge gezogen, obwohl er müde ist. Gemeinsam mit seinem eingeflogenen Team von speziell ausgebildeten Krankenschwestern hat er in acht Tagen vierzehn Operationen durchgeführt. Heute Abend wird er nach Lausanne zurückfliegen und in zwei Tagen wieder in seinem heimischen Krankenhaus operieren.

Viertausend Operationen. Oft sehr kleine Herzen, die er in die Lage versetzt, vielleicht für achtzig Jahre Blut zu pumpen.

Plötzlich beginnt er von seiner Liebe zum Herzen zu erzählen. Ich empfinde seine Art, darüber zu sprechen, fast als lyrisch. Aber im Grunde ist er sehr sachlich.

Das Herz ist ein Muskel. Nichts anderes. Wie ein Schenkelmuskel oder ein Rückenmuskel hat er eine spezifische Funktion. Er pumpt Blut.

Dann erzählt René auf faszinierende Weise von Geheimnissen des Herzens, die mir ganz unbekannt sind. »Wenn ein Kind geboren wird, schlägt sein Herz schon lange«, sagt er. »Es hat eine lange Anlaufzeit, bevor das Kind zur Welt kommt. Nach der Befruchtung beginnen die Herzmuskeln am achtundzwanzigsten Tag, sich langsam zu bewegen. Nach einer Aufwärmzeit von drei Tagen fängt es am einunddreißigsten Tag an zu schlagen.«

»So exakt?«, will ich wissen.

»Genau so exakt. Es kann vereinzelte Fälle von zweiunddreißig oder dreiunddreißig Tagen geben. Aber wenn das Herz nicht vor dem fünfunddreißigsten Tag in Gang gekommen ist, wird das Kind nicht leben.«

Der nächste Gedanke ergibt sich von selbst. Wenn ein Kind geboren wird, hat das Herz also schon über acht Monate geschlagen. Alle entscheidenden physiologischen Prozesse werden von Anfang an von diesem beharrlichen Muskel bestimmt, der das Blut pumpt und pumpt.
René entspannt sich nach der intensiven Arbeitswoche, indem er an einem Glas Rotwein nippt. Sein Lächeln ist ununterbrochen freundlich. Das Herz macht ihm Spaß. Sein Herz, mein Herz und dein Herz. Ich vermute, dass er bei irgendeiner Gelegenheit spielerisch eine Berechnung darüber angestellt hat, wie viele Herzschläge während einer Minute oder einer Stunde in der Welt zusammenkommen. Rasch überschlagen ergibt sich für einen Menschen, der achtzig Jahre alt wird, eine Summe mit zwölf Ziffern.
Das Herz ist ein Muskel, der ihn Tag für Tag beschäftigt.
Ich frage nach Schildkröten, die hundertfünfzig Jahre alt werden können, und erfahre, dass ihre Herzen einfacher gebaut sind. Weil Schildkröten sehr langsam leben und sich bedächtig bewegen, können ihre Herzen sehr lange arbeiten, während andere Tiere mit hoher Herzfrequenz nur ein oder zwei Jahre leben.
Dann berichtet er von einer anderen merkwürdigen Eigenschaft des wunderbaren Herzmuskels. Er ist eigentlich dafür programmiert, ungefähr fünfunddreißig bis vierzig Jahre zu funktionieren. Dies war vor nur wenigen Generationen auch in Europa ein hohes Lebensalter. In vielen armen Ländern ist es immer noch die durchschnittliche Lebensdauer. Aber der Herzmuskel hat sich als ungeahnt durchhaltefähig erwiesen. Der Muskel arbeitet weiter, obwohl er doppelt so viele Male pumpen muss, wie ursprünglich vorgesehen.
René meint, dass das Herz perfekt ist, weil nie ein Zweifel daran besteht, welche Aufgabe dieser Muskel erfüllt. Andere

Muskeln des Körpers können viele verschiedene Bewegungen ausführen, anstrengende Aufgaben erledigen oder sportliche Übungen durchführen. Das Herz hat jedoch nur eine einzige Funktion, Stunde um Stunde ohne Unterbrechung unser sauerstoffhaltiges Blut durch den Körper zu pumpen.

Ich frage ihn, warum die Natur gerade dieses System der Blutzirkulation gewählt hat. In der frühesten Entwicklung des Lebens auf der Erde muss es Alternativen gegeben haben.

René erwidert, es sei die Einfachheit seiner Arbeitsweise, die das Herz so ausdauernd mache. Die Einfachheit ist die Stärke des Herzmuskels. Deshalb wissen wir auch alles, was man über Aufbau und Funktion des Herzens wissen kann, im Gegensatz zum Gehirn, das immer noch ein zu großen Teilen unerforschtes Territorium ist.

Es verwundert René nicht im Geringsten, dass das Herz zum Symbol für alles, vom Patriotismus bis zur glühendsten Liebe, geworden ist. Er spricht von »dem wunderbaren Herzen«, dessen Uhrwerk als »Lebensmesswerk« läuft und läuft, und das die schmerzlichsten menschlichen Erfahrungen von Hunger und Entbehrungen ertragen kann, bevor es gezwungen ist aufzugeben.

Das Herz ist der treue Diener.

Das Herz ist der Gradmesser der Liebe. Wenn die Leidenschaft einsetzt, erhöht das Herz den Takt, und die Wangen röten sich.

Auf das Herz zielt das Exekutionskommando. Ein weißer Lappen, über dem Herzen angebracht, ist das Ziel, wenn jemand sterben soll.

In früheren Zeiten – und vielleicht noch heute – aß man das Herz des Feindes, um sich die Kraft anzueignen, die er im Leben besaß.

Wenn Menschen übergewichtig werden oder aufhören, sich zu bewegen, kämpft das Herz bis zum Letzten, um das Blut durch

den unförmigen Körper zu pumpen. Das Herz ist unser letzter Held. Aber zugleich ist es nur ein ganz gewöhnlicher Muskel, wenn auch mit einzigartigen Fähigkeiten.
René macht sich bereit, zum Krankenhaus zurückzufahren, um seine Instrumente zusammenzupacken und sich von seinen afrikanischen Kollegen zu verabschieden. Bald wird er zurückkommen, wenn er genug Geld gesammelt hat, um neue, lebensrettende Operationen durchzuführen.
Bevor wir uns trennen, frage ich ihn, wie das menschliche Herz in einer Million Jahren aussehen wird. Wird es sich weiterentwickeln?
Er glaubt nicht, dass dies der Fall sein wird. Der Muskel ist die perfekte Pumpe für den lebenswichtigen Blutkreislauf. Das Herz jedes Menschen pumpt im Verlauf eines Lebens ebenso viel Blut, wie die Viktoriafälle im Verlauf vieler Stunden Wasser in die riesige afrikanische Schlucht stürzen lassen. Andere Körpermuskeln werden sich sicher verändern, auch wenn es sehr lange dauern wird. Aber selbstverständlich wird eine Welt, in der mehr und mehr Menschen ihr Leben sitzend verbringen, unser Muskelsystem verändern, auch wenn dies unendlich lange dauern wird.
»Und in hunderttausend Jahren?«, frage ich, bevor wir uns trennen.
»Wenn dieses Restaurant dann noch existiert, werden Menschen, die hier servieren oder essen, uns unterhalb der Haut völlig gleich sein«, erklärt er. »Hunderttausend Jahre sind eine sehr kurze Zeit.«
Als er verschwunden ist, auf dem Weg zurück in die Operationssäle des Krankenhauses, denke ich über diese Worte nach: »Hunderttausend Jahre sind eine sehr kurze Zeit.«
Schwer zu begreifen. Aber natürlich vollkommen wahr.

60.

Begegnung in einem antiken Theater

Mit einem Gefühl großer Erwartung flog ich an einem Tag im August 1982 mit Bulgarian Airways nach Athen. Wir landeten in Berlin und Prag zwischen und auch in Sofia, wenn mich meine Erinnerung nicht trügt. Überall kam es zu Verspätungen. Das Essen an Bord bestand aus trockenen belegten Broten. Doch das machte mir nichts aus. Ich hatte es nicht eilig. Ich wollte einen Teil des Herbstes im schwedischen Gästehaus in Kavala verbringen. Denn ich hatte den Vorsatz, ein Theaterstück zu schreiben, für das ich einen Auftrag erhalten hatte.

Eines Tages in jenem Herbst verstand ich, was es bedeutet, an einem zugleich zeitlosen wie historischen Zusammenhang teilzuhaben. Es kam völlig unerwartet, wie fast alle großen und lebensentscheidenden Ereignisse.

Ich hatte eine Fähre von Kavala im Norden Griechenlands zur Insel Thasos hinüber genommen. Es war immer noch sehr warm. Aber alle, mit denen ich sprach, sagten, dass das Wetter bald umschlagen und herbstlicher werden würde.

Den ersten Akt des Stückes hatte ich bereits abgeschlossen und nahm mir deshalb einen Tag frei für den Ausflug.

Es gab jedoch noch einen zweiten Grund, warum ich mir einen freien Tag gönnte. Der Tag zuvor war ein Sonntag gewesen. Ich hatte ein Zimmer mit Balkon. Gerade an diesem Sonntagmorgen war ich auf den Balkon hinausgetreten und hatte auf den Vorplatz der gegenüberliegenden Kirche hinuntergesehen. Da hatte ich geradewegs in einen offenen Sarg geblickt. Ein junger Mann in dunklem Anzug hatte darin ge-

legen. Ein Mann in meinem Alter. Um den Sarg standen hysterisch weinende Menschen.
Ich trat vom Balkon zurück und schloss die Tür. Tote Menschen hatte ich schon vorher gesehen, aber dennoch wuchs mein Unbehagen.
Damals hatte ich mein Verhältnis zum Tod noch nicht ganz geklärt. Ich war vielleicht auf dem Weg dahin. Doch erst später, während meiner ersten Jahre in Afrika, konnte ich den Tod ernsthaft ins Leben miteinbeziehen und sah ihn nicht mehr als etwas Schreckenerregendes an, das außerhalb lag.
Am Abend ging ich hinunter in den Hafen von Kavala und erkundigte mich nach den Abfahrtszeiten der Fähre. In jener Nacht schlief ich schlecht. Im Morgengrauen stand ich auf, und die Fähre fuhr pünktlich ab.
Als ich nach Thasos kam, wusste ich nicht, dass es dort ein klassisches Amphitheater gab. Ich hatte bis dahin nur das unterhalb des Akropolis-Felsens gelegene Theater und die Urmutter aller Amphitheater in Epidauros gesehen. Aber als ich den mit Steinen belegten Weg zum Theater von Thasos hinaufging, vorbei an den Resten des Dionysos-Tempels, und das alte Theater vor mir sah, war es eine der größten Offenbarungen meines Lebens.
Es war ein Erlebnis wie an jenem Tag in meiner Kindheit, als ich vor dem Bürgerhaus in Sveg gestanden und entdeckt hatte, dass ich ich war und nicht austauschbar.
Damals hatte ich mich selbst gesehen. Jetzt, auf Thasos, entdeckte ich, wie vollkommen selbstverständlich es war, dass meine Identität mit der anderer zusammenhing, die mir vorangegangen waren und die nach mir kommen würden.
Natürlich war der Gedanke nicht neu. Aber seine tiefere Bedeutung ging mir erst in diesem Augenblick auf. Ich sah, was ich früher gesehen hatte, ohne es wirklich zu begreifen. Ich

hatte den Gedanken gedacht, ohne mir über seine Bedeutung im Klaren zu sein.

Zum ersten Mal begriff ich, was der Reihentanz der Generationen bedeutet.

Das Theater war spärlich von hohen Bäumen umstanden. Unten, in der Ferne, lag das Meer. Von den Zuschauerplätzen aus konnte man die Abendsonne untergehen sehen, während die Theateraufführung sich ihrem Ende näherte.

Es war Morgen, als ich zum Theater hinaufgelangte. Ich blieb beinahe den ganzen Tag dort, abgesehen von einem Besuch in einem kleinen Restaurant, um zu Mittag zu essen. Die meiste Zeit streifte ich auf der Spielfläche, der Orchestra, umher oder probierte verschiedene Sitzplätze auf den Zuschauerrängen aus.

Ein kleiner Junge, der auftauchte, half mir, die Akustik auszuprobieren. Er flüsterte, wenn ich ihn darum bat, rief laut oder sprach mit gewöhnlicher Lautstärke. Am Ende gelang es mir, obwohl ich kein Griechisch spreche, ihn dazu zu bringen, ein Kinderlied zu singen. Ich setzte mich an die höchste Stelle. Er stand klein wie ein Punkt in der Mitte der Orchestra tief unter mir. Sein Lied drang klar und deutlich zu mir herauf, obwohl er nicht besonders laut sang.

Er wurde von seiner ärgerlichen oder besorgten Mutter unterbrochen, die den Hügel zum Theater heraufkam und nach ihm suchte. Das Letzte, was ich von ihm hörte, war sein Weinen, begleitet von den Vorwürfen der Mutter, als sie ihn am Ohr fasste und fortzog.

Für einen kurzen Augenblick war ich selbst Teil der Vorstellung, weil die Mutter mich entdeckt hatte und mir ein paar wütende Fragen zurief, die ich nicht verstand. Ich schüttelte nur den Kopf und breitete die Hände aus.

Später habe ich gelesen, dass es in diesem Theater vor über zwei-

tausend Jahren Aufführungen sowohl von Aristophanes als auch von Euripides gegeben hat. Es finden sich auch Hinweise darauf, dass Aristophanes dieses Theater einmal besucht hat.
Der Tag, an dem ich ganz unerwartet dieses Theater entdeckte, brachte mich dazu, mir vorzustellen, was hier einst stattgefunden hatte. Das Aussehen der Schauspieler, ihr Temperament, ihre Masken und Bewegungen. Ich saß dort und ließ meiner Phantasie freien Lauf, welche Menschen mich auf den Rängen umgaben, ob ganz oben oder auf den Ehrenplätzen ganz unten, direkt vor der Spielfläche.
Der menschliche Zusammenhang, dachte ich. So sieht er aus. Wir tun die gleichen Dinge, um Nahrung zu beschaffen und zu überleben. Wir üben die gleichen Berufe aus und haben die gleichen Geheimnisse, die sich in der Kunstform Theater verbergen.
Der Gedanke war sehr einfach: Hier sind einmal Schauspieler in Stücken aufgetreten, die noch heute aufgeführt werden. Stücke, die ich in einigen Fällen selbst am Theater inszeniert habe. Zwischen ihnen und mir spannt sich ein unsichtbarer Faden, der so stark ist, dass er nicht abreißen kann. Strecke ich meinen linken Arm aus, kann ich die Hand eines der Schauspieler ergreifen, die damals hier auftraten. Strecke ich meinen rechten Arm aus, ergreife ich die Hand eines anderen, der in der Zukunft einmal die Bühne betreten wird.
Es war ein ganz und gar magischer Augenblick. Plötzlich saßen überall auf den Zuschauerrängen Menschen. Auf der Orchestra stand der klassische antike Chor mit seinen Masken.
Aber alle blickten mich an. Und ich sah sie an.
Wir sahen einander.
Und die Sonne wanderte auf den Punkt im Meer zu, wo sie untergeht, das Publikum klatschte in die Hände und begann, wieder in die Stadt hinabzusteigen.

Hinterher, als ich im Schatten einer der hohen Pinien saß, die das Theater umgaben, verspürte ich eine Erleichterung, die an nichts erinnerte, was ich je erlebt hatte. Ich fühlte eine Gelöstheit, eine Lust zu singen.

Ich ging noch einmal auf die Orchestra und dachte, der antike Chor wäre zurückgekommen. Jeder Augenblick meines Lebens war in diesem einen Moment zugänglich. Plötzlich begann es zu schneien. Der Wintermorgen war wieder zurück.

Die Erleichterung, die ich erlebte, rührte daher, dass das Leben auf eine neue Weise zusammenzuhängen schien. Es gab einen klaren Sinn in dem Zusammenhang, den ich plötzlich entdeckt hatte. Die Gemeinschaft der ausgestreckten Hände, über Zeit und Raum hinweg.

Ich ahnte, dass in dem Chor, der vor zweitausend Jahren aufgetreten war, jemand mit ganz anderen Voraussetzungen die gleichen Fragen gestellt haben konnte wie ich. Und auch bereits vor der Entstehung des antiken griechischen Dramas hatte es Theater und Schauspieler gegeben.

Wer der erste Schauspieler war, verliert sich in den Nebeln der Geschichte. Es ist eine Frage ohne Antwort. Aber wir wissen mit der vagen Sicherheit, die für alles gilt, was nicht mit Urkunden belegt werden kann, dass dieser Schauspieler aus der Welt der Riten kam. Er war jemand, der die Vorstellungen der Menschen von den magischen Dimensionen des Lebens besser deuten konnte. Geburt und Tod, Naturkatastrophen, die stetige Wanderung der Sonne von Osten nach Westen.

Ich stelle mir vor, dass der erste Schauspieler ein Mann war, der Allan Edwall glich. Ich nenne keine Frau, weil ich glaube, dass die ersten Schauspieler ausschließlich Männer waren. Dass sie der Priesterschaft angehörten, spricht für meine Auffassung. Aber ich kann mich irren.

Allan Edwall hatte die Fähigkeit, das Tragische wie das Komische darzustellen. Er konnte beinahe ohne erkennbaren Bruch zwischen Schreien und Lachen wechseln. Zweifellos war er sich stets der Anwesenheit des Publikums bewusst. Er konnte sich in einen völlig anderen Menschen verwandeln, aber nie verlor er das Publikum aus dem Blick. Das Publikum verwandelte er nicht. Es verwandelte sich selbst.

Der Zusammenhang wurde mir an jenem Tag auf Thasos klar. Bevor ich im Sonnenuntergang davonging, meinte ich, Allan Edwall dort unten auf der Orchestra stehen zu sehen, während die Schatten länger und länger wurden.

Ich blieb über Nacht in Thasos und schlief in einer Pension. Am Tag darauf fuhr ich zurück nach Kavala und arbeitete weiter an meinem Stück.

Seit jenem Tag lebe ich mit ausgestreckten Armen und Händen.

61.

Ein Dieb und ein Polizist

Mit einer Krebserkrankung zu leben heißt, ohne jede Garantie zu leben. So wie die nächtlichen Wege der Katzen unbekannt sind, wandern auch Krebszellen auf schlecht beleuchteten Pfaden.

Wir glauben, so viel zu wissen. Aber wir werden ständig gezwungen, unsere Vorstellungen von der Welt neu zu überdenken. Wenn die Wahrheit immer provisorisch ist, wovon ich überzeugt bin, sind unsere Vorstellungen von der historischen Entwicklung der Wirklichkeit im Lauf der Geschichte ebenso vorläufig.

Ich habe viel Zeit in meinem Leben der Beschäftigung mit Verbrechen und Verbrechensermittlungen gewidmet. Dabei bin ich zu der Ansicht gelangt, dass das Böse stets eine Folge von Umständen ist, nie etwas Angeborenes. Ich habe über Verbrechen geschrieben, weil sie deutlicher als vieles andere die Widersprüche beleuchten, auf denen das menschliche Leben beruht.

Alles, was wir tun, baut darauf auf, dass es widerstreitende Kräfte in uns gibt. Zwischen Traum und Wirklichkeit, zwischen Wissen und Illusionen, zwischen Wahrheit und Lüge, zwischen dem, was ich will, und dem, was ich tue. Und nicht zuletzt zwischen mir selbst und der Gesellschaft, in der ich lebe.

Es begann früh. Ich wuchs im Obergeschoss eines Gerichtsgebäudes auf. Jeden Donnerstag wurden Gerichtsverhandlungen abgehalten. Manchmal schlich ich mich in den Gerichtssaal, obwohl ich noch zu klein war, um zuhören zu dürfen. Aber der Gerichtsdiener Svensson schaute weg. Immerhin war mein Vater der Vorsitzende des Gerichts.

Einmal waren drei Diebe angeklagt, die eine lange Diebestour von Stockholm nach Norden gemacht hatten. In Älvros waren sie geschnappt worden. Ich weiß noch heute, wie erstaunt ich darüber war, dass sie neben vielem anderen in einem Kiosk ein paar Bleistifte gestohlen hatten.

Diesen Diebstahl gaben sie zu. Dagegen stritten sie hartnäckig ab, in einem Herrenbekleidungsgeschäft zwei Gürtel gestohlen zu haben.

Die einfache Lehre für ein Kind, das als Zuhörer in einem Gerichtssaal saß, war die, dass es Konsequenzen hatte, wenn man ein Verbrechen beging.

Schon vor Tausenden von Jahren versuchten Schriftsteller, die Gegensätze zwischen den Menschen und die Widersprüche in ihnen zu beleuchten. Man muss das Spiel der Gegensätze benutzen, um einen Menschen glaubwürdig erscheinen zu lassen.

Wir nehmen an, dass wir wissen, was ein Polizist oder eine Polizistin ist. Wir sehen sie vor uns, in Uniform oder in Zivil, und sie scheinen ständig irgendwohin unterwegs zu sein oder in ernsten und häufig stürmischen Besprechungen zu sitzen.

Ich sehe etwas anderes. Eine Episode vor fünfundzwanzig Jahren hat meine Meinung grundlegend verändert.

Ich stand an einer Straßenkreuzung in der Stadtmitte von Lusaka, der Hauptstadt Sambias. Es hatte die ganze Nacht geregnet, und die Straßen und Bürgersteige waren nass.

Ich wartete auf jemanden, der verspätet war. Ich blickte die Chachacha Road hinunter, ohne ihn zu entdecken, und dachte, mich im Treffpunkt geirrt zu haben. Vielleicht hatte er die Cairo Road gemeint? Oder die Katondo Road? Ich entschied mich für Erstere, nahm eine der Seitenstraßen und begab mich zur Cairo Road.

Dort wartete ich aufs Neue. Es war Sonntag, die Geschäfte waren geschlossen und auffallend wenige Menschen unterwegs. Eine dünne Wolkendecke, die Nachhut des nächtlichen Regens, überzog den Himmel.

Plötzlich sah ich einen jungen Polizisten in Uniform, der einen Mann abführte, vermutlich einen Dieb. Nicht weit von der Stelle, an der ich stand, gab es einen illegalen Straßenmarkt, der immer geöffnet war. Dort hielten sich häufig Diebe auf.

Die Uniform des Polizisten passte ihm nicht. Die Hose war zu lang, die Jacke zu eng. Doch es war nichts Komisches an dem, was ich sah, nur dass ein junger Mann, der beschlossen hatte, Polizist zu werden, nichts an der mangelhaften Kleidung, die er tragen musste, ändern konnte.

Er hatte einen Schlagstock und eine Pistole. Beides schien ebenso schlecht zu passen wie seine Uniform. Der Schlagstock war zu lang, die Pistole zu schwer.

Der Dieb war etwa zwanzig Jahre alt. Barfuß, in abgeschnittenen Hosen und mit großen Ekzemen auf der Kopfhaut. Dies war oft eine Folge von Unterernährung und Armut.

Der Polizist hielt den Dieb fest am Kragen seines zerschlissenen Hemdes gepackt.

Das Bild hatte etwas unfreiwillig Rührendes. Sowohl der Polizist als auch der Dieb schienen unsicher zu sein, worauf das Ganze hinauslief.

Ich nahm an, dass sie auf dem Weg zur nahe gelegenen Polizeistation waren. Einmal war ich dort gewesen, als man mir meinen Wagen gestohlen hatte. Ich erinnere mich noch an eine Wand mit Fotos verschiedener Krimineller. Darüber stand in Druckschrift geschrieben: »Leute, wegen denen wir uns keine Sorgen mehr machen müssen.«

Ich fragte den Polizisten, der meine Anzeige aufnahm, was das bedeutete. Er sah mich erstaunt an.
»Tot«, sagte er. »Wir haben uns von ihnen befreit.«
Der Polizist auf der Straße blieb plötzlich unmittelbar neben mir stehen. Er hatte den Dieb weiter am Schlafittchen gepackt, starrte aber auf seine braunen Schuhe. Sie waren sehr schmutzig. Am Straßenrand saß ein Schuhputzer, dessen Beine gelähmt waren. Er bewegte sich auf verschrammten Knien und Händen vorwärts, an denen er zum Schutz Plastikhandschuhe trug. Ich hatte ihn früher schon gesehen. Er konnte sich sehr schnell bewegen, wenn es nötig war.
Der Polizist sagte etwas zu dem Dieb, ließ ihn los und stellte seinen einen Fuß auf den Holzblock des Schuhputzers.
Das Ganze fing an, sehr interessant zu werden. Der Dieb stand unbeweglich da, und der Schuhputzer machte sich an die Arbeit. Der Polizist sah den Dieb nicht an. Ich wartete darauf, dass dieser wegrennen, in die Chachacha Road einbiegen und verschwinden würde.
Da kam plötzlich Bewegung in den Polizisten. Er wandte sich dem Dieb zu und sagte etwas, das ich nicht verstand, weil gerade ein Bus mit dröhnendem Motor vorbeifuhr. Zu meiner Überraschung reichte der Polizist dem Dieb einen Geldschein. Da ging der Dieb. Er rannte nicht. Er ging los und bog um die Straßenecke.
Der Polizist betrachtete seinen Schuh, der jetzt schon ganz anders aussah. Ich hatte inzwischen vergessen, dass ich auf jemanden wartete. Die Szene, die sich vor mir abspielte, wurde immer faszinierender.
Nach einigen Minuten kam der Dieb zu meinem großen Erstaunen zurück. In der Hand hielt er ein Exemplar der *Times of Zambia*. Er gab dem Polizisten die Zeitung, und der begann darin zu lesen, während er gleichzeitig den zweiten Fuß auf

den Block des Schuhputzers stellte. Der Dieb hatte die gleiche Position eingenommen wie zuvor. Er schien nicht daran zu denken, das Weite zu suchen.
Schließlich waren beide Schuhe geputzt. Der Polizist bezahlte, aber offenbar nicht das, was der Schuhputzer verlangte. Als dieser seine Unzufriedenheit äußerte, schrie der Polizist ihn an und legte die Hand an seinen Schlagstock. Der Schuhputzer war sofort zufrieden.
Der Polizist steckte die Zeitung in die Tasche. Dann packte er den Dieb wieder am Kragen und schleppte ihn mit zur Polizeistation. Verblüfft sah ich ihnen nach.
Dann begriff ich, dass das, was ich soeben gesehen hatte, ganz natürlich war. In einem Land, das früher lediglich die koloniale Polizei mit ihren altertümlichen englischen Strukturen gekannt hatte, musste alles von Grund auf neu gelernt werden. Das galt nicht nur für den Polizisten, sondern in gleichem Maße für den Dieb. Ich hatte ein Rollenspiel beobachtet, eine Übung, wie man sich in beiden Positionen verhalten sollte.
Es ist leicht, sich vorzustellen, dass es schon immer Polizisten gegeben hat. Aber so war es natürlich nicht. Es gab früh Soldaten, Landsknechte und Gefangenenwärter. Sie holten die Missetäter ab, die zu Bußen verurteilt oder hingerichtet wurden. Kerker gab es nur für ganz besondere Fälle.
Erst als die Städte zahlreicher und immer größer wurden, entstand das Bedürfnis nach einem Polizeikorps, das in erster Linie dazu diente, die Unterschicht zu kontrollieren und gegen die Obrigkeit gerichtete Verbrechen zu verhindern. Im 18. Jahrhundert wurden in den meisten europäischen Ländern Polizeikorps gebildet, während in anderen Teilen der Welt noch keine Polizei in unserem Sinne existierte.
Wir leben in einer immer stärker gespaltenen Welt, in der der Wohlstand wächst, aber gleichzeitig die Kluft zwischen denen,

die Zugang zu diesem Wohlstand haben, und denen, die nichts haben, immer breiter und tiefer wird. Deshalb wird der Bedarf an immer stärkeren und spezialisierten Polizeikräften weiter zunehmen.

Polizist ist immer ein Beruf mit Zukunft.

Das war vielleicht die größte Lehre, die ich aus der Episode zog, als ich den jungen afrikanischen Polizisten in seiner beinahe an einen Chaplin-Film erinnernden Uniform mit einem Dieb davonziehen sah, der gerade lernte, seine Rolle zu spielen.

Er war nicht nur ein Dieb. Er nahm auch an einer Aufführung teil, der wir, auf dem Bürgersteig stehend, als Zuschauer beiwohnten.

62.

Jugend

Es war eine Zeit der Befreiung.

Ich war knapp zwanzig Jahre alt. Ich schrieb Gedichte und trieb mich nachts in Stockholm herum und klebte sie an Hauswände und Betonpfeiler.

Manchmal wurden sie abgerissen. Das freute mich. Ein Leser hatte eine Reaktion gezeigt, auch wenn sie nicht von Wertschätzung zeugte.

Es war Ende der sechziger Jahre. Im August sollte ich mit dem ersten Theaterstück, das ich geschrieben und auch inszeniert hatte, auf Tournee gehen. Es hieß *Nöjesfältet*, *Der Vergnügungspark*, und war eine bizarre Geschichte über den Zustand der schwedischen Gesellschaft und der Welt – aus meiner Sicht. Darin traten der damalige Finanzminister Gunnar Sträng, ein armer lateinamerikanischer Landarbeiter namens Joao und der Rosarote Panther auf, der von dem Schauspieler Björn Gedda gespielt wurde.

Wir sollten im Verlauf des Herbstes zahlreiche Vorstellungen an unterschiedlichen Orten geben. Die Proben waren dadurch erschwert worden, dass wir uns sehr kritisch mit der sozialdemokratischen Regierung auseinandersetzten und die Veranstalter in vielen Fällen ausgerechnet sozialdemokratische Organisationen waren.

Nach der Tournee erfuhr ich, dass die Veranstalter bei verschiedenen Gelegenheiten Spione ausgeschickt hatten, um zu erfahren, wie die Vorstellung vom Publikum aufgenommen worden war.

Ich selbst fuhr mit, um mich um das Praktische zu kümmern, Ton und Beleuchtung, was ich nicht sehr gut machte. Manchmal trafen meine Finger nicht die richtigen Tasten des Tonbandgeräts. Dann lief die falsche Musik oder gar keine. Hinterher erntete ich finstere Blicke von den Schauspielern. Ich verstehe sie.

Außerdem hatte ich bei meinen verzweifelten Versuchen, ein Theater zur Finanzierung des Abenteuers zu überreden, versprochen, nach den Vorstellungen für Gespräche zur Verfügung zu stehen. Dieses Versprechen sollte ich später zumindest teilweise bereuen, denn diese Diskussionen konnten sich bis weit nach Mitternacht hinziehen und zuweilen beinahe mit Handgreiflichkeiten enden. In Karlstad gab es einen derartigen Tumult, dass wir eine Sondervorstellung ansetzen mussten, um dem plötzlich erwachten Interesse nachzukommen.

Ich bin in den Massenmedien viel gescholten worden, aber nie so sehr wie damals, und zwar deshalb, weil meine Schuhe durchgelaufen waren. Ein Zeitungsschreiber sah in einem Loch in meiner Schuhsohle den Beweis dafür, dass ich linksextrem war. Das war Anfang August.

An Silvester im Jahr davor war ich auf einem Fest bei mir völlig unbekannten Menschen gelandet. Dort traf ich die junge Tänzerin und Choreografin G. Sie war mit J. dort, mit dem sie zusammenlebte, doch davon wusste ich nichts. Wir unterhielten uns, ein Funke sprang über, und wir tauschten Adressen aus. Am Tag danach, es war ein eiskalter Neujahrstag, suchte ich nach ihrer Abrisswohnung in der Regeringsgatan, ungefähr da, wo heute das Sverigehuset liegt. Als ich in die Wohnung kam, zeigte sich der Mann, von dem ich nichts gewusst hatte. Er warf mit einem Schuh nach mir und drehte G. den Arm um. Ich verließ die Wohnung, ziemlich schockiert, doch vor allem empört. Es war doch nichts passiert? Mein Zorn

wuchs. Ich ging zurück und fragte den Mann, was er sich einbildete. Seine Eifersucht war unmissverständlich.
Mein Zorn nicht minder.
Es endete mit einer eigentümlichen Versöhnung. G. war im Krankenhaus mit ihrem verrenkten Arm. J und ich gingen hinaus in den kalten Wintertag.
»Es gibt eine sonderbare Dichte in dieser Stadt«, sagte ich.
»Was für eine Scheiß-Dichte denn?«, fragte J., der Künstler war und Autos malte. Ich habe ihn als sehr begabt in Erinnerung. Näher kamen wir einander nicht. Für ihn wie für mich war es klar, dass G. und ich ein Paar werden würden.
So kam es auch.
Es war nicht meine erste Liebe. Vorher hatte es L. gegeben. Aber dies hier war eine richtig große und leidenschaftliche Liebe. Eine neue Dimension. Etwas, das mich überraschte und sich noch vertiefte.
Ein halbes Jahr später, einige Wochen bevor ich auf meine lange Tournee gehen sollte, schlug G. vor, dass wir nach Norwegen fahren und im Fjell bei Rjukan wandern sollten. Wir hatten beide Aksel Sandemose gelesen. Telemark war zwar nicht seine eigentliche Landschaft, aber dennoch wurde der Autor zu unserem unsichtbaren Begleiter.
Wir nahmen den Nachtzug von Stockholm. Auf dem Bahnhof stahl jemand G.s Brieftasche. Das reduzierte unsere gemeinsamen Mittel drastisch. Sie weinte und wollte zu Hause bleiben. Aber wir fuhren doch.
Irgendwo in der Nähe der norwegischen Grenze blieb der Zug auf freier Strecke stehen. G. schlief auf einer Bank des Abteils, das wir für uns allein hatten. Ich schaute hinaus in die Nacht, die einen Hauch von frühem Herbst verströmte. Ich sah auch G. an, wie sie neben mir schlief. Zum ersten Mal in meinem erwachsenen Leben fühlte ich mich nicht allein. Dort, in der

Dunkelheit des Zugabteils, überkam mich eine ganz neue und unbekannte Freude.

In Oslo stiegen wir um. Vom Westbahnhof fuhren wir nach Rjukan. Es war Samstagnachmittag, als wir ankamen. Wir aßen in dem einzigen Lokal, das geöffnet hatte. Danach wanderten wir aus der Ortschaft hinaus und legten uns vor einer Scheune in unseren Doppelschlafsack. Es war ein schöner Abend.

Dann begann es zu regnen, und wir brachen in die Scheune ein. Es war unser erster Einbruch auf der Fjell-Wanderung. Wir sprachen über Sandemose. G. erzählte von den Tänzen, die sie nachts einübte, in den Räumen des Choreografischen Instituts auf Blasieholmen, zu denen sie sich heimlich einen Schlüssel verschafft hatte. Ich erzählte von der Tournee, die bald beginnen sollte. Die erste Vorstellung würden wir in Trollhättan geben, die letzte in Malmberget.

Im Morgengrauen, als es nur noch nieselte, brachen wir auf und stiegen die steilen Berghänge hinauf, bis wir das Fjell erreichten. Für mich war eine Fjell-Landschaft mit Schnee und Kälte verbunden. Hier wuchsen Heidekraut und graues Gras zwischen den Steinen. Der Erdboden war tief und aufgeweicht, Nebel glitt lautlos am Horizont dahin.

Ohne zu wissen, wohin er führte, folgten wir einem markierten Pfad übers Fjell. Wir waren schlecht ausgerüstet, hatten kaum Proviant dabei und absolut keinen Schutz, falls das Wetter richtig schlecht werden würde.

Die meiste Zeit gingen wir schweigend, nur gefolgt von einem Alpenstrandläufer. Es schien, als hätten wir eine gemeinsame Atmung. Unsere Liebe war so groß, dass es uns fast erschreckte. Es gab ganz einfach keinen Platz für Worte. Wir befanden uns in einer Unendlichkeit, die auf ihre Weise so grenzenlos war wie der Weltraum.

Gegen Nachmittag wurde das Wetter tatsächlich schlechter.

Dann regnete es in Strömen. Außerdem war Wind aufgekommen. Nirgendwo gab es einen Windschutz, einen Unterschlupf. Wir konnten nur weitergehen. Aber da es nicht kalt war, machten wir uns keine Sorgen.
Schließlich neigte sich das Fjell abwärts zu einer Senke. Dort lag eine Baustelle. Eine Transformatorstation wurde errichtet. Weil Sonntag war, lag der Bauplatz verlassen da. Es gelang mir, den Haken eines Barackenfensters zu lösen, sodass wir hineinklettern und unsere Sachen trocknen konnten. Wir hüllten uns in ein paar Wolldecken, die wir dort vorfanden.
In dieser eiskalten Baracke erlebte ich den Augenblick, in dem ich ernsthaft begriff, was die Erotik zu geben vermag. Angesichts der Kälte des Raums und unserer durchgefrorenen Körper sprach nichts für uns. Aber vielleicht war es ja genau andersherum. Alles sprach für uns.
Ich weiß noch, dass ich schon damals dachte: Dies werde ich nie vergessen. Und das habe ich auch nicht getan.
Am Abend tauchte ein Wachmann auf. Weil wir ein Licht angemacht hatten, war er darauf vorbereitet, dass etwas nicht in Ordnung war, als er die Tür aufschloss. Wir hatten uns angezogen und machten einen ehrbaren Eindruck. Ich erklärte ihm wahrheitsgemäß, dass wir durchnässt und durchgefroren gewesen waren. Wir waren weder Diebe noch Landstreicher. Wir waren Fjell-Wanderer.
Er musterte uns eine Weile, bevor er beschloss, uns zu glauben. Dann ging er in einen angrenzenden Raum, um, wie ich annehme, zu kontrollieren, ob wir nichts von dem Schreibtisch dort gestohlen hatten.
Ungefähr zwanzig Kilometer entfernt gab es eine Fjell-Pension, zu der er uns fuhr. Dort bekamen wir Unterkunft und Verpflegung.
Am Tag darauf war unser Geld fast verbraucht. Wir nahmen

einen Bus zurück nach Oslo und anschließend den Nachtzug nach Schweden.

Auch diesmal schlief G., während ich wach war. Vielleicht klingt dies wie eine nachträgliche Konstruktion, aber das ist nicht der Fall. Ich dachte wirklich, dass das, was ich gerade erlebte, hoffentlich allen Menschen geschehen würde oder einmal geschehen war. Und zwar nicht nur heutzutage, sondern ebenso in allen vergangenen Zeitaltern. Auch unsere Vorväter, in ihren primitiven Höhlen, oder arme Bergleute im England des frühen 19. Jahrhunderts, um nur zwei Beispiele zu nennen, die mir durch den Kopf gingen, sollten doch etwas Ähnliches erlebt haben.

Damals dachte ich nicht, dass die Liebe eine Gnade ist, vielleicht die größte, die ein Mensch erfahren kann. Es dauerte noch eine Weile, bis mir diese Erkenntnis kam.

In einer Nacht Ende der sechziger Jahre wurde jenes Zugabteil jedoch für mich zu einer Kathedrale.

Vor dem Zugfenster ahnte ich ein Leben, das gerade begonnen hatte, mir phantastische Geheimnisse zu offenbaren.

63.

Der Kadaver auf der Anklagebank

Das Ekelhafte kann manchmal verlockend sein. Erschreckend, bedrohlich, aber auch verführerisch. Wie wenn man sich über etwas beugt, das schlecht riecht, aber dennoch nicht davon ablassen kann, den Gestank in die Nase zu ziehen.

Im Musée des Beaux-Arts in Nantes hängt ein sonderbares Gemälde des französischen Malers Jean-Paul Laurens aus dem Jahr 1870. Ein ordentliches Ölgemälde, aber nicht mehr. Es folgt einer Tradition jener Zeit, mit einer gewissen begrenzten Korrektheit ein historisches Ereignis zu illustrieren. Der Stil des Bildes erinnert an ein Gemälde, das Georg von Rosen ungefähr zur gleichen Zeit in Schweden malte und das König Erik, Karin Månsdotter und den bösartigen Jöran Persson zeigt, der Erik dazu drängt, ein Todesurteil zu unterzeichnen. Beiden Gemälden liegt eine romantische Perspektive zugrunde. Die Details sind real, aber was die Bilder erzählen, ist grundfalsch.

Auf dem Bild in Nantes sitzt ein Papst in vollem Ornat auf seinem Thron. Neben ihm, ganz in Schwarz gekleidet, steht ein bärtiger junger Priester und hört einem aufgebrachten Mann zu, der Anklagen gegen den Papst vorzubringen scheint.

Es ist ein Bild von der sogenannten »Kadaversynode«, die im Jahr 897 während einiger äußerst kalter Wintertage in Rom in der Basilika Salvatoris, heute Lateran-Basilika, abgehalten wurde. Die Synode wurde auch »Synodus Horrenda« genannt, was man nachvollziehen kann, wenn man sich vor Augen führt, worum es dabei ging.

Studiert man Laurens' Ölgemälde eingehender, erkennt man, dass der Papst eine Leiche ist, ein Kadaver. Es ist der seit neun Monaten tote Papst Formosus – der einzige dieses Namens in der langen Reihe von Päpsten –, der aus seinem Sarg gezerrt wurde, um sich den Anklagen seitens seines Nachfolgers, Stephans VI., zu stellen. Der neben dem toten Papst stehende schwarzgekleidete Priester, dessen Name nicht überliefert ist, soll sein Verteidiger sein, obwohl der Ausgang des Prozesses von vornherein klar ist.

Der Gestank in der Kirche war fürchterlich. Man kann sich den Geruch vorstellen, den die Leiche nach neunmonatigem Verwesungsprozess verströmte.

Es war damals nicht üblich, Leichen einzubalsamieren. Die römische Tradition bestand darin, den toten Körper in einen Sarkophag an der Erdoberfläche zu legen. Das Wort »Sarkophag« kann von einem griechischen Wort hergeleitet werden, das »Fleischesser« bedeutet. Der Sarkophag war aus Kalkstein hergestellt, von dem man annahm, dass er die Verwandlung des toten Körpers in ein von Würmern rein geschabtes Skelett beschleunigte.

Normalerweise befindet sich ein Körper nach neun Monaten in vollständiger Auflösung. Aber in seinem gut verschlossenen Sarkophag dürfte Formosus, trotz der vermuteten Einwirkung des Kalksteins, immer noch ein einigermaßen zusammenhängendes Ganzes gewesen sein, als der Sarkophag geöffnet wurde. Das trockene Klima in Rom ließ den Körper schnell austrocknen und die Haut hart, fast lederartig werden, wie eine schwarze Schale. Aber das dickflüssige Gemenge von verwesenden inneren Organen muss einen nahezu unerträglichen Gestank abgesondert haben, auch für Menschen, die an üblen Geruch gewöhnt waren. Der arme Priester muss Höllenqualen ausgestanden haben, als er dort stand und versuchen sollte, die gegen die Leiche im Thronstuhl vorgebrachten Anklagen zurückzuweisen.

Im Hintergrund saßen die Bischöfe und Priester, die in diesem makabren Gerichtsverfahren die Jury bildeten.

Worum ging es? Wie konnte ein Oberhaupt von Millionen gläubiger Katholiken ein Gerichtsverfahren in Gang setzen, das nichts anderes war als der Ausdruck schieren Wahnsinns?

Die Geschichte ist reich an Beispielen von »Erzählungen über den unbegreiflichen Menschen«, oder wie immer man es bezeichnen möchte. Ich könnte die »Kadaversynode« in Rom leicht gegen ein anderes Ereignis austauschen. Der Mensch hat sich immer wieder, trotz all seiner Vernunft, plötzlich vollkommen irrational verhalten.

Im Fall des toten Papstes Formosus und seines Nachfolgers Stephan VI. ist es schwierig, sich ein Bild davon zu machen, was den lebenden Papst dazu veranlasste, seinen toten und halb verwesten Vorgänger aus seinem Sarkophag herauszuholen. Dass er ihn in seinen Ornat kleidete, eine Mitra auf den Totenschädel setzte und ihn am Ende noch auf den päpstlichen Thronstuhl setzte, macht die Angelegenheit nicht begreiflicher.

Stephan VI. war mental instabil. Das wissen wir. Aber nicht so sehr, dass er nicht dennoch zum Papst gewählt worden wäre. Selten wurden offenbar wahnsinnige Menschen gewählt. Dagegen kam es vor, dass Korruption und anderes skrupelloses Vorgehen jemandem das päpstliche Amt einbrachten. Aber den Wahnsinn fürchtete man. Er konnte einen Papst auf Wege bringen, die sich nicht kontrollieren ließen.

Stephan VI. war äußerst ehrgeizig und rücksichtslos. Er entstammte der damaligen römischen Aristokratie. Dass er einen Prozess gegen seinen Vorgänger anstrengte, lag an einem bizarren bürokratischen Detail. Stephan VI. warf der Leiche vor, gegen ein altes kirchliches Gesetz verstoßen zu haben, das es einem Bischof verbot, von einem Bezirk in einen anderen zu ziehen. Die frühe Kirche vertrat die Ansicht, dass der Bischof mit der Bevölkerung einer Diözese sozusagen verheiratet war und deshalb dort verbleiben sollte. Nun war mit Formosus jedoch zum zweiten Mal ein Bischof zum Papst gewählt worden, der zwar nicht von einem Bistum in ein anders, sondern auf den päpstlichen Stuhl umzog, der mit sonst nichts in der katholischen Kirche zu vergleichen ist. Dennoch beging Formosus quasi einen Rechtsbruch, als er Papst wurde und es fünf Jahre lang blieb, bis er starb.

Der Prozess sollte Stephan VI. dazu dienen, sich selbst zu verteidigen. Er war nämlich von Formosus selbst ebenfalls zum Bischof ernannt worden und hatte somit nach seiner Wahl zum Papst genau das Gleiche getan wie sein Vorgänger. Jetzt wollte er nicht riskieren, eines Tages selbst ausgegraben und vor Gericht gestellt zu werden. Er versuchte zu beweisen, dass Formosus aufgrund falscher Prämissen Papst geworden war und damit seine Beschlüsse und seine Ernennungen für ungültig erklärt werden müssten. Das würde Stephan VI. einen reinen Tisch bescheren und ihm die Möglichkeit geben, seine Freunde und geeignete Mitarbeiter in Positionen zu befördern, die seine Macht über die Kirche und nicht zuletzt deren Finanzen sichern würden.

Es muss in jenen Wintertagen 897 in Rom ein entsetzliches und zugleich absurdes Schauspiel gewesen sein. Der Gestank im Inneren der Kirche soll sich noch lange gehalten haben.

Ob es am Leichengeruch lag oder an der Tatsache, dass der Prozess von vornherein entschieden war, ist unklar, aber die von Übelkeit befallene Jury brauchte nur wenige Tage, um Formosus in sämtlichen Punkten der Anklage für schuldig zu befinden. Sein Pontifikat wurde für ungültig erklärt.

Eine noch makabrere Bestrafung als diese Erklärung war die

darauf folgende Entkleidung der stinkenden Leiche. Nur das letzte Hemd verblieb am Körper, weil es mit dem verwesten Fleisch verklebt war. Außerdem wurden Formosus drei Finger der rechten Hand abgehackt, mit denen er Menschen gesegnet hatte. Der Körper wurde anschließend auf einem Pilgerfriedhof vergraben.

Was danach geschah, ist unklar. Es gibt Dokumente, in denen angedeutet wird, dass Stephan VI. den Körper seines Vorgängers ein zweites Mal ausgraben und in den Tiber werfen ließ. Er selbst machte sich binnen kürzester Zeit so unmöglich, dass er gefangen gesetzt und im Juli oder August 897 im Gefängnis erwürgt wurde. Seine Zeit als Oberhaupt der katholischen Kirche währte weniger als ein Jahr.

Dieses makabre Schauspiel erscheint durch und durch unbegreiflich. Stephan VI., der in der Basilika stand und schrie und mit dem Finger drohte, die Bischöfe und Priester der Jury, der aberwitzige Anklageakt und das Urteil, das gefällt wurde: Wie konnten Personen, die das religiöse Gewissen von Millionen Menschen repräsentierten und die Botschafter eines Gottes waren, an den man glaubte und den man fürchtete, sich so verhalten? Wir wissen, dass Eitelkeit, Hass und andere destruktive Kräfte Menschen dazu bringen können, unbegreifliche Handlungen zu begehen. Doch irgendwo, meint man, sollte es dennoch eine Grenze geben, die nicht überschritten werden kann.

Was dachte der namenlose Priester, der dort im Leichengestank stand? Wie sah sein weiterer Lebensweg aus? Wie konnte er weiterleben, nachdem er gezwungen gewesen war, am makabren Spiel der religiösen Obrigkeit teilzunehmen?

Es gibt Menschen in der Geschichte, denen ich gern begegnet wäre. Er ist einer von ihnen.

Als er endlich der Basilika den Rücken gekehrt hatte, muss

er zu allererst versucht haben, seinen Körper und seine Kleidung vom Leichengestank zu befreien. Ich stelle ihn mir vor wie einen Mann, der lange in einem brodelnden Morast gesteckt hat und sich jetzt endlich an Land retten kann. Ich sehe ihn, wie er sich den Bart und die Haare abrasiert, um den Gestank loszuwerden.

Das Bild des Menschen ist und bleibt eigentümlich. Das Unbegreifliche erscheint wie ein allgegenwärtiger Schatten.

64.

Ein schwerer Sturm aus Nordwest

Hoch oben an der Nordspitze Jütlands, wo die Sandbänke sich weit ins Meer hinaus erstrecken, liegt eine alte, halb im Flugsand begrabene Kirche. Nur der Turm ragt noch aus den Dünen heraus, als wäre er der Grabstein des Kirchengebäudes. Ich erinnere mich noch an meinen ersten Besuch dort. Als ich mich im Wagen näherte, tauchte plötzlich wie aus dem Nichts der Turm auf. Ich hielt an und entdeckte, dass der Sand den Turm umschloss und auch das Kirchenschiff begraben hatte.

Ich blieb ziemlich lange dort. Instinktiv wurde mir klar, was das Wort »Vergänglichkeit« bedeutete. Früher war es religiös aufgeladen gewesen, etwas diffus, eine Möglichkeit, den Tod nicht bei seinem wahren Namen zu nennen.

Jetzt sah ich den einsamen Turm vor mir. Den Flugsand, vereinzelte Büsche, und dahinter das Meer, das durch sein fernes Rauschen immer anwesend war. Und dann dieser Turm, der beharrlich gegen den Sand und die Dünen kämpfte, die immer höher wuchsen.

Einst war die Kirche von der armen Bevölkerung besucht worden, die in der Fischersiedlung Skagen lebte. Doch der Sand hatte sich der Kirche und der Mauer, die sie umgab, immer mehr genähert. Schon Anfang des 17. Jahrhunderts waren die wandernden Sanddünen immer bedrohlicher aufgetreten wie eine feindliche Infanterie, die sich zum letzten entscheidenden Angriff um die Kirche sammelte.

Während eines schweren Sturms aus Nordwest im Jahr 1775 gelangte der Sand zum ersten Mal bis an die Friedhofsmauer und ins Kircheninnere. Danach dauerte es nur zwanzig Jahre, bis die Kirche besiegt war. Der dänische König bestimmte schließlich 1795, dass die Kirche aufgegeben werden solle. Alles lose Gut, das fortgebracht werden konnte, sollte mit Pferdekarren in die Österby Kapell gebracht und dort aufbewahrt werden, bis eine neue Kirche errichtet wäre. Dann wurde der Kirchenraum ausgesegnet, und die Türen wurden zum letzten Mal geschlossen.

Die Kirche, die dort seit dem 14. Jahrhundert gestanden hatte, wurde schließlich der wachsenden Herrschaft des Sandes geopfert.

Heute ist also nur noch der Turm zu sehen. Das Kirchenschiff liegt unter dem Sand begraben. Auch das Taufbecken blieb unter dem Sand zurück, weil es aus Naturstein gehauen und zu schwer war, um transportiert zu werden.

Das einzige Geräusch, das dort unten im Dunkeln zu vernehmen ist, kommt vom Rieseln des Sands, der sich bewegt, wenn in den Dünen, die nie ganz zur Ruhe kommen, Lufttaschen entstehen. Der Flugsand ist in ständiger Bewegung, um sich neues Land zu unterwerfen.

Aber ich war nicht deshalb nach Skagen gereist, um in die versandete Kirche zu sehen. Ich war dort, weil ich eine meiner literarischen Gestalten, Kurt Wallander, dorthin schicken wollte, um eine Trauerarbeit zu leisten, die es erforderlich machte, dass er für eine längere Zeit sein normales Leben verließ.

Ich wanderte über die endlosen Strände und stellte mir vor, wie meine Romanfigur dort draußen reagieren würde. Es war Spätherbst, kalt und windig. Dann und wann trieben Schneeflocken in der Luft und kündigten den kommenden Winter an.

In einer sonst leeren Pension hatte ich ein Zimmer gemietet. Skagen war im Herbst verlassen. Ich machte eine Zeit großer Erschöpfung durch, die an einen für mich ungewöhnlichen Überdruss grenzte. Manchmal fragte ich mich abends, ob nicht vielleicht ich derjenige war, der statt meiner Romanfigur einen längeren Aufenthalt hier draußen an den endlosen Stränden nötig hatte.

An der Wand neben meinem Bett stand ein Bücherregal mit ein paar abgegriffenen alten Bänden. Eines Abends zog ich aufs Geratewohl einen davon heraus.

Das Buch war bei der Skagens Bogtrykkeri gedruckt worden und handelte von Skagen: die Geschichte, das Meer, Menschenschicksale, die versandete Kirche. Ich lag die ganze Nacht auf dem Bett und las das Buch von vorn bis hinten durch. Seltsamerweise war es ungelesen in das Bücherregal geraten. Deshalb schlich ich mich die Treppe hinunter und holte ein Messer, um die Seiten aufzuschlitzen.

Gegen Morgen gab es plötzlich einen Stromausfall. Da dies im windigen Skagen häufiger vorkam, war ich mit einer Petroleumlampe ausgerüstet.

Am klarsten ist mir der Bericht über die Havarie eines Schiffes mit dem Namen *Daphne* in Erinnerung geblieben, das auf die verräterischen Sandbänke aufgelaufen war. Ohne den todesverachtenden Heldenmut einer Anzahl von Skagen-Fischern wäre das Schiff mit Mann und Maus untergegangen. So waren stattdessen die Männer, die freiwillig hinausfuhren, um die Besatzung zu retten, am härtesten betroffen.

Gegen halb sieben Uhr am Morgen des 27. Dezember 1862 hatte der Orkan, der in der Nacht getobt hatte, langsam nachgelassen. Wolkenfetzen jagten über den Himmel.

Einer der beauftragten Strandwächter begab sich bei Tagesanbruch zum Strand, um nachzuschauen, ob der Orkan Schiffe in Seenot gebracht hatte. Jemand hatte behauptet, in der Nacht Lichter auf dem Meer gesehen zu haben. Wenn Orkane tobten, konnte man nie wissen, was draußen in der Dunkelheit geschah.

Der Strandwächter entdeckte ein großes Schiff, das auf den Sandbänken, die sich ins Meer hinaus erstreckten, gestrandet war. Da der Wind nachgelassen hatte, meinte der Wächter, es wäre möglich, mit einem Rettungsboot auszulaufen und die Besatzung an Bord zu nehmen. Es dauerte nicht mehr als eine Stunde, das Rettungsboot zu Wasser zu lassen. Die Fischer von Skagen, die sich der freiwilligen Rettungsaktion anschlossen, begannen zu rudern, um das havarierte Schiff zu erreichen. Doch nach dem Orkan waren die Strömungen so stark, dass zwei Anläufe misslangen. Daraufhin versuchte man, mithilfe einer primitiven Rakete eine Trosse auf das Schiff zu schießen, was am Ende auch glückte. Doch inzwischen war der Tag vergangen, es war wieder dunkel, und die Fischer, die die Besatzung hatten retten wollen, waren vollkommen erschöpft.

Am Tag darauf hatte der Wind sich weiter beruhigt, aber die Wogen waren immer noch hoch und die Strömungen stark. Das Rettungsboot konnte jetzt das Schiff erreichen, doch eine plötzliche Welle ließ das Boot kentern. Jetzt ging es nicht mehr nur um die Bergung der Schiffsbesatzung. Jetzt galt es, so schnell wie möglich die eigenen Männer zu retten, die in dem gekenterten Boot gesessen hatten.

Ein neues Rettungsboot mit einer freiwilligen Besatzung wurde zu Wasser gebracht. Man konnte zwei der Männer lebend aus der See bergen, Niels Andersen und Jens Jensen Norsk. Sie hatten sich über Wasser halten können und waren noch nicht erfroren. Die meisten Männer aus dem Rettungsboot waren jedoch tot. Auf einem Gedenkstein, der einige Jahre später in Skagen errichtet wurde, stehen ihre Namen.

Jens Christian Jensen
Niels Christian Simonsen
Iver Andreasen
Anders Christensen Bruun
Christen Thomsen Knep
Jakob Tønnesen
Jens Pedersen Kjelder
Thomas Pedersen

Sie waren allesamt arme Fischer gewesen, die meisten jung. Alle waren verheiratet und hatten Kinder. Einige von ihnen sind auf unscharfen Schwarz-Weiß-Fotos zu sehen. Sie stehen vor ihren Booten. Ihre Gesichter sind ohne Vergrößerungsglas schwer zu erkennen.

Es waren schüchterne, anspruchslose, gläubige und hart arbeitende Menschen.

Die Besatzung der *Daphne* konnte schließlich gerettet werden. Aber der Preis war hoch. Am 31. Dezember, dem Silvestertag, wurden die acht freiwilligen Retter begraben. Acht Frauen wurden Witwen, und fünfundzwanzig Kinder verloren ihre Väter.

Die acht Gräber wurden in einer Reihe angelegt. Auf den Särgen lagen Blumen und in einigen Fällen Medaillen, die die Toten für ihren schon bei früheren Rettungseinsätzen gezeigten Mut erhalten hatten.

Der Schiffbruch der *Daphne* war nur einer in einer langen Reihe. Nicht umsonst galten die Gewässer um Skagen als ein großer und ständig wachsender Schiffsfriedhof. Zu allen Zeiten waren Schiffe an den unter Wasser liegenden Sandbänken auf Grund gelaufen oder bei nordwestlichen Stürmen zu dicht an Land getrieben worden.

Die Fischer, die zur Besatzung der Rettungsboote gehörten, betrachteten ihren Einsatz als eine Selbstverständlichkeit. Nie hatte man von jemandem gehört, der nicht bereit gewesen wäre, sein Leben für unbekannte Seeleute, die in der Brandung kämpften, aufs Spiel zu setzen. Es gehörte zu ihrem Dasein als Fischer, jeden Tag ihr Leben zu riskieren, und wenn die Stürme kamen, dies auch für das Leben anderer zu tun.

Die Bereitschaft und der Wille, sich freiwillig in ein Rettungsboot zu setzen, sind ein grundlegendes Element unserer Zivilisation. Auch wenn so dramatische und Menschenleben fordernde Rettungsaktionen wie die am 27. Dezember 1862 heute selten sind, setzen weiterhin Freiwillige bei unterschiedlichen Anlässen ihr Leben aufs Spiel.

Ich frage mich oft, wie ich reagieren würde, wenn ein kleines Kind plötzlich vor mir auf die Straße liefe und ich derjenige wäre, der am nächsten stünde. Ein Kind, das ich noch nie gesehen habe, ein Kind, zu dem ich keinerlei Beziehungen habe. Ich kann es nicht wissen, weil es bisher nie passiert ist. Ich kann nur hoffen, dass ich nicht zögern würde, völlig selbstlos auf die Straße zu laufen und zu versuchen, das Kind vor den heranrasenden Autos zu retten.

Es sollte selbstverständlich sein, ist es aber nicht. Ein Mensch bricht wegen eines plötzlichen Anfalls auf der Straße zusammen. Schließlich bleibt jemand stehen und versucht zu helfen. Doch die allermeisten laufen schnell vorbei und tun so, als hätten sie die Person, die umgefallen ist, nicht gesehen.

Die Frage beschäftigt mich seit jener Nacht in der Pension in Skagen. War es Mut, der die Fischer antrieb? Hat sich überhaupt einer von ihnen als mutig empfunden? Oder spornte sie die Einsicht an, dass sie in dem Moment Teil der stärksten aller Gemeinschaften waren? Derjenigen, die entsteht, wenn Menschen in lebensgefährliche Situationen geraten?

Heute kommt mir die weit zurückliegende Reise nach Skagen fast wie ein Traum vor. Ich schrieb mein Buch, und Kurt Wallander konnte an den Stränden entlangwandern und trauern, bis er eines Tages dort draußen in der Ödnis, im Nebel und beim Heulen der Nebelhörner, einen Menschen traf, der ihn in sein normales Leben zurückzog.

Ich träume von dem Rettungsboot, das sich im Dezember 1862 hinausbegibt, um die Besatzung der gestrandeten *Daphne* zu retten.

Im Traum versuche ich, mich selbst unter den wild rudernden Männern in Seestiefeln und Südwestern zu sehen.

Aber ich bin mir nicht sicher, ob ich mit an Bord bin oder nicht.

Ich kann mir nicht sicher sein. Ich werde mir nie sicher sein.

65.

Fiktive Begegnung in einem Park in Wien im Jahr 1913

Im Jahr 1940 wurde eine der bemerkenswertesten Künstlerinnen unserer Zeit geboren.
Pina Bausch. Die Choreografin, die einige der eigenwilligsten Werke der Tanzkunst schuf, die ich kenne.
Ihr schwarzes Haar war straff nach hinten gekämmt. Sie war mager und konnte zerbrechlich wirken, aber sie barg eine Urkraft in sich.
Pina Bausch war auf eine unbestimmte Weise schön. Gleichzeitig hatte sie etwas Strenges an sich, das jedoch gegen sie selbst gerichtet war, nie gegen andere. Das Bemerkenswerteste an ihr waren die Augen, ihr Blick. Sie hatte eine Art, Menschen anzusehen, die niemand vergaß. Als sie 2009 starb, waren es vor allem Pina Bauschs Augen, an die viele sich erinnerten.
Sie sah Menschen mit einer absoluten Konzentration an. Sie machte keine Kompromisse, ebenso wenig mit ihren Mitmenschen wie mit den Tänzern auf ihrer Bühne in Wuppertal.
Manchmal denke ich, dass ich in der Zeit des *Frühlingsopfers* gelebt habe.
Im Jahr 2013 jährte sich zum hundertsten Mal der Tag der Uraufführung von Igor Strawinskys *Le Sacre du Printemps* mit dem Tänzer Vaslav Nijinsky und dem Leiter des Russischen Balletts, Sergej Djagilew, in Paris.
Die Vorstellung wurde ein Skandal. Es brach ein derartiger Tumult aus, dass Nijinsky, der in den Kulissen stand und auf seinen Auftritt wartete, die Musik nicht hören konnte. Er musste

die Bewegungen der Tänzer beobachten und im Kopf die Takte zählen, um nicht zum völlig falschen Zeitpunkt auf die Bühne zu tanzen.

Strawinsky verließ wütend die Vorstellung, aus Protest gegen das Publikum, das seine Musik niederschrie.

Le Sacre du Printemps, *Das Frühlingsopfer*, veränderte die Kunst und präsentierte den Menschen das neue 20. Jahrhundert mit der rasant voranschreitenden Industrialisierung, den technischen Fortschritten, den wachsenden Städten und der zunehmenden Verletzbarkeit des Individuums in einer brutalen ökonomischen Welt. In diesem Stück fand sich all dies Neue, eingefangen in Strawinskys aufgewühlter Musik mit ihren paradoxen Wechseln zwischen einer tonalen Urwut, Ruhe und reiner Stille. Nijinskys Tanzkunst und die Choreografie waren gänzlich neu. Schon die Tatsache, dass die Tänzer dem Publikum zuweilen den Rücken zukehrten, erregte dessen Abscheu und Wut. Als ob die Künstler das Publikum gekränkt hätten, indem sie mit allen alten Formen brachen.

Zweiundsechzig Jahre später präsentierten Pina Bausch und ihr Ensemble ihre Version am Tanztheater in Wuppertal. Ich sah die Vorstellung viele Jahre nach der Premiere von 1975. Ein paar Takte und wenige Bewegungen der Tänzer genügten, und ich verstand, dass ich Zeuge eines ganz besonderen Ereignisses sein würde.

So war es auch. Ich hatte das Gefühl, als sähe ich in Pina Bauschs Vorstellung meine eigene Zeit und die Welt, in der wir leben, vollkommen klar widergespiegelt. Die Einsamkeit, das Ausgeliefertsein, die Hektik. Alles war da, und doch fand sich beständig ein Gegengewicht: die Fähigkeit des Menschen, auszuhalten und zu widerstehen.

Bauschs Choreografie war ein Zweikampf. Als ich ihre Vorstellung sah, kam es mir so vor, als würde ich Teil einer Widerstandsbewegung, die sich weigerte, in einer Welt leben zu müssen, in der Menschen täglich auf dem Altar der Sinnlosigkeit geopfert werden.

Man wird geopfert, weil man zu alt oder zu jung ist, zu langsam oder zu dick, zu schwarz oder zu hässlich. Auch wenn *Le Sacre du Printemps* ein heidnisches Märchen ist, wird das Bild unserer eigenen Zeit und unserer eigenen Gesellschaft vollkommen deutlich.

Pina Bausch fühlte sich immer unsicher in der gesprochenen Sprache, vielleicht auch in der geschriebenen. Mit der Sprache des Tanzes und des Körpers konnte sie sich einen Ausdruck schaffen, der ihr Sicherheit gab.

Das Publikum im Jahr 1913 beurteilte Strawinskys Musik abfällig als »Lärm«. Der Komponist fragte später sarkastisch, ob die Kritiker genauer angeben könnten, wo in der Musik sich dieser Lärm befinde. Das konnten sie natürlich nicht. Es dauerte auch nur wenige Jahre, bis *Le Sacre du Printemps* in der Konzertversion große Triumphe feierte. Immer mehr Menschen hatten verstanden, dass Strawinskys Tonsprache in die neue Zeit und die neue Welt gehörte.

Heute sind wir wieder auf dem Weg in eine neue Zeit. In nur hundert Jahren hat sich die Welt bis zur Unkenntlichkeit verändert. Jetzt sind wieder neue Wege zu gehen, fort vom Industrialismus und hinein in die Epoche, die wir mangels eines besseren Worts die »Informationsgesellschaft« nennen.

Menschen, die im Jahr 1913 geboren wurden, konnten sich viele der Entdeckungen, die zu ihren Lebzeiten gemacht wurden, auch in ihren wildesten Phantasien zuvor nicht vorstellen. Und sie hätten niemals erahnt, welche absurden Machtkämpfe um die Vorherrschaft nicht zuletzt in Europa Millionen und Abermillionen Menschen den Tod bringen würden.

Ungefähr zu jener Zeit, als *Le Sacre du Printemps* in Paris seine

Uraufführung erlebte, wohnten in Wien zwei Männer, der eine stammte aus Oberösterreich, der andere aus Russland. Wir können mit großer Sicherheit annehmen, dass sie einander nie in die Augen gesehen oder ein Gespräch miteinander geführt haben. Aber vieles spricht dafür, dass ihre Wege sich in einem der zentralen Parks von Wien kreuzten. Sie wohnten beide in der Nähe dieses Parks, wenn auch auf verschiedenen Seiten.

Der junge Mann aus Oberösterreich hieß Adolf Hitler. Der etwas ältere Mann aus Russland nahm später den Namen Stalin an.

Hitler versuchte, seinen Lebensunterhalt zu bestreiten, indem er Aquarelle malte, die er oder einer seiner Freunde später als Postkarten verkaufte. Er hielt sich oft in dem Park auf und malte dort verschiedene Motive.

Stalin kam nach Wien, um die Frage des Verhältnisses von Marxismus und Nationalstaat zu studieren. Er war Mitglied der kommunistischen Partei, deren Führer ein anderer russischer Emigrant, Lenin, war. Dieser befand sich im Nachbarland Schweiz.

1914 brach der Erste Weltkrieg aus. Hitler war mit seinen Künstlerambitionen gescheitert und näherte sich reaktionären und antisemitischen Kreisen an. Dabei zögerte er nicht, als Freiwilliger in die deutsche Armee einzutreten. Er wurde verwundet, überlebte jedoch. Nach dem Krieg kehrte er nicht nach Wien zurück, sondern ließ sich in München nieder.

Sicher waren sich weder Stalin noch Hitler bewusst, dass sie sich 1913 vielleicht täglich und für eine längere Zeit im selben Park in Wien aufgehalten hatten. Möglicherweise sah Stalin den schäbig gekleideten Mann, der Bilder von Bäumen, Springbrunnen und Häusern malte. Hitler seinerseits mag vielleicht einen Blick auf den Spaziergänger aus Russland geworfen ha-

ben, der untersetzt und kräftig wirkte und ständig seine russischen Zigaretten rauchte.
Als der Zweite Weltkrieg ausbrach, hatten sie einen Pakt miteinander geschlossen, den Hitler zwei Jahre später brach.
Die beiden Männer gehen als die Verantwortlichen für den Tod von Millionen Menschen in die Geschichte ein.
Die Spaziergänge und die Aquarelle sind da weit entfernt.
Strawinskys Musik und Pina Bauschs großartiges Tanzkunstwerk erzählen von unserer unruhigen Zeit und gleichzeitig von der menschlichen Kraft, die aller Destruktivität Widerstand zu leisten vermag.
Hitler und Stalin werden in der kollektiven Erinnerung wahrscheinlich jeder auf seiner schwarzen Bergspitze sitzen. Daran können wir nichts ändern. Tyrannen besitzen die sonderbare Fähigkeit, mindestens ebenso lange in Erinnerung zu bleiben wie diejenigen, die wir gute Menschen nennen.
Aber wage ich zu glauben, dass Pina Bausch und ihr Tanzkunstwerk in fünfhundert Jahren noch lebendig sein werden? Oder werden sie dem großen und am Ende allumfassenden Vergessen anheimfallen?
Ich lebe in Strawinskys Zeit, auch wenn er jetzt schon lange tot ist. Doch seine Musik ist lebendig. Auf die gleiche Weise, wie Pina Bausch und ihre Tänzer sich weiter in ihren faszinierenden und sensuellen Mustern bewegen.
Aber auch Pina Bausch ist tot.
Ich denke: Ob sie sich wohl vor dem Gleichen gefürchtet hat wie ich? Davor, so lange tot zu sein? Oder hat sie gedacht, dass der Tod etwas ist, was sie sowieso nicht gestalten kann? Und sich deshalb nicht gekümmert um das, was sie erwartete, als ihr Herz zu schlagen aufhörte?

66.

Die Marionette

Im Jahr 1891 wurde in der Innenstadt von Brünn eine Straße aufgerissen. Es sollten neue Abflussrohre verlegt werden, damit das Schmutzwasser nicht mehr einfach durch den Rinnstein ablief.

An den Namen »Brünn« erinnere ich mich aus meiner Kindheit, weil er bei uns zu Hause auf der Mittelwellenskala des Radioapparats stand. Wenn ich mit dem Knopf die bewegliche Nadel dorthin drehte, hörte ich, soweit ich mich heute erinnern kann, nur ein fernes Rauschen. Brünn lag in der Welt meiner Kindheit im äußersten Universum.

Die Straße, die in Brünn aufgerissen wurde, hieß Francouzská. Beim Ausschachten stieß man in vier Metern Tiefe auf ein altes Grab mit dem Skelett eines toten Mannes. Archäologen wurden hinzugerufen. Als sie das Grab untersuchten, stellten sie fest, dass der Körper von Mammutelfenbein und Moschusochsenhorn umgeben war.

Aber der merkwürdigste Gegenstand wurde unmittelbar neben dem Schädel gefunden. Zunächst glaubte man, es würde sich um eine Skulptur aus Elfenbein handeln, die in den Tausenden von Jahren unter der Erde in drei Teile zerbrochen war. Doch als man die Stücke eingehend untersuchte, erkannte man, dass es sich um einen ganz einzigartigen Fund handelte. Durch sorgfältige Analysen des Bodens und der Knochen konnte man nachweisen, dass die Fundstücke, wie das übrige Grab, fünfundzwanzigtausend Jahre alt waren.

Was hatte man da gefunden? Die Archäologen wollten zuerst

ihren eigenen Augen und ihren Erklärungsmodellen nicht trauen. Aber die Wahrheit ließ sich nicht leugnen.

Die Menschen, die den Toten begraben hatten, hatten ihm ein Spielzeug beigegeben.

Eine Puppe. Eine Marionette. Einen Hampelmann.

Obwohl die Skulptur zerbrochen war, konnte man sehen, dass der Kopf drehbar gewesen war, wie bei einer Eule. Der gefundene Arm – der einzige, der gefunden wurde – wies ein Loch auf, sodass er durch ein anderes Loch im Körper der Puppe mit diesem verbunden und beweglich gemacht werden konnte.

Neben dem Kopf des Toten lag also eine bewegliche Puppe. Wohin der andere Arm verschwunden war, ließ sich nicht feststellen. Sehr wahrscheinlich war er durch Verschiebungen im Erdreich, Schwankungen des Grundwasserspiegels oder sonstige Einwirkungen fortbewegt worden. Aber dass es sich um eine Puppe handelte, stand zweifelsfrei fest.

Als sie ausgegraben wurde, überbrachte sie uns einen Gruß von Menschen, die vor fünfundzwanzigtausend Jahren gelebt hatten. Ob die Marionette bei einer Art Schattenspiel oder einem magischen Ritus benutzt wurde, entzieht sich unserer Kenntnis. Möglicherweise war sie tatsächlich das Spielzeug eines Kindes – oder eines Erwachsenen, der nicht aufhörte zu spielen, obwohl er älter wurde.

Diese uralte Marionette erzählt etwas darüber, was es zu allen Zeiten bedeutet hat, ein Mensch zu sein. Ich kann mir nur schwer einen anderen so ergreifenden und zugleich lustbetonten Gruß vorstellen, der uns von Menschen hätte erreichen können, die während des langsamen Rückgangs der letzten Eiszeit lebten.

Wir heute Lebenden werden der Nachwelt keine Marionetten hinterlassen. Unser Erbe ist der Atomabfall. Unsere wichtigste Aufgabe ist es, den Menschen, die vielleicht nach uns kommen werden, wenn zukünftige Eiszeiten zu Ende gegangen sind, eine Warnung zu schicken.

In siebzig Jahren muss das Problem dieser Warnung gelöst sein, zumindest in Schweden. Denn dann sollen die Felskammern für immer verschlossen werden.

Welche Wahl man am Ende trifft, wird kaum einer der heute Lebenden erfahren.

Aber im Moment hat es den Anschein, als würde man am Ende alle Versuche, ein sinnvolles Warnsignal zu schaffen, aufgeben und darauf setzen, dass künftige Menschen und kommende Generationen einfach vergessen. Moos wird auf dem Fels wachsen, unter dem wir den Troll eingesperrt haben. Niemand soll sich mehr daran erinnern, was einst dort unten in verschlossenen Kupferbehältern versteckt wurde.

Der Mensch hat immer gelebt, um gute Erinnerungen zu schaffen oder Warnungen auszusprechen vor dem, was gefährlich und böse gewesen ist.

Plötzlich leben wir in einer Zivilisation, in der wir keine Erinnerungen schaffen. Wir leben, um Vergessen zu hinterlassen.

Was wird dann am Ende bleiben? Eine Zeit ohne Erinnerungen?

Ganz einfach, nur mit dem gesunden Menschenverstand gefragt: Haben wir noch die Zeit, uns zu besinnen? Oder ist der Atomabfall ein weiterer Schritt auf einem Weg, der immer steiler abwärts führt?

Ich weiß es nicht. Aber wie ein Mantra kann ich jetzt zum Schluss nur wiederholen, worauf ich vertraut habe: Für nichts ist es jemals zu spät. Alles ist immer noch möglich.

Wir leben weiter in der Zeit der Marionette.

67.

Sich nie seine Freude nehmen lassen

Am 9. Mai fällt leichter Nieselregen südlich von Göteborg, wo Eva und ich leben. Ein Wetterumschwung steht bevor. Ich erkenne es daran, dass sich das Wasser der seichten Bucht von Stallviken zurückgezogen hat. Das bedeutet wärmeres und sonnigeres Wetter. Vereinzelte Forellenangler stehen weit draußen im Wasser. Sie verharren Stunde um Stunde und warten, ob ein Fisch anbeißt oder nicht. Wenn sie schließlich etwas gefangen haben, werfen viele von ihnen die Fische zurück ins Wasser. Manchmal beneide ich sie um ihre unbekümmerte Freude, wie sie dort auf alles und nichts zu warten scheinen.

Fünf Monate sind vergangen, seit ich meine erste Krebsdiagnose erhielt. In den vergangenen Tagen habe ich meine vierte und letzte Chemotherapie in diesem ersten Behandlungszyklus hinter mich gebracht. Morgen werde ich Dr. Bergman treffen, der mit mir darüber sprechen wird, wie es bisher gelaufen ist.

Ich bin an diesem Morgen früh aufgestanden. Wie so oft habe ich unruhig geschlafen. Ich stelle mir vor, dass meine Situation dem Warten auf ein Gerichtsurteil gleicht, von dem ich unmöglich wissen kann, ob es ein Freispruch oder eine Verurteilung sein wird. Ich kann mich nur auf das Schlimmste vorbereiten und auf das Beste hoffen.

Aber in dieser frühen Morgendämmerung, während die Amsel ihren Weckruf ertönen lässt und damit den Gesang aller anderen Vögel einleitet, kommt mir ein ganz anderer Gedanke in den Sinn.

Statt mich auf das vorzubereiten, was am nächsten Tag auf mich wartet, frage ich mich plötzlich, wann ich in meinem Leben die größte Freude empfunden habe. Existiert ein solcher Augenblick? Oder ist er unmöglich zu bestimmen? Die Geburt eines Kindes, die Erleichterung, wenn ein Schmerz nachließ, ein Überfall, der nicht mit meinem Tod geendet hat, das Gefühl, dass ein Text, den ich geschrieben habe, über Erwarten gut gelungen war? Ich sage mir recht bald, dass dies ein eitles Unterfangen ist. Augenblicke lassen sich kaum vergleichen oder in eine Rangfolge ordnen. Eine Freude gleicht keiner anderen. Und dennoch verweile ich schließlich, ohne einen Vergleich im eigentlichen Sinn anzustellen, bei einem Augenblick, von dem ich glaube, dass er jede andere Freude übertraf. Meine Gedanken und die Erinnerung kehren zurück zu einem Tag vor zweiundzwanzig Jahren, dem 4. Oktober 1992. Ich war vierundvierzig Jahre alt und erlebte die vielleicht intensivsten Jahre meines Lebens. Ich verbrachte fast meine ganze Zeit in Maputo. Jedes Jahr brachte ich mindestens zwei Theaterproduktionen auf die Bühne, daneben trug ich auch für einen großen Teil des praktischen Theaterbetriebs die Verantwortung.

Meine Tage waren bis zur Einförmigkeit durchorganisiert. Morgens stand ich sehr früh auf, um am Schreibtisch zu sitzen, bevor die afrikanische Hitze zu stark wurde. Gegen zwölf Uhr aß ich zu Mittag und schlief dann eine Stunde, in der ich den Hörer neben das Telefon legte und die Wohnungstür verschloss. Danach war es Zeit, zum Theater zu gehen, wo die Proben meistens um sechzehn Uhr begannen und sich in den Abend hinein zogen. Auf dem Nachhauseweg suchte ich ein kleines Restaurant auf, meistens allein, was mir die Möglichkeit gab, die einzige Tageszeitung zu lesen, die damals in Mosambik herauskam, *Noticias*. Danach blieb ich oft noch eine Weile auf und schrieb, bevor ich einschlief.

Viele meiner Freunde in Europa stellten sich vor, dass ich ein dramatisches Leben führte. Aber die Dramatik herrschte nur in meinem Kopf. Nie zuvor oder danach habe ich ein so geordnetes und nachgerade eintöniges äußeres Leben geführt wie zu dieser Zeit.

Im Jahr zuvor hatte ich vorgeschlagen, die zweitausend Jahre alte Komödie *Lysistrate* von Aristophanes aufzuführen. Natürlich würde es nötig sein, eine stark afrikanisierte Version zu erstellen, damit das Stück für ein modernes und in der Mehrzahl junges afrikanisches Publikum, unter dem sich viele Analphabeten befanden, verständlich wäre. Als Erstes musste alles gestrichen werden, was mit griechischen Tempeln und Priesterinnen zu tun hatte. Stattdessen wollten wir den Grundgedanken von Aristophanes herausarbeiten, dass die Frauen in den erotischen Streik treten, um ihre Männer dazu zu zwingen, den Krieg zu beenden.

Der Bürgerkrieg in Mosambik hatte über zehn Jahre lang gewütet. Viele Menschen waren getötet worden. Wie immer in so einem Krieg war es zu extrem grausamen Übergriffen gegen die Zivilbevölkerung gekommen. Abgeschnittene Ohren und Nasen, an Bäumen zerschmetterte Kinder. Jeder im Land hatte Freunde oder Verwandte, die betroffen waren. Es gab für uns am Theater viele Gründe, dieses Stück zu spielen. Ich war überzeugt, dass Aristophanes im Himmel der Dramatiker verstehen würde, wie entscheidend es war, dass wir die äußere Form des Stücks an die afrikanische Wirklichkeit anpassten.

Aber wodurch sollte man die griechischen Tempel und die Priesterinnen ersetzen? Eines Tages war ich auf dem größten Markt von Maputo und machte meine Einkäufe. Als ich all diese Frauen sah, die an den verschiedenen Ständen bedienten, wurde mir plötzlich klar, dass die Handlung an diesen Ort verlegt werden musste.

Ich bat einige der Schauspielerinnen des Theaters, ein paar Tage lang den Markt zu besuchen und mit den Frauen, die dort arbeiteten, über die Sache zu reden. Und es dauerte nicht lange, bis die Idee, in den erotischen Streik zu treten, um den Bürgerkrieg zu beenden, bei ihnen Wurzeln geschlagen hatte. Unser einziges Problem bestand darin, dass die Frauen nicht ganz begriffen, was der Sinn einer Theatervorstellung sein sollte. Sie wollten die Idee sofort praktisch umsetzen.
Dazu kam es nicht. Aber unsere Vorstellungen fanden statt. Unsere Lysistrate, die wir in Julietta umtauften, war Fischverkäuferin auf dem Markt. (Die einzige Lysistrate, die in unserem Stück vorkam, war eine Ziege. Sie sollte einmal auf die Bühne kommen. Es kostete uns viel Mühe, das Tier daran zu hindern, hinter der Bühne zu meckern und damit die große Überraschung seines Auftritts zu verraten. Schließlich fragten wir einen alten Ziegenhirten, der uns einen Trick verriet: »Streut der Ziege Salz vorn aufs Maul. Dann bleibt sie still.« Und das tat sie.)
Die Aufführung wurde ein großer Erfolg. Aus Gründen, an die ich mich nicht mehr erinnere, hatten wir beschlossen, dass die letzte Vorstellung am 4. Oktober stattfinden sollte. Während der gesamten Spielzeit wurden zwischen der gesetzlichen Regierung des Landes und den Banden der Aufständischen, die als Lakaien der südafrikanischen Apartheidsregierung hinter dem Bürgerkrieg steckten, Verhandlungen geführt. Die Verhandlungen fanden in Rom statt, und ich glaube, dass eigentlich niemand ernstliche Hoffnungen auf einen glücklichen Ausgang hatte. Der Krieg würde weitergehen, die Massaker an unschuldigen Zivilisten würden nicht aufhören.
Dann kam der 4. Oktober. Am Vormittag besuchte mich ein guter Freund, ein Journalist. Er hämmerte aufgeregt an meine Tür. Das Unerwartete war geschehen. In Rom war ein Friedens-

vertrag unterzeichnet worden. Vielleicht würde der grausame Bürgerkrieg nun trotz allem zu Ende sein.
Als ich am Nachmittag zum Theater ging, um die letzte Vorstellung zu sehen, waren die Nachrichten aus Rom bestätigt worden. Man hatte wirklich ein Friedensabkommen geschlossen. In Maputo fuhren schon hupende Autos durch die Straßen, als hätte das Land ein Länderspiel oder eine Meisterschaft gewonnen.
Auf meinem Weg die Hügel zum Teatro Avenida hinunter reifte in mir ein Entschluss. Zusammen mit Lucrecia Paco, die die Hauptrolle der Lysistrate, also Julietta spielte, setzte ich mich in den leeren Theatersaal. Ich schlug ihr vor, was sie nach dem Schlussapplaus sagen sollte. Sie verstand sofort, was ich meinte, bat mich aber, die Worte zu formulieren.
»Nein«, sagte ich. »Du kannst es nur mit deinen eigenen Worten sagen. Und du kannst nichts Falsches sagen.«
Ich stand oben in einer Ecke des ersten Rangs und verfolgte die Vorstellung. Die Ziege meckerte nicht und sorgte für die gleiche Erheiterung beim Publikum wie immer, als sie plötzlich an einem Seil auf die Bühne geführt wurde. Die Vorstellung an diesem letzten Abend war gut. Die Schauspieler waren von energischer Konzentration erfüllt. Sie waren sorgfältig darauf bedacht, nicht zu schnell zu spielen, alle Details kamen zur Geltung.
Dann war Schluss. Starker Applaus ertönte. Die Schauspieler standen an der Rampe. Im Teatro Avenida gibt es nie einen anderen Dank für den Applaus, als dass alle gemeinsam auf die Bühne und wieder hinter die Kulissen gehen. Als die Schauspieler zum dritten Mal herausgerufen wurden, hob Lucrecia die Hände, und der Applaus ebbte ab. So hatten wir es zuvor im Saal besprochen.
Ich erinnere mich noch genau an die Worte, die sie selbst ge-

wählt hatte: »Wie wir alle wissen, ist heute in Rom ein Friedensabkommen geschlossen worden. Wir können nur hoffen, dass dieser schreckliche Krieg mit all dem Morden und Verstümmeln jetzt vorüber ist. Wir müssen daran glauben, dass dieses Friedensabkommen respektiert wird. Aber ich verspreche euch, dass wir das Stück wieder spielen werden, wenn es notwendig ist. Wir, wie auch ihr, werden nie aufgeben.«

Es wurde vollkommen still. Der Applaus setzte nicht wieder ein. Aber die Zuschauer standen auf. Schweigend blickten sie auf die Schauspieler, die das zweitausend Jahre alte Stück über den verzweifelten und mutigen Kampf einer Handvoll Frauen gegen die Barbarei des Krieges aufgeführt hatten.

Dies war das Ergreifendste, was ich je in einem Theater erlebt habe. Ich erinnere mich an viele besondere Momente, aber keiner kommt auch nur annähernd dem gleich, was am 4. Oktober 1992 geschah. Es war ergreifend und zugleich ein Augenblick von grenzenloser Freude. Ein Gespräch zwischen Menschen war möglich, das Ende eines Krieges konnte erzwungen werden. Ich hatte teilgehabt an einem Ereignis, das die Erde erbeben ließ. Etwas ging zu Ende, und etwas anderes begann.

Es fällt mir schwer, in meinem Leben einen Augenblick zu benennen, der größer und von mehr Freude erfüllt gewesen wäre als jener Moment im Theater in Maputo. Augenblicke lassen sich nicht vergleichen oder in eine Rangfolge bringen. Aber an eben diesem Morgen, an dem ich versuchte, mich auf die schlechten oder guten Neuigkeiten vorzubereiten, die mir am folgenden Tag bevorstanden, überkam mich die Erinnerung an diese große Freude.

Unsere Vorstellung hatte keine Bedeutung für die Unterzeichnung des Friedensabkommens gehabt. Aber ich drehe den Gedanken um und glaube, dass ohne unsere Arbeit etwas gefehlt hätte in dem Gesamtprozess, der endlich zum Ende des Krieges führte. Keiner von denen, die bei dieser letzten Vorstellung anwesend waren, ob auf der Bühne oder im Saal, würde den Moment vergessen.

Weiter Nieselregen. Ich blickte hinaus auf das Meer unter den Regenschleiern und dachte, dass mir immerhin ein Augenblick grenzenloser Freude im Leben vergönnt gewesen war. Viele Augenblicke sogar. Aber gerade an diesem Morgen wählte ich jene Vorstellung von *Lysistrate* im Oktober 1992.

Kurz nach zehn Uhr am Vormittag trat ich in Dr. Bergmans Büro.

Auch hier betrat ich eine Bühne, dachte ich. Oder vielleicht befand ich mich im Publikum, und Dr. Bergman saß auf seinem Stuhl ganz vorn an der Rampe.

Ich wusste, dass er seine Worte stets mit Bedacht wählte.

»Wir haben eine Atempause bekommen«, sagte er. »Die Chemotherapie hat angeschlagen. Einige Tumoren sind kleiner geworden, andere sind ganz verschwunden. Das heißt natürlich nicht, dass Sie jetzt gesund sind. Aber wir haben eine Atempause. Und eine Atempause kann lange dauern.«

In dieser Atempause lebe ich zurzeit. Ich denke dann und wann an die Krankheit, an den Tod und daran, dass es bei Krebserkrankungen nie irgendwelche Garantien gibt.

Aber vor allem lebe ich in Erwartung neuer begnadeter Augenblicke. In denen mir niemand die Freude nimmt, selbst etwas zu schaffen oder etwas zu sehen, was andere geschaffen haben. Augenblicke, die kommen. Die kommen müssen, wenn das Leben für mich einen Wert haben soll.

Epilog

Als mein Vater in den fünfziger Jahren Richter in Sveg war, hielt er einmal im Monat in Svenstavik einen Gerichtstag ab. Bevor ich schulpflichtig wurde, begleitete ich ihn im Schienenbus. Im Obergeschoss des Gerichtsgebäudes gab es einen Schlafraum für uns. Ich war fünf oder sechs Jahre alt. Es war 1953 oder 1954.

Einmal verurteilte mein Vater einen Mann, der in Svenstavik wegen Totschlags angeklagt war. Er war Waldarbeiter und hatte einen Kaufmann erschlagen, der unbeliebt gewesen war, weil er mit Krediten für die arme Waldbevölkerung geizte. Niemand schien ihn zu vermissen. Aber Totschlag war Totschlag, auch wenn der Waldarbeiter arm und in akuter Not war.

Mein Vater fällte das mildeste Urteil, das der Totschlagsparagraph erlaubte.

Im Leben umgeben dich unzählige Menschen. Viele nimmst du einen Moment lang wahr, vergisst sie aber sofort wieder. Mit anderen hast du einen kurzen Augenkontakt. Und mit einem Teil dieser Menschen führst du Gespräche.

Außerdem hast du deine Familie, deine Freunde und Bekannten, die dir nahestehen. Manche scheiden aus diesem Kreis aus, Zuneigung erkaltet, Verrat lässt Beziehungen enden, Freunde werden manchmal zu Feinden.

Aber die allermeisten sind einfach Menschen, die zufällig gleichzeitig mit dir leben. Millionen Menschen, die einen kurzen Besuch auf der Erde machen, der sich mit deinem überlappt.

Seit meiner Krebserkrankung träume ich oft, dass ich auf Straßen wandere, auf denen viele Menschen gleichzeitig unterwegs sind. Es kann schwierig sein voranzukommen. Mit einem raschen Schnitt lande ich im Traum dann in einem Gedränge, in einem Theater, einem Café oder in einem Flugzeug. Ich suche nach jemandem. Jemandem, der mich kennt. Jemandem, der auch nach mir sucht.
Da bricht der Traum ab. Ich erwache fast immer mit einem Gefühl großer Leichtigkeit. Es gibt nichts Erschreckendes an all diesen Menschen, die mich umgeben und im Verlauf meines Lebens umgeben haben. Sie erwecken ein Gefühl von Neugier bei mir. Wer waren sie eigentlich? Ich hätte so viele von ihnen kennenlernen wollen.
Wie die Frau im Stephansdom, die Tangotänzer in Buenos Aires oder das Mädchen in dem Auffanglager in Mosambik, das seine Eltern wiederfand.
Und den Waldarbeiter, und den Kaufmann, den dieser vor sechzig Jahren im mittleren Norrland erschlug.
Alle diese unbekannten Menschen sind mir nahe. Für kurze Augenblicke sind sie in mein Leben getreten.
Aber mit ihnen allen teile ich mein Dasein.
Unsere eigentliche Familie ist unendlich. Auch wenn wir nicht einmal mehr wissen, wem wir für einen schwindelerregend kurzen Augenblick begegnet sind.